Im migratorischen Dreieck

Gabriele Cappai

Qualitative Soziologie · Band 6

Herausgegeben von

Klaus Amann

Jörg R. Bergmann

Stefan Hirschauer

Die Reihe 'Qualitative Soziologie' präsentiert ausgewählte Beiträge aus der qualitativen Sozialforschung, die methodisch anspruchsvolle Untersuchungen mit einem dezidierten Interesse an der Weiterentwicklung soziologischer Theorie verbinden. Ihr Spektrum umfasst ethnographische Feldstudien wie Analysen mündlicher und schriftlicher Kommunikation, Arbeiten zur historischen Sozialforschung wie zur Visuellen Soziologie. Die Reihe versammelt ohne Beschränkung auf bestimmte Gegenstände originelle Beiträge zur Wissenssoziologie, zur Interaktions- und Organisationsanalyse, zur Sprach- und Kultursoziologie wie zur Methodologie qualitativer Sozialforschung und sie ist offen für Arbeiten aus den angrenzenden Kulturwissenschaften. Sie bietet ein Forum für Publikationen, in denen sich weltoffenes Forschen, methodologisches Reflektieren und analytisches Arbeiten wechselseitig verschränken. Nicht zuletzt soll die Reihe 'Qualitative Soziologie' den Sinn dafür schärfen, wie die Soziologie selbst an sozialer Praxis teilhat.

Im migratorischen Dreieck

Eine empirische Untersuchung über Migrantenorganisationen und ihre Stellung zwischen Herkunfts- und Aufnahmegesellschaft

von Gabriele Cappai

Lucius & Lucius · Stuttgart

Anschrift des Autors

PD Dr. Gabriele Cappai
Allgemeine Soziologie
Universität Bayreuth – Kulturwissenschaften
95440 Bayreuth
Ga.Cappai@uni-Bayreuth.de

Bibliografische Information der Deutschen Bibliothek
Die Deutsche Bibliothek verzeichnet diese Publikation in der Deutschen Nationalbibliografie; detaillierte bibliografische Daten sind im Internet über http://dnb.ddb.de abrufbar

ISBN 3-8282-0322-1 (Lucius & Lucius)

Gerokstr. 51, D-70184 Stuttgart
www.luciusverlag.com

Druck und Einband: Rosch-Buch, Scheßlitz

Printed in Germany

Vorwort

Dieses Buch versucht anhand eines konkreten Beispiels Migration und insbesondere Migrantenorganisationen als komplexe Phänomene zu betrachten, deren Erforschung eine „ganzheitliche" Perspektive erfordert. Die Metapher der Ganzheitlichkeit besitzt hier eine doppelte Bedeutung. Zum einen macht sie in kritischer Absicht auf die Beschränktheit jener Ansätze aufmerksam, die Migration ausschließlich als eine dyadische Relation thematisieren. Beispiele dafür liefern jene Betrachtungsweisen, die *entweder* auf das Verhältnis zwischen den Migranten und der Aufnahmegesellschaft *oder* auf die Beziehung zwischen den Migranten und der Herkunftsgesellschaft abzielen. Zum anderen impliziert die Metapher der Ganzheitlichkeit die Notwendigkeit, die analytische Perspektive komplexer zu gestalten, als dies normalerweise geschieht, so dass alle drei im migratorischen Dreieck involvierten Akteure (Migranten, Herkunfts- und Aufnahmegesellschaft) *gleichzeitig* berücksichtigt werden können. Dies meint vor allem einzusehen, dass die Frage des Verhältnisses zwischen Migranten und Aufnahmegesellschaft nicht unabhängig von den Erwartungen der Herkunftsgesellschaft an „ihre" Migranten beantwortet werden kann. Damit verknüpft ist aber auch die Einsicht, dass die Beziehung zwischen Migranten und Herkunftsgesellschaft nicht ohne Berücksichtigung der Erfahrungen und Lernprozesse analysiert werden kann, die Migranten in den jeweiligen Aufnahmegesellschaften machen. Angesichts der wachsenden Notwendigkeit der Kontrolle und Lenkung der Migrationsströme macht das Buch auf eine dritte Beziehungsart im migratorischen Dreieck aufmerksam, die bis heute von der Migrationsforschung sträflich vernachlässigt worden ist: Es handelt sich um das Verhältnis zwischen Sende- und Aufnahmegesellschaften. Auch von dieser Relation gilt, dass die Rechnung nicht ohne den Dritten im Bunde gemacht werden kann: Von den Migranten wird es schließlich abhängen, ob die Implementierung der Pläne zur Regelung von Migrationsströmen gelingen oder scheitern wird.

Sowohl bei der Durchführung der Forschung als auch bei ihrer Textualisierung standen mir neben Universitätskollegen viele andere Personen mit Rat und Tat zur Seite. Ihnen allen sei kollektiv gedankt. Aus der Anonymität möchte ich allerdings drei Personen herausnehmen, deren kritische Kommentare für das Gelingen des Werkes wichtig gewesen sind: Prof. Dr. Arnold Zingerle, Prof. Dr. Werner Meinefeld und Prof. Dr. Dieter Neubert. Gedankt sei schließlich auch der „Regione Autonoma della Sardegna. Assessorato del Lavoro", die das Forschungsprojekt und anschliessend die Buchveröffentlichung unterstützt hat.

INHALTSVERZEICHNIS

I

Einleitung

Das Phänomen und seine Dimensionen

Studien über Migrantenorganisationen haben in der Migrationssoziologie eine lange Tradition. In der Regel sind diese Untersuchungen darauf gerichtet, die Situation unterschiedlicher Gruppen in bestimmten Ländern zu beschreiben und die Frage zu beantworten, ob und inwiefern Assoziationen einen Beitrag zur Integration in der jeweiligen Aufnahmegesellschaft leisten können.
Die vorliegende Untersuchung weicht von diesem Muster insofern ab, als sie den spezifischen Organisationsmodus *einer* bestimmten Gruppe *in unterschiedlichen Ländern* ins Zentrum der Aufmerksamkeit stellt und nach ihrer Verbindung zur *Herkunftsgesellschaft* fragt. Eine in dieser Arbeit zu belegende Grundthese ist nämlich, dass nicht nur die Aufnahmegesellschaft, sondern auch und vor allem die Herkunftsgesellschaft einen Schlüssel für das Verständnis sowohl der Struktur und der Funktionen von Migrantenorganisationen als auch der Orientierung (Gast- *versus* Herkunftsland) ihrer Mitglieder liefern kann.
Um wichtige Züge des Organisationsmodus der hier untersuchten sardischen Migranten zu verstehen, so lautet unsere allgemeine These, müssen wir die Herkunftsgesellschaft genauer betrachten. Dies gilt in einer doppelten Hinsicht: Zum einen ist diese Gesellschaft der Sozialisationsort der Subjekte gewesen, die hier im Zentrum der Aufmerksamkeit stehen, so dass wir, wenn wir Phänomene wie Kommunikationsdynamik, Raum- und Zeitstrukturierung der Vereine verstehen wollen,[1] auf jenen ursprünglichen Raum in Gestalt der heimatlichen Alltagswelt Bezug nehmen müssen, in der diese Menschen aufgewachsen sind. Die Vereine, so die These, sind auch Orte der Reaktualisierung ansozialisierter Verhaltensformen. Sie bieten ihren Mitgliedern die Möglichkeit, Alltagsprobleme zu lösen und Bedürfnisse zu befriedigen, die *mutatis mutandis* auch bei den Mitgliedern der Aufnahmegesellschaft vorhanden sind. Problemlösung und Bedürfnisbefriedigung, darauf kommt es hier allerdings an, finden im einzelnen Verein in einer Art statt, die man im weitesten Sinne des Wortes als „kul-

---

[1] Die Begriffe „Assoziation“, „Verein“ und „Circolo“ werden in der Folge synonym verwendet. Als „Circoli“ sind diejenigen Vereine zu bezeichnen, welche das Regionalgesetz vom Juli 1991 (Art. 6) als solche anerkennt. Regionalgesetz vom 7. April 1965, *Leggi del Fondo Sociale della Regione Sardegna.* “Regione Autonoma Della Sardegna, Assessorato del Lavoro, Formazione Professionale, Cooperazione e sicurezza sociale - Fondo Sociale“, Cagliari 1983.

turspezifisch" bezeichnen könnte. Nicht nur die Frage, *was* im Verein geschieht, sondern auch die Frage, *auf welche Weise* es geschieht, ist hier ausschlaggebend.

Zum anderen ist die Herkunftsgesellschaft in einer direkteren Weise an der Gestaltung des Vereinslebens und der Vereinsorganisation beteiligt. Die Bemühungen der politischen und administrativen Akteure der „Region Sardinien",[2] auf das soziale Leben der sardischen Migranten Einfluss zu nehmen, sind bemerkenswert. Diese Akteure sorgen in beträchtlichem Maße für die Finanzierung der Vereine und infolgedessen beanspruchen sie sowohl die Aktivitäten der Vereinsmitglieder als auch die Modalitäten des Verhältnisses zwischen ihnen und der „Region Sardinien" mitzubestimmen.

Insbesondere die Tatsache, dass die Vereine für potentielle Mitglieder eine Möglichkeit darstellen, Zugang zu sozialen, finanziellen und medialen Ressourcen zu erhalten, lässt eine Mitgliedschaft besonders attraktiv erscheinen. Dies mag ein Grund für ihren relativen Erfolg sein: Während der letzten dreißig Jahre sind 140 sardische Vereine in Europa, Lateinamerika und Australien entstanden. Berücksichtigt man die Tatsache, dass die offizielle durchschnittliche Mitgliederzahl dieser Vereine 100 bis 150 ist, so hat man ein ungefähres Bild der Gesamtpopulation, die von den Akteuren der „Region Sardinien" durch diese Organisationen erreicht werden kann.[3] Stellt man die Frage nach den Gründen für Politiker und Administratoren, diese Vereine finanziell zu unterstützen und organisatorisch zu bestimmen, so stößt man im Laufe der Zeit auf unterschiedliche Antworten. In den sechziger und siebziger Jahren ging es, dem nationalen Modell folgend, darum, einer in vielen Hinsichten hilfsbedürftigen Gruppe in der Fremde „beizustehen". In den achtziger und teilweise neunziger Jahren handelte es sich hingegen hauptsächlich darum, Menschen desselben regionalen Ursprungs dazu zu verhelfen, den Status einer „verstreuten" Gruppe zu überwinden und dadurch *qua* Gruppe den Kontakt zur Ursprungsregion zu ermöglichen. Vor dem Hintergrund der Annahme, man habe es mit einer „mündigen" und selbstbewussten Gruppe zu tun, die in

---

2 Der Ausdruck „Region Sardinien" ist eine wortwörtliche Übersetzung von „Regione Sardegna". Dieser Begriff bezeichnet unterschiedliche Akteure und Organisationen der Regionalregierung. In eben diesem Sinne wird der Begriff hier und anderswo verwendet.

3 Die Anzahl der außerhalb Sardiniens lebenden Sarden wird auf ca. 400.000 geschätzt.

den unterschiedlichen Einwanderungsländern gut integriert ist, wurde dann in den letzten zehn Jahren versucht, diese Organisationen „im Dienste“ der Interessen Sardiniens einzusetzen. Es handelt sich dabei vor allem um Interessen ökonomischer Natur. Wer, so die schlichte Überlegung von Politikern und Administratoren der „Region Sardinien“, könnte besser als die sardischen Migranten eine Brücke zwischen der Insel und wichtigen Zentren der Marktwirtschaft, in denen diese leben, herstellen? Ermuntert durch positive Erfahrungen auf dem italienischen Festland, versuchen die sardischen Politiker und Administratoren ein Organisationsmodell zu fördern, von dem sie annehmen, dass es geeignet sei, örtliche Ressourcen wie touristische Attraktionen, archäologische Sehenswürdigkeiten, traditionelle Volkskultur und nicht zuletzt exklusive landwirtschaftliche Produkte in einem breiten Radius zu propagieren und zu vermarkten.
Neben den beiden Möglichkeiten, die sardischen Vereine als „Reaktualisierung“ des ursprünglichen heimatlichen Raumes und als Ort der Einlösung regionaler Interessen zu betrachten, gibt es noch eine dritte Handlungsdimension, die berücksichtigt werden muss. Diese bringt die Vereinsmitglieder als *aktive Subjekte* ins Spiel. Das von regionalen Akteuren im Laufe der Zeit mitaufgebaute und mitbestimmte Vereinssystem liefert den sardischen Migranten eine gute Gelegenheit, vorhandene Strukturen für die Verwirklichung *eigener* Interessen einzusetzen. Es handelt sich dabei hauptsächlich um politische und soziale Interessen, die in der *Herkunftsgesellschaft* identifiziert werden. Die Verwirklichung dieser Interessen ist auf die Herstellung und Implementierung von Kommunikation der in unterschiedlichen Ländern residierenden Migranten angewiesen. Sowohl die einzelnen Vereine als auch das transnationale Vereinsnetzwerk werden dadurch zu Orten der Meinungsbildung und Meinungssteuerung. Entscheidend ist dabei die Tatsache, dass Meinungsbildung und Meinungssteuerung durch die internationale Vernetzung eine beachtliche Zahl von Personen erreichen und mobilisieren können.
Bereits diese knappe Darstellung macht klar, dass die Vereine, mit denen wir es hier zu tun haben, eine multidimensionale soziale Wirklichkeit repräsentieren. Der Forscher muss der Kopräsenz unterschiedlicher Handlungsebenen Rechnung tragen, die sich gegenseitig überlagern, verknoten und teilweise auch gegeneinander richten.

Drei Perspektiven im migratorischen Dreieck

Die Organisationen, die hier im Zentrum der Aufmerksamkeit stehen, sind auch der Kreuzungspunkt unterschiedlicher und gelegentlich gegensätzlicher Erwartungen zwischen Gastgesellschaft, Herkunftsgesellschaft und Migranten selbst. *Die Gastgesellschaft* erhofft sich, dass der Zusammenschluss ausländischer Bürger in Vereinen ihre Integration nicht verlangsamt oder gar verhindert. Positiv ausgedrückt: Diese Gesellschaft möchte, dass die Migrantenvereine gute Dienste bei der Integration ihrer Mitglieder leisten.[4] *Die Herkunftsgesellschaft* erwartet von denselben Organisationen

4 Dass dies eine reale Möglichkeit darstellt, wurde bei den Migrationsforschern immer wieder betont. Dazu siehe vor allem: W. I. Thomas (1969), *On Social Organisation and Social Personality*, Chicago, London; G. Elwert, (1982), *Probleme der Ausländerintegration. Gesellschaftliche Integration durch Binnenintegration?* In: KZfSS, Jg. 34, S. 717-731; B. v. Breitenbach (1986), *Ausländer-Vereine und Interessenvertretung. Funktion und Selbstorganisation von Ausländern im Kommunalbereich*, in: Zeitschrift für Parlamentsfragen 2, S. 181-199; H. Esser (1986), *Ethnische Kolonien: 'Binnenintegration' oder gesellschaftliche Isolation?* In: J. H. P. Hoffmayer-Zlotnik (Hrsg.) (1986), „Segregation oder Integration. Die Situation von Arbeitsmigranten im Aufnahmeland", Mannheim: Forschung, Raum und Gesellschaft, Mannheim, S. 106-117; J. Rex, D. Jolly, C. Wilpert (eds.) (1987), *Immigrant Association in Europe*, Hong Kong, Singapore, Sidney; D. Thränhardt, (1989), *Patterns of Organisation Among different Ethnic Minorities*, New German Critique, N. 46 (Winter), S. 10-26; J. Puskeppeleit/ D. Thränhardt (1990), *Vom betreuten Ausländer zum gleichberechtigten Bürger*, Freiburg im Breisgau; E. Özkan (1990), *Türkische Immigrantenorganisationen in der Bundesrepublik Deutschland*, Berlin; J. Fijalkowki/H. Gillmeister (1997), *Ausländervereine. Ein Forschungsbericht. Über die Funktion für die Integration heterogener Zuwanderer in eine Aufnahmegesellschaft – Am Beispiel Berlin*, Berlin; F. Heckmann (1998), *Ethnische Kolonien: Schonraum für die Integration oder Verstärker der Ausgrenzung?* In: Ghettos oder ethnische Kolonien. Entwicklungschancen von Stadtteilen mit hohem Zuwandereranteil. Gesprächskreis Arbeit und Soziales, N. 85, Bonn; C. Diehl, J. Urban und H. Esser (1998), *Die soziale und politische Partizipation von Zuwanderern in der Bundesrepublik Deutschland*, Gesprächskreis Arbeit und Soziales, Bonn; D. Thränhardt, U. Hunger (Hrsg.) (2000), *Einwanderer-Netzwerke und ihre Integrationsqualität in Deutschland und Israel*, Münster, Hamburg, London; K. Lehmann, (2001), *Vereine als Medium der Integration. Zur Entwicklung und Strukturwandel von Migrantenvereinen*, Berlin; C. Diehl (2002), *Die Partizipation von Migranten in Deutschland. Rückzug oder Mobilisierung?*, Opladen.

die Vertretung eigener Interessen im Ausland. Sie unterstreicht dabei die Tatsache, dass, wenn in früheren Zeiten diese Organisationen Objekt von Hilfsmaßnahmen waren, heute die Zeit dafür reif ist, dass sich die Migranten für die Interessen der Herkunftsgesellschaft einsetzen. *Die Gruppe der Migranten* schließlich sieht im Vereinssystem eine Möglichkeit der Strukturierung und Entfaltung von Interessen und Bedürfnissen, die nicht so sehr im jeweiligen Aufnahmeland, sondern in der Ursprungsgesellschaft identifiziert werden. Betrachten wir im Folgenden die unterschiedlichen Beobachtungsperspektiven der drei Makroakteure im migratorischen Dreieck genauer.

Die Sicht der Aufnahmegesellschaft

Gastgesellschaften haben bekanntlich, insbesondere dann, wenn sie sich als Einwanderungsgesellschaften verstehen, ein ausgeprägtes Interesse an einer schnellen und unproblematischen Integration der Migranten und blicken berechtigterweise skeptisch auf Phänomene, die auf ihre Verzögerung bzw. Verhinderung hindeuten. Vor allem Migrantenorganisationen standen lange Zeit in dem Verdacht, ein integrationshinderndes Phänomen zu sein.[5]

Erst neuere Untersuchungen konnten das Phänomen der Migrantenorganisationen und ihrer Funktionen in ein neues Licht rücken. In den letzten drei Jahrzehnten hat die Migrationsforschung differenzierte Analysen über Struktur, Funktion und Ziele von Migrantenorganisationen geliefert. Diese Forschung ist empirisch vergleichend vorgegangen und hat Unterschiede und Ähnlichkeiten zwischen den Assoziationsformen unterschiedlicher ethnischer Gruppen festgestellt;[6] sie hat typologische Charakterisierungen

---

5 Ich verweise dafür auf die Diskussion bei J. Puskeppeleit/D. Thränhardt, *Vom betreuten Ausländer zum gleichberechtigten Bürger*, op. cit. Aufschlußreich im selben Kontext ist auch W. I. Thomas, *On Social Organisation and Social Personality*, op. cit.

6 D. Thränhardt, *Patterns of Organisation Among different Ethnic Minorities*, op. cit.; J. Puskeppeleit/D. Thränhardt, *Vom betreuten Ausländer zum gleichberechtigten Bürger*, op. cit.; J. Fijalkowki/H. Gillmeister, *Ausländervereine ein Forschungsbericht. Über die Funktion für die Integration heterogener Zuwanderer in eine Aufnahmegesellschaft – Am Beispiel Berlin*, op. cit.

von Vereinen vorgeschlagen;[7] sie hat Migrantenorganisationen daraufhin untersucht, ob ihre Ziele vorwiegend auf die Herkunftsgesellschaft oder die Gastgesellschaft gerichtet sind;[8] sie hat schließlich die Bedingungen identifiziert, die erfüllt werden müssen, damit es sich für die Mitglieder einer Organisation lohnt, Zeit und Kräfte in sie zu investieren.[9] Eines der wichtigen Resultate dieser Differenzierungsbemühungen besteht sicherlich darin, Kriterien und Begriffe festgelegt zu haben, die eine Unterscheidung zwischen integrationshindernden und integrationsfördernden Vereinstypen gestatten. In diesem Zusammenhang sind vor allem die spezifische Zielorientierung der Vereinsaktivitäten (Herkunfts- vs. Aufnahmegesellschaft) und ihre politische, wirtschaftliche und organisatorische Abhängigkeit von der Ursprungsgesellschaft von besonderem Interesse, denn hier wird oft ein negativer kausaler Nexus angenommen: Werden Denk- und Handlungshorizont der Gruppe in starkem Ausmaß von der Herkunftsgesellschaft absorbiert, so bleibt wenig übrig für die Lösung von Problemen, die sich in der Alltagswirklichkeit der Aufnahmegesellschaft stellen. Ähnliche negative Konsequenzen hinsichtlich der Gruppenintegration ergeben sich aber auch, wenn sich die Ursprungsgesellschaft in das Leben der Migranten stark „einmischt". Ist die Präsenz dieser Gesellschaft im Gruppenleben so pervasiv, dass dadurch die Bildung von autonomen, auf die Alltagsbedürfnisse der Gruppe abgestimmten Organisationsformen im Keim erstickt wird, so sind die Chancen der Reaktion auf mögliche externe „Bedrohungen" denkbar gering.[10] Wir werden im Folgenden sehen, inwiefern auch für unsere Gruppe diese Gefahr besteht.

---

7 F. Heckmann, *Ethnische Kolonien: Schonraum für die Integration oder Verstärker der Ausgrenzung?* Op. cit.

8 C. Diehl, J. Urban und H. Esser, *Die soziale und politische Partizipation von Zuwanderern in der Bundesrepublik Deutschland, Gesprächskreis Arbeit und Soziales*, op. cit.

9 M. Hechter, D. Friedman and M. Appelbaum (1982), *A Theory of Ethnic Collective Action*, International Migration Revue n. 16, n. 2; C. Diehl, *Die Partizipation von Migranten in Deutschland. Rückzug oder Mobilisierung?* Op. cit.

10 In diesem Zusammenhang ist an folgende Forderung von Friedrich Heckmann zu erinnern: „Der Erfolg von Akkulturationsstrategien ist aber auch gebunden an die rechtliche und politische ‚Freigabe' der Migranten durch das Herkunftsland". Ders.: *Ethnische Kolonien: Schonraum für Integration oder Verstärker der Ausgrenzung*, op. cit.

Die Sicht der Herkunftsgesellschaft

Wenn Herkunftsgesellschaften in den Fokus wissenschaftlicher Aufmerksamkeit geraten, dann geschieht dies meistens entweder im Rahmen einer Argumentation, die darauf gerichtet ist, Ursachen von Migration festzustellen (wirtschaftliche Not, politische Verfolgung, ökologische Katastrophen) oder im Zusammenhang von Überlegungen, die darauf abzielen, Vorteile und Nachteile der Migration für die Herkunftsländer einzuschätzen, wie beispielsweise der Schwund wertvoller menschlicher Ressourcen oder die „Entlastungsfunktion" von Auswanderung für „strukturschwache" Länder.[11] In eine ähnliche Argumentationslinie gehört auch die Beobachtung, dass viele Herkunftsgesellschaften „ihre" Migranten keineswegs als eine Art „verlorenes Gut" betrachten, und dass sie ein Interesse daran haben, die ausgewanderte Bevölkerung zu organiieren, zu lenken oder auch zu kontrollieren.[12] Dies ist insbesondere dann der Fall, wenn Migranten als ein wichtiges Vehikel für den Transfer von Kapital und *Know-How* von den entwickelten zu den weniger entwickelten Gesellschaften angesehen werden.[13]

---

11 Zu diesen Problematiken siehe unter anderem: S. Castles & Mark J. Miller (1993), *The Age of Migration. International Population Movements in the Modern World*, London; P. J. Opitz (Hrsg.), (1997), *Der Globale Marsch. Flucht und Migration als Weltproblem*, München; Siehe auch: Ders. (1981), *Grundprobleme der Entwicklungsländer*, München.

12 Aus der Perspektive mancher Staaten erweist sich auch Kontrolle oft als eine wichtige Aufgabe. Dies ist insbesondere dort der Fall, wo die Staatsräson es empfiehlt, die Gruppe aus politischen oder religiösen Gründen nicht aus den Augen zu verlieren. Dies entspricht einer Tendenz, die Castles und Miller anfangs der 90er Jahre konstatieren: „Immigrant communities in Western Europe become the object of competition - occasionally violent - between pro-status quo and anti-status quo homeland political forces". S. Castles & Mark J. Miller, *The Age of Migration*, op. cit. Obwohl beide Autoren dabei vor allem die türkische Gruppe in Deutschland und die algerische Minderheit in Frankreich im Blick hatten, wiesen sie auf ein Phänomen hin, das mutatis mutandis auf viele andere Migrantengruppen zutrifft.

13 So wird beispielsweise darauf hingewiesen, dass in einigen mexikanischen Gemeinden zwei Drittel des Gesamteinkommens aus den Remittenden der Migranten stammten, C. Sáncez (1985), *Los Migrantes Mixtecos*, Mimeo. Für den Zusammenhang Remisen, Know How und locale Entwicklung siehe unter anderen: E. B. R. Lucas and O. Stark (1985), *Motivations to remit: evidence*

Die eben genannten Argumente sind „klassische" Gründe dafür, dass es sich für Herkunftsgesellschaften lohnt, die Beziehungen zu Menschen zu erhalten, die ausgewandert sind. Wie unser Beispiel zeigt, gibt es über diese Gründe hinaus noch weitere, denen wir Aufmerksamkeit schenken müssen. Sie verweisen auf ein verändertes Bewusstsein der Herkunftsgesellschaften in Bezug auf das Potential, das ihre Migranten darstellen. Der Gedanke, Migranten könnten für Herkunftsgesellschaften eine wichtige Ressource sein, ist relativ alt. Man kennt aus der Migrationsliteratur die Topoi des Migranten als eines Erneuerers und Helfers. Doch wenn die politischen und administrativen Akteure in Sardinien die Phase der Fürsorge gegenüber den sardischen Migranten als endgültig abgeschlossen betrachten und behaupten, die Zeit sei jetzt gekommen, dass die Migranten etwas für ihre Heimat tun, meinen sie mehr als Know-how, Remisen und Investitionsmöglichkeiten. Teilweise aus eigenem Antrieb, teilweise angespornt durch neuere Initiativen der italienischen Regierung,[14] versucht heute Sardinien zum Zweck der Propagierung und Vermarktung lokaler Produkte und Ressourcen im Ausland, die bereits bestehenden Kontakte zu den Vereinen in den unterschiedlichen Kontinenten zu intensivieren. Die Herausforderung der Globalisierung, so heißt es sowohl in unterschiedlichen „Erklärungen" des italienischen Aussenministeriums als auch der „Region Sardinien", macht die Entwicklung neuer Strategien der „Internationalisierung" unabdingbar. Zu ihrer Verwirklichung soll den im Ausland lebenden Mitbürgern eine besondere Rolle zukommen. In einer Zeit der Verschärfung des Kampfes um alte und neue Märkte wird also der Ausbau der Beziehungen zu den eigenen Migranten zu einem Thema von nationalem Interesse erklärt.

---

from Botswana, Journal of political Economy, 93, S. 901-918; S. DjaJic (1986), *International Migration, remittances and welfer in a dependent economy,* Journal of Development Economics, 21, S. 229-234; Jr. R. Adams (1998), *Remittances, investment and rural asset accumulation in Pakistan,* in: Economic Development and Cultural Change, 25, S. 155-173; M. A. Diatta and M. Ndiaga (1999), *Releasing the development potential of return migration: the case of Senegal,* in: International Migration, 37(1), S. 243-264; E. Thomas-Hope (1999), *Return Migration to Jamaica and its development potential,* in: International Migration, 37(1), S. 183-205; B. McCormick, J. Wahba (April 2000), *Overseas employment and remittances to a dual Economy,* in: The Economic Journal.

14 Das Progamm wird vom italienischen Aussenministerium („Ministero degli Affari Esteri") koordiniert. Es ist im Internet abrufbar unter: www.pptie.org (05. 02. 04).

Es liegt nahe, zur Beschreibung des Verhältnisses zwischen den sardischen Migranten und der Herkunftsgesellschaft die Metapher der Brücke zu verwenden, denn Brücken haben meistens die Eigenschaft, dass sie in zwei unterschiedliche Richtungen überquert werden können. Beobachtet man die Bewegung von der Aufnahmegesellschaft zur Herkunftsgesellschaft, so fällt vor allem der Transfer von Finanzkapital auf. Betrachtet man hingegen die Bewegung von der Herkunftsgesellschaft zur Gastgesellschaft, so erweisen sich Migrantenorganisationen, wie insbesondere unser Beispiel zeigt, als ein geeignetes Instrument, lokale Interessen von der „Peripherie“ in das „Zentrum“ zu transportieren. Sie stellen eine Möglichkeit dar, lokale Ressourcen und Güter in den strategischen Zentren der Weltwirtschaft zu propagieren und zu vermarkten. So betrachtet, ermöglichen diese Organisationen eine Art „Verkürzung der teleologischen Reihen“ im Sinne Simmels:[15] Lokale Interessenträger überspringen vermittelnde nationale Instanzen und projizieren sich in den für sie attraktiven Märkten; sie erweisen sich auf diese Weise als Ausdruck und zugleich als Antrieb von Raumentgrenzung bzw. von Globalisierungsprozessen.[16]

---

15 G. Simmel (1989), *Philosophie des Geldes*, Frankfurt a. M.

16 Vor allem die gegenwärtige Debatte über das Phänomen des Transnationalismus hat dazu beigetragen, wichtige Aspekte ans Licht zu bringen, die Migranten und Herkunftsgesellschaft verbinden. Der Transnationalismus bleibt ein fruchtbarer Ansatz, solange dabei nicht die Anforderungen aus dem Blick geraten, die die Aufnahmegesellschaften an die Migranten stellen. Für das Thema Transnationalismus und Migration siehe unter anderem: J. T. Fawcett (1989), *Networks, Linkages and Migration System*, in: International Migration Review, XXII, S. 671-688; N. Glick Schiller, L. Basch, C. Black Szanton (1995), *From immigrant to transmigrant: theorizing transnational migration*, Anthropological Quarterly, 68, S. 48-63; N. Glick Schiller, L. Basch, and C. Black Szanton, C. (eds.) (1992), *Towards a Transnational Perspective on Migration: Race, class, ethnicity and nationalism reconsidered*, New York; L. Basch, N. Glick Schiller and C. Blanc-Szanton (1994), *Nation Unbound: Transnational Projects, Post – Colonial Predicaments and De-Territorialized Nation-States*, New York; L. Pries (1998), *Transnationale soziale Räume*, in: U. Beck (Hrsg.), Perspektiven der Weltgesellschaft, Frankfurt a. M., S. 55-86; M. P. Smith and L. E. Guarnizo (eds.) (1998), *Transnationalism from Below*, in: Comparative Urban and Community Research Vol 6, New Brunswick; N. Glick Schiller (1999), *Transmigrants and Nation-States: Something Old and Something New in the U. S. Immigrant Experience*, in: C. Hirschman, P. Kasinitz, J. De Wind (eds.), The Handbook of International Migration: The American Experience, New

Sardinien scheint die neuen Herausforderungen ernst zu nehmen. In den letzten fünf Jahren wurde von der neugegründeten *Sardinia Trade Network* eine so genannte „Interessengemeinschaft on-line" initiiert, die den Austausch zwischen Wirtschaftsakteuren im In- und Ausland erleichtern soll, und es wurden so genannte „Repräsentative Zentren" in (aus der Perspektive der regionalen Akteure) „strategischen" Metropolen wie Berlin, London und New York eingerichtet.

Die Sicht der Migranten

Die starke Orientierung der untersuchten Gruppe zur Heimat hin hat an sich wenig Erstaunliches, wenn man bedenkt, dass die heimatliche Welt in ihrem Denk- und Handlungshorizont in unterschiedlichen Zeitdimensionen präsent ist: Als kulturelles Erbe bestimmt sie auch nach Jahrzehnten die Weise, in der einzelne Gruppen ihre Kommunikation im Verein gestalten. Als Ort der möglichen Verwirklichung zukünftiger Erwartungen wiederum beeinflusst sie die Richtung und das Ausmaß, in dem Gruppenengagement stattfindet. Um diese „Inanspruchnahme" der sardischen Migranten durch die Herkunftsgesellschaft richtig nachvollziehen zu können, ist es hilfreich, drei Kommunikationsebenen zu unterscheiden: Die Kommunikation *innerhalb* der einzelnen Vereine, jene *zwischen* den Vereinen und jene *zwischen* Vereinen *und* der „Region Sardinien".
Betrachten wir die Kommunikation in den einzelnen Vereinen, so stellen wir fest, dass diese hauptsächlich dem Austausch nützlicher Information dient. Auf dieser Ebene bestehen sicherlich die stärksten Berührungspunkte mit der Aufnahmegesellschaft. Interessant sind jedoch nicht nur die Inhalte, sondern auch die Formen, in denen Kommunikation im Verein stattfindet. Diese Formen können wir im weitesten Sinne als kulturspezifisch bezeichnen, denn sie sind der Ausdruck einer bestimmten Raum-Zeit-Sozialisation im Herkunftsort. Um dies nachvollziehen zu können, sind wir freilich auf die Rekonstruktion der typischen Kommunikationsformen im kleinen sardischen Dorf angewiesen.[17]

York; T. Faist (2000), *Transnationalization in international Migration: Implications for the study of Citizenship and Culture*, in: Ethnic and Racial Studies, 23(2), S. 189-222; P. Kennedy and V. Roudometof, (eds.) (2002), *Communities Across Borders. New Immigrants and Transnational Cultures*, London - New York.

17 Diese Aufgabe nehmen wir uns in Kapitel IV vor.

Richten wir hingegen die Aufmerksamkeit auf das Netzwerk der Vereine bzw. auf das Vereinsystem so wird klar, dass hier Kommunikation hauptsächlich dazu dient, aus Individuen und Gruppen, die unter anderen Umständen eine lose, unverbundene Menge bilden würden, eine transnationale *Gemeinschaft* zu machen[18]

Der erste Eindruck ist, dass das vorhandene Kommunikationsnetz dazu verwendet wird, sich einer als gegeben angenommenen gemeinsamen kulturellen Identität über nationale und kontinentale Grenzen hinaus zu vergewissern und diese zu stärken. Es gibt mehrere Indizien, die darauf hindeuten: der wiederholte Hinweis auf gemeinsame Wurzeln, auf eine gemeinsame Sprache und nicht zuletzt auf gemeinsame Erwartungen. Ein genauerer Blick zeigt allerdings, dass diese Botschaft von einer anderen überlagert wird. Letztere ist darauf gerichtet, Individuen desselben regionalen Ursprungs dazu zu animieren, die eigenen Interessen zu bündeln und gegenüber der Herkunftsgesellschaft zu vertreten.

Die „Verkünder" dieser Botschaft und ihre Anhänger identifizieren also in der Herkunftsgesellschaft den Hauptadressaten ihrer Forderungen. Für diese Gesellschaft lohnt es sich eben, sich einzusetzen, denn für viele Migranten stellen Arbeitslosigkeit, administrative Ineffizienz und die Nachlässigkeit der Politiker Probleme dar, die nicht so sehr die Aufnahme- als vielmehr die Herkunftsgesellschaft plagen.[19] Die Überzeugung in der Gruppe, dass die Bekämpfung dieser Missstände auf dem Weg der politischen Organisation zu bewerkstelligen sei, gewinnt mit der Zeit immer mehr an Gewicht. Für die „Verkünder" dieser Botschaft kommt es

---

18 Auf städtischer Ebene ermöglichen die einzelnen Vereine, auf nationaler Ebene der Dachverband der Vereine („Federazioni") und auf internationaler Ebene die sogenannte „Consulta" einen kommunikativen Austausch unter Individuen und Gruppen, der unter anderen Umständen aller Wahrscheinlichkeit nach nicht, oder zumindest nicht in der gegebenen Form und Intensität, stattfinden würde.

19 So wird beispielsweise im „Documento Programmatico" der Bewegung der sardischen Migranten UPS (*Unione Popolo Sardo*) unter anderem die Absicht der Sarden im Ausland hervorgehoben, „Verantwortung bei der Meisterung einer schwierigen Lage auf der Insel zu übernehmen". Gerechtfertigt wird diese Absicht mitzuregieren damit, dass man auf die Migranten als eine unverzichtbare wirtschaftliche Ressource verweist. Was hier also den Ton angibt, ist nicht Ethnizität oder Kultur, sondern eine Pragmatik der Mitgestaltung.

darauf an, zu erkennen, dass die im Ausland lebenden Sarden – unabhängig von ihrer nationalen Verortung - ähnliche Interessen haben, für deren Verwirklichung eine direkte Repräsentanz im regionalen Parlament erforderlich wäre. In diesem Punkt bestehen freilich die größten Reibungen mit den politischen Akteuren auf der Insel, denn letztlich geht die politische Emanzipation der Gruppe Hand in Hand mit der Delegitimation jener traditionellen politischen Parteien, welche die Migrantenorganisationen lediglich als Stimmenreservoire ansehen. Die Kommunikation zwischen den Vereinen und den regionalen Akteuren ist stark durch diesen Kontrast geprägt.
Eine zentrale Schlussfolgerung, die sich aus dieser Situation ergibt, ist, dass ein Verständnis der Organisationsstruktur und der Organisationsziele der Vereine nicht dadurch erzielt werden kann, dass man den Blick allein auf die Gastgesellschaft richtet. Man muss hier auch das Verhältnis der Gruppe zur Heimatgesellschaft hinterfragen - und zwar in einer weit konsequenteren Art, als dies bisher in der Migrationsforschung üblich war.

Hauptziele der Untersuchung

Seit ungefähr vier Jahrzehnten unterhält die „Region Sardinien“ Beziehungen zu Vereinen in drei Kontinenten: Sie finanziert, berät, programmiert und kontrolliert. Andererseits stellen die Vereine gegenüber der Region keineswegs passive Akteure dar: Sie fordern mehr Finanzmittel, mehr Selbstbestimmung und mehr politische Einflußmöglichkeit im politischen Leben der Herkunftsgesellschaft.
Die „symbiotische“ Beziehung zwischen Sardinien und den sardischen Vereinen im Ausland hat zu einer in der Geschichte der Migration möglicherweise einmaligen strukturellen Konstellation geführt. Bereits in den Achtzigern war den Migrationsforschern diese Besonderheit nicht entgangen, wenn sie über die sardischen Vereine in Frankreich schrieben: „They often have their own premises, several activities and a very dynamic relationship with the region of origin. The Sardinian network of associations does not compare with that of other regions and receives substantial support from the regional *consulta* of Sardinia, in which some leaders of immigrants' associations in France participate“.[20] Die Autoren erfassten dabei

20 G. Campani, M. Catani, S. Palidda (1987), *Italian Immigrant Associations in France*, in: J. Rex, D. Jolly, C. Wilpert (eds.), „Immigrant Associations in Europe“, op cit., S. 166-200.

nur die Spitze des Eisbergs. Sie ahnten möglicherweise nicht, dass sich das, was sie in Frankreich beobachten konnten, in vielen anderen europäischen und außereuropäischen Ländern mit relativer Gleichförmigkeit wiederholt.[21]
Die gegenseitige Anziehung zwischen den Vereinen und dem Land Sardinien ist eine Konsequenz des Umstandes, dass wenn einerseits die Vereine finanzieller Hilfe bedürfen, um weiter existieren zu können, andererseits die Insel auf die Unterstützung ihrer Migranten angewiesen ist, um ihren Plan der „Internationalisierung Sardiniens", wie es so oft heißt, voranzutreiben.

Die Fragen, die uns in dieser Arbeit beschäftigen werden, ergeben sich teilweise aus der dargestellten Situation: Warum sind Migranten auch nach einer jahrzehntelangen Sozialisation im Gastland daran interessiert, vertraute Formen von Interaktion beizubehalten und zu diesem Zweck „Räume" zu schaffen, die dies ermöglichen? Warum haben Migranten ein Interesse daran, ihr Organisationspotential für Ziele einzusetzen, die sie in der Heimatgesellschaft identifizieren? Wie lässt sich das Bestreben der Ursprungsgesellschaft erklären, Migranten auch nach einer langjährigen Auswanderungsgeschichte als *ihre* zu bezeichnen? Es handelt sich dabei nur scheinbar um verschiedene Problematiken, denn alle drei Fragen haben gemeinsam, dass sie aus dem Verhältnis zwischen Ursprungsgesellschaft und Migranten einen zentralen Bezugspunkt der Analyse machen.
Diese Forschungsperspektive einzunehmen heißt selbstverständlich nicht, zu leugnen, dass auch die spezifische sozioökonomische Positionierung unserer Gruppe im Gastland Auswirkungen auf die Weise hat, wie diese die Herkunftsgesellschaft sieht und welcher Art von Aktivitäten sie den

---

21 Selbstverständlich ist eine starke Beziehung zwischen Migrantenvereinen und der Heimat auch bei anderen Gruppen vorhanden. So stellen Marie-Antoinette Hily und Michel Poinard in Bezug auf die portugiesische Minderheit in Frankreich den Willen der portugiesischen Regierung fest, die Beziehungen zur portugiesischen Diaspora festzuhalten und „to promote the work of associations" (S. 135). In diesem Zusammenhang erscheint der Begriff „network" jedoch missverständlich, wenn damit die gegenseitige Kommunikation unter Vereinen gemeint ist. Schliesslich stellen die Autoren fest: „At time, there is not a single authority which has the means to unite or to federate this specific associative phenomenon" (S. 137), M.-A. Hily, M. Poinard, *Portuguese Associations in France*, in: J. Rex, D. Jolly, C. Wilpert (eds.), Immigrant Associations in Europe, op. cit., S. 166-200.

Vorzug gibt.[22] Die Gruppenorientierung ist sicherlich auch eine Antwort auf die spezifische Situation der Gruppe in der Gastgesellschaft. In dieser letzten Perspektive wäre beispielsweise das Phänomen einer starken Heimatorientierung auch als Reaktion auf Exklusions- und Diskriminierungstendenzen in der Aufnahmegesellschaft zu interpretieren.[23] Gegen diese Sichtweise bestehen keine prinzipiellen Bedenken, vorausgesetzt natürlich, man ist bereit, sie als eine Beobachtungsperspektive unter anderen anzusehen.

Es geht hier nicht darum, eine Betrachtungsweise gegen eine andere auszuspielen, sondern darum, zu erkennen, dass Struktur, Aktivitäten und Ziele von Migrantenorganisationen nur unter Berücksichtigung aller drei Seiten des „migratorischen Dreiecks", Herkunftsgesellschaft, Migranten und Gastgesellschaft, verständlich werden.

Das hier untersuchte Netz der sardischen Vereine - oder wie es im Folgenden auch heißen soll: das sardische Vereinssystem - ermöglicht uns, Fragen zu beantworten, die sich *mutatis mutandis* auch für andere Migrantenvereine stellen. Dies bedeutet allerdings nicht, dass das, was über diese Organisationsform festgestellt werden kann, auch für andere Migrantenorganisationen unmittelbar gilt. Die Unterschiedlichkeit von Gruppen hinsichtlich Kultur, Orientierung, Erwartungen etc. verbietet diese Inferenz. Wir behaupten also nicht, der Fall der sardischen Vereine sei paradigmatisch für alle anderen Migrantenvereine. Gleichwohl gestattet unser Beispiel Dimensionen und Aspekte zu thematisieren, die bis heute in der Migrationsforschung nur unbefriedigend analysiert worden sind.

---

22 Vgl. C. Diehl, J. Urban und H. Esser, *Die soziale und politische Partizipation von Zuwanderern in der Bundesrepublik Deutschland*, op. cit.

23 Ebenda.

II

Etappen einer internationalen Debatte

Die Geschichte der Migration ist gleichzeitig eine Geschichte von kleinen Gemeinschaften, mehr oder weniger strukturierten Netzwerken und Vereinigungen. Bereits ältere Migrationsstudien betrachten diese Formen des kollektiven Lebens als eine Erleichterung für das Leben des Einzelnen in einer ihm fremden Umwelt.[24]
Unter den Klassikern der Migrationsforschung ist aber sicherlich W. I. Thomas derjenige gewesen, der am dezidiertesten dem Assoziationismus eine positive Funktion hinsichtlich der Integration in die Aufnahmegesellschaft zuspricht. Mit Thomas' Ansatz werden das erste Mal Aspekte und Probleme des Zusammenhanges von Selbstorganisation und Integration thematisiert, die bis heute kaum an Bedeutung für die Migrationsforschung eingebüßt haben. Dies ist der Grund, warum im Folgenden seine Position mit einer gewissen Ausführlichkeit charakterisiert werden soll.
In diesem Kapitel wird keinesfalls eine erschöpfende Darstellung der Debatte über den Zusammenhang von Migration, Assoziationismus und Integration beabsichtigt, denn eine solche Aufgabe ließe sich nur im Rahmen einer eigenständigen Untersuchung bewältigen. Die folgenden Ausführungen stellen eher den bescheidenen Versuch dar, einige Etappen dieser Debatte zu vergegenwärtigen, die von besonderer Relevanz für die spätere Analyse sind.

Thomas' integrationstheoretischer Ansatz

Thomas ist sich über die Ziele der US-amerikanischen Migrationspolitik ganz im Klaren. In einer Zeit, in der die Einwanderung in die USA immer mehr das Ausmaß einer „friedlichen Invasion" annimmt, müssen sowohl die möglichen langfristigen Folgen von Immigration als auch die notwendigen Maßnahmen für eine erfolgreiche Integration zum öffentlichen Thema gemacht werden. In Thomas' Worten: „We must make the immigrants a working part in our system of life, ideal and political, as well as economic, or lose the character of our culture".[25]

---

24 Es sei hier vor allem auf folgende klassischen Studien verwiesen: W. I. Thomas & F. Znaniecki (1918-1920), *The Polish Peasant in Europe and America*, Boston; L. Wirth (1928), *The Ghetto*, Chicago; W. F. Whyte (1943), *Street Corner Society*, Chicago.

25 W. I. Thomas, *On Social Organisation and Social Personality*, op. cit., S. 198.

Thomas ist sich allerdings auch über die Tatsache bewusst, dass die Integration der neuen Bürger nicht mit autoritären Mitteln verfolgt werden kann. Der Migrant kann durch eine Politik des „ordering and forbidding“ nicht zu einem aktiven Glied des kulturellen, politischen und wirtschaftlichen Systems der USA gemacht werden. Dies würde bedeuten, eben jene freiheitlich-demokratischen Ideale zu verleugnen, auf die das moderne Amerika so stolz ist.

Thomas misstraut ebenso einer Assimilationsstrategie, die von den Migranten die Verleugnung der eigenen kulturellen Wurzeln verlangt. Er kritisiert die Annahme, die „Auslöschung der Erinnerung“ sei eine unerlässliche Voraussetzung für die Amerikanisierung. „It is notable“, so schreibt Thomas, „that this destruction of memories is the plan of both, those who demand a quick and complete Americanization and those who demand a quick and complete revolution - the extreme Americanist and the extreme radicals“.[26] Assimilierung an die Gastgesellschaft kann nur dann erfolgreich verlaufen, wenn man an die mitgebrachten Kompetenzen und Dispositionen des Migranten anschließt und auf sie aufbaut. Das kulturelle Gedächtnis ist kein Ballast, von dem man sich schnell befreien muss, sondern unter Umständen eine wertvolle Ressource, an die man anknüpfen kann.[27]

Wenn für den Chicagoer Soziologen eine freiheitliche, demokratische Politik keine Auslöschung des kulturellen Gedächtnisses des Migranten verlangen kann, so darf diese Politik andererseits auch keine Selbstsegregation dulden. Das „demokratische Projekt“ verlangt, dass der Ausgewanderte langsam aber sicher zu einem aktiven Teil des amerikanischen

---

26 Ebenda, S. 204.

27 So Thomas: „The apperception mass of the immigrant, expressed in the attitudes and values he brings with him from his old life, is the material from which he must build his Americanism. It is also the material we must work with, if we would aid this process“. (W. I. Thomas, *On Social Organisation and social Personality*, op. cit., S. 203). Mit diesen Ansichten antizipiert Thomas eine Problematik, die erst die zeitgenössische Diskussion über Multikulturalismus in Einwanderungsgesellschaften in den Mittelpunkt gerückt hat. Siehe dazu unter anderen: J. Rawls (1992), *Die Idee des Politischen Liberalismus*, Frankfurt a. M.; J. Ratz (1995), *Multikulturalismus: eine liberale Perspektive*, in: Deutsche Zeitschrift für Philosophie, n. 43, S. 307-327; W. Kymlicka (1995), *Multicultural Citizenship: A Liberal Theory of Minority Rights*, Oxford; J. Habermas (1996), *Die Einbeziehung des Anderen*, Frankfurt a. M.

Systems wird. Es gibt also Toleranzgrenzen für die selbstgewollte Abschottung der Migranten.

Die Frage aber, wann eine Gruppe beginnt, sich von der Mehrheitsgesellschaft abzugrenzen, ist nicht immer einfach zu beantworten. Dürfen beispielsweise gemeinschaftliche Zusammenschlüsse von Migranten als ein selbstsegregatives Phänomen betrachtet werden? Stellen also Gruppenorganisation und Vereinsbildung unter Angehörigen derselben Gruppe eine Gefährdung für die Integration dar? Dies sind Fragen, die damals wie heute im Zentrum der Aufmerksamkeit von politischen Akteuren und Soziologen stehen. Integrationsmodelle unterscheiden sich voneinander je nach dem, wie sie diese Fragen beantworten.

Geht man mit Thomas davon aus, dass „any type of organisation which succeeds in regulating the lives of its members is beneficial",[28] so erscheinen gerade jene Phänomene in einem neuem Licht, die der oberflächliche Beobachter als Hindernisse für die Integration ansehen würde. Thomas' Herausforderung an die „common opinion" geht so weit, dass selbst die scharfe Kritik der Migranten am Lebensstil und an den Leitbildern der Aufnahmegesellschaft nicht unbedingt als integrationshemmend angesehen wird. Voraussetzung dafür ist für Thomas allerdings die Tatsache, dass diese Kritik das Produkt einer konstruktiven Gruppenauseinandersetzung ist. Warum aber ist seiner Meinung nach „any type of organisation" vorteilhaft für die Regelung des Migrantenlebens und letztlich für die Integration in die Aufnahmegesellschaft?

Thomas' kontraintuitive Annahme muss unter Berücksichtigung der Lage betrachtet werden, in der sich die meisten Migranten in den USA der zwanziger und dreißiger Jahre befinden. Wie Thomas und Znaniecki in *The Polish Peasant* ausführlich belegen, hat Auswanderung insbesondere für den aus ländlichen Gegenden stammenden Migranten oft „mentale" und „soziale Desorganisation" zur Folge.[29] Erst der Zusammenschluss unter Angehörigen derselben Gemeinschaft stellt, wie Thomas meint, eine Möglichkeit der „Reorganisation" dar. Da, wie die Erfahrung lehrt, einem

---

28 Ebenda, S. 207.

29 Dies hatte die Auseinandersetzung mit den polnischen Einwanderern deutlich gezeigt, W. I. Thomas & F. Znaniecki, *The Polish Peasant in Europe and America*, op. cit. Bekanntlich richtet Alfred Schütz die Aufmerksamkeit auf die kognitiven Implikationen dieser Entwurzelung, ders.: (1972), *Der Fremde. Ein sozialpsychologischer Versuch*, in: ders., Gesammelte Aufsätze, Band 2, Den Haag, S. 53-69.

schnellen Anschluss an die soziale Wirklichkeit des Aufnahmelandes viele Hindernisse im Wege stehen, können diese Organisationen dem Individuum einen wichtigen Halt bieten.
Thomas' Interesse richtet sich vor allem auf die politische Funktion von Migrantenorganisationen. Diese gelten ihm als Schulen demokratischer Erziehung im weitesten Sinne. In ihnen hat der Migrant die Chance, wahrzunehmen, dass er ein Teil eines umfassenderen sozialen Ganzen ist, für dessen Erhaltung sein Beitrag unerlässlich ist. Durch sein Engagement in der Gruppe lernt das Individuum, sich grundlegende soziale Kompetenzen wie Verantwortung und Eigeninitiative anzueignen, die moderne demokratische und stark individualisierte Gesellschaften wie die USA verlangen. Eben aus dieser Perspektive kann Thomas behaupten, „even the nationalistic societies do more to promote assimilation than to retard it".[30]
Als wichtiger Ausdruck assoziativen Lebens liefert die Migrantenpresse Thomas ein Beispiel für Assimilation durch Kritik. Bestimmte Auswanderergruppen, so beobachtet der amerikanische Soziologe, setzen die Presse ein, um den amerikanischen „way of live" zu kritisieren. Langfristig führt diese Haltung aber letztlich dazu, dass die Kritiker langsam ausgerechnet in jene soziale Wirklichkeit integriert werden, die sie ablehnen: „There is no doubt, for example, that the nationalistic newspapers do not want their readers to become americanized, but they make them more intelligent, more prepared to be Americans, simply by printing the news of what is going on in America, and this they have to do in order to circulate at all".[31] Thomas schenkt zwar der Art und Weise besondere Aufmerksamkeit, wie Handelnde selbst die eigene Situation definieren, es fehlen bei ihm jedoch keineswegs Öffnungen in Richtung einer funktionalen Analyse. Gerade die Migrantenorganisationen und die Migrantenpresse liefern ihm ein Beispiel für ein Kraftfeld „latenter" Funktionen,[32] von denen

---

30 W. I. Thomas, *On Social Organisation and Social Personality*, op. cit., S. 208.

31 Ebenda, S. 208. Allerdings stellt Thomas an anderer Stelle Folgendes klar: „The fault to be found with the nationalistic organisation is not that they do the damage they imagine they are doing, but that they fail to do the constructive work of which, as organisations, they are capable; that they do not help their people to identify their success with America", ebenda, S. 209.

32 Zu dieser Problematik sei auf die klassische Studie von R. K. Merton (1968), *Manifest and Latent Functions*, verwiesen, in: ders., Social Theory and Social Structure, New York, S. 73-138.

Wirkungen ausgehen, die von den Akteuren nicht beabsichtigt sind und die sich langfristig als vorteilhaft für die Gruppe erweisen.

In Thomas' Auseinandersetzung mit Migrantenorganisationen lassen sich Motive und Probleme erkennen, die heute wieder verstärkt ins Zentrum der Migrationsforschung gerückt sind. Es seien im Folgenden einige dieser Motive genannt.

Wie wir sahen, kritisiert Thomas die Auffassung, nach der die Auslöschung des kulturellen Gedächtnisses des Migranten eine unerlässliche Bedingung für seine Assimilation sei. Er ist im Gegenteil davon überzeugt, dass der Prozess der Amerikanisierung nur unter Bezugnahme auf jenen Wissensvorrat gelingen kann, den der Ausgewanderte in die „neue" Welt mitbringt. Darüber hinaus liefert Thomas eine Erklärung pragmatischen Charakters für das Bedürfnis des Migranten, sich mit Mitgliedern derselben kulturellen Gemeinschaft zusammenzuschließen: „The dread of the death of their communities is the instinctive basis of the wish of the immigrant groups to remain separated in America. The rational and practical basis of the wish is the claim that they will in that way have more security, recognition, and efficiency".[33] Wie gesagt, mit dieser Auffassung nimmt Thomas eine Problematik vorweg, die heute die Debatte um die Bedingungen des friedlichen Zusammenlebens und der Integration in kulturell pluralistischen Gesellschaften kennzeichnet.[34]

Thomas' These der integrativen Funktion von Migrantenvereinen muss in engem Zusammenhang mit seinem demokratietheoretischen Ansatz betrachtet werden. Der Nexus Organisation-Demokratie-Assimilation ist dabei von zentraler Bedeutung: Der persönliche Einsatz in einem Verein generiert und verstärkt Verantwortungsbewusstsein und ermöglicht gleichzeitig die Aneignung jener formalen Kompetenzen, die eine stark individualisierte Gesellschaft verlangt. Das Individuum, das gelernt hat, Verantwortung gegenüber der eigenen Gruppe zu tragen, ist auch in der Lage, sich für Ziele einzusetzen, welche die gesamte Gesellschaft angehen.

Tatsächlich, so können wir heute beobachten, ist eine gut organisierte Gruppe meistens auch eine erfolgreiche Gruppe, denn sie kann für die

---

33 W. I. Thomas, *On Social Organisation and Social Personality*, op. cit., S. 214.

34 Siehe dafür J. Rawls, *Die Idee des Politischen Liberalismus*, op. cit; J. Ratz, *Multikulturalismus: eine liberale Perspektive*, op. cit., S. 307-327; W. Kymlicka, *Multicultural Citizenship: A Liberal Theory of Minority Rights*, op. cit.; J. Habermas, *Die Einbeziehung des Anderen*, op. cit.

Durchsetzung eigener Interessen vorhandene Kräfte und Ressourcen schnell und effektiv mobilisieren. Dies ist z. B. der Fall, wenn es darum geht, in der jeweiligen Aufnahmegesellschaft mehr politisches Gewicht zu erhalten, gegen Diskriminierung zu kämpfen oder sich für den Schulerfolg der eigenen Kinder einzusetzen. Es gibt heute genug empirische Evidenz dafür, dass gut organisierte Gruppen besser integriert sind als desorganisierte.[35]

Trotz dieser für Forschung und Praxis relevanten Einsichten ist Thomas' Ansatz mit bestimmten Problemen behaftet. Diese sind hauptsächlich darauf zurückzuführen, dass seine Beobachtungsperspektive die eines Soziologen ist, der über ein amerikanisches Problem in einer besonders kritischen Zeit reflektiert. Vor allem drei Aspekte sollen in diesem Zusammenhang kritisch hervorgehoben werden.

Zum Ersten: Thomas' Überzeugung, Migrantenorganisationen hätten *per se* einen integrationsfördernden Einfluss, sie würden zur Demokratie erziehen, indem sie das Individuum in eine Gruppe einbinden und mit spezifischen Aufgaben versehen, läuft Gefahr, dieser Assoziationsform undifferenziert positive Wirkungen zuzuschreiben. Zu Thomas' Annahme, dass „in the main the immigrants are becoming americanized *en masse*, by whole blocks, precisely through their own organisations",[36] wäre Folgendes kritisch anzumerken: Wie jede Organisation sind auch die hier zur Debatte stehenden Migrantenorganisationen hinsichtlich Motivation, allgemeiner Orientierung und auch Erwartungen ihrer Mitglieder keine homogenen Gebilde. Nicht alle darin beteiligten Individuen tragen auf dieselbe Weise und mit derselben Energie zur Zielbestimmung und Aufgabenbewältigung bei. Die Erfahrung zeigt oft, dass eine eher passive „Basis" von einer „Führungsspitze", die sowohl Ziele als auch Modalitäten ihrer Verwirklichung festlegt, geleitet wird.[37] So gesehen, erscheint die Annahme einer für *alle* Mitglieder der Organisation ausgehenden positiven Wirkung etwas überzogen. Migrantenorganisationen als Schulen von Demokratie werden schwerlich eine Assimilation *en masse* bewirken können.

---

35 D. Thränhardt (1999), *Integrationsprozesse in der Bundesrepublik Deutschland. Institutionelle und soziale Rahmenbedingungen*, in: Integration und Integrationsförderung in der Einwanderungsgesellschaft. Gesprächskreis Arbeit und Soziales, N. 91, Bonn.

36 W. I. Thomas, *On Social Organisation and Social Personality*, op. cit., S. 209.

37 Diese Problematik wird in den Kapiteln V und VI behandelt.

Zum Zweiten: Wie wir sahen, ist die aktive Partizipation in Assoziationen für Thomas eine fundamentale Voraussetzung für eine gut funktionierende Demokratie. Nur insofern Migranten gut organisiert sind, können sie ihren Beitrag zur Verwirklichung des „amerikanischen Projekts“ leisten. In diesem Zusammenhang erweist sich allerdings nicht nur die Frage der Organisation, sondern auch jene der spezifischen Orientierung dieser Organisationen als entscheidend. Eine wichtige Frage ist also, *in welcher Richtung* das aktive Assoziationsmitglied seine Fähigkeiten einsetzen wird. Steht hier mehr die Aufnahme- oder die Herkunftsgesellschaft im Vordergrund? Insbesondere neuere Untersuchungen über Migrantenorganisationen zeigen die Relevanz dieser Fragestellung für die Integration. Sie weisen darauf hin, dass die unterschiedliche Ausrichtung dieses Engagements nicht ohne Bedeutung im Hinblick auf die Integrationschancen der Gruppe in der jeweiligen Aufnahmegesellschaft ist.[38]

Zum Dritten: Thomas erkennt die Bedeutung des kulturellen Erbes der unterschiedlichen ethnischen Gemeinschaften im Hinblick auf die Integration. Er ist der Auffassung, dass eine weise Assimilationspolitik vorfindbare „attitudes and memories“ nicht unterdrücken darf, dass sie vielmehr auf diesen aufbauen muss. Thomas lässt jedoch die Frage unbeantwortet, wie sich dieses Erbe genau ausdrückt. Sind möglicherweise die Migrantenorganisationen die Orte, an denen dieses Erbe zum Ausdruck gebracht und den jüngeren Menschen weitergegeben wird? Mit dieser Frage werden wir uns im Folgenden beschäftigen.

Wir sagten es bereits: Thomas ist ein Soziologe, der das Migrationsproblem aus dem Blickwinkel einer bestimmten Nation in einer bestimmten historischen Phase betrachtet. Dass er den genannten Aspekten nicht genügend Aufmerksamkeit schenkt, mag aber auch mit der Tatsache zusammenhängen, dass er in Bezug auf die Migration pragmatisch denkt, denn sein Beitrag ist darauf gerichtet, praktische Lösungen für ein spezifisches Problem zu finden. Trotz dieser Kritik bleibt heute Thomas’ Reflexion ein obligatorischer Bezugspunkt nicht nur für alle diejenigen, die Migrantenorganisationen in den Mittelpunkt ihrer wissenschaftlichen Analyse rücken, sondern auch für diejenigen, die kulturelle Differenz mit demokratischen Idealen zu verbinden suchen.

---

38 C. Diehl, J. Urban, H. Esser, *Die soziale und politische Partizipation von Zuwanderern in der Bundesrepublik Deutschland*, op. cit.

Der empirisch-komparative Ansatz der achtziger Jahre in Europa

Die nächste Forschungsperspektive, die wir hervorheben möchten, ist der komparative Ansatz der achtziger Jahre des zwanzigsten Jahrhunderts. Erst dieser vermag am Phänomen des Assoziationismus wichtige Aspekte zu identifizieren, die in früheren Forschungsansätzen unterbelichtet blieben.

Der komparative Ansatz bei dem Studium von Migrantenorganisationen ist sicherlich keine Exklusivität der achtziger Jahre, denn bereits die frühe Chicago-Schule bedient sich des Vergleichs als Mittel für die Untersuchung unterschiedlicher Migrantengruppen.[39] In den neueren Forschungsansätzen wird allerdings der Vergleich weiter gefasst: Unterschiedliche ethnische Gruppen werden jetzt in einem *internationalen* Kontext verglichen. Dies ist vor allem in *Immigrant Association in Europe* der Fall, einer auf die Initiative der „European Science Foundation" (ESF) zurückgehenden Untersuchung.[40] Erklärtes Ziel dieser Studie ist es, Struktur und Evolution der „immigrant worker communities" in acht unterschiedlichen europäischen Ländern (Österreich, Belgien, Frankreich, Deutschland, Holland, Schweden, Schweiz und Großbritannien) zu untersuchen.[41] Die unterschiedlichen Beiträge thematisieren das Phänomen der Migrantenorganisation sowohl als Verein als auch als „community" und als informelles Netzwerk. Die Aktivitäten dieser Oganisationen werden sowohl in ihrer Wechselwirkung zur Aufnahmegesellschaft als auch zur Herkunftsgesellschaft diskutiert.

In *International Migration* erhalten kirchliche, politische sowie gewerkschaftliche Organisationen, die den Ausgewanderten Leistungen wie Seelsorge, Beratung und finanzielle Unterstützung anbieten, klarere Konturen als in vorherigen Untersuchungen. Der Vergleich macht ebenso klar, dass

---

39 W. I. Thomas, R. E. Park und H. A. Miller (1971), *Americanisation Studies. The Acculturation of Immigrant Groups into American Society*, New Jersey. Chinesen, Dänen, Deutsche, Italiener und Polen werden hier auch unter der Perspektive ihrer unterschiedlichen Organisationsformen verglichen.

40 J. Rex, D. Jolly, C. Wilpert (ed.), *Immigrant Association in Europe,* op. cit.

41 Die Untersuchung *Immigrant Associations in Europe* liegt in drei Teilen vor. Sie tragen die folgenden Titel: „Entering the Working world"; "Following the descendents of Europe's immigrant labour force" und „New Identities in Europe. Immigrant ancenstry and the ethnic identity of youth". In der Folge zitiert als: International Migration.

viele heimatliche Akteure ein starkes Interesse daran haben, *Kontrolle* auf „ihre" Migranten auszuüben, denn alte politische und religiöse Anhänger sollen erhalten bleiben und man muss dafür Sorge tragen, dass diese nicht in die „Heterodoxie" verfallen. Insbesondere durch autoritäre Regimes regierte Länder haben ein ausgeprägtes Interesse daran, die Aktivität von Dissidenten im Ausland zu kontrollieren und bereits im Vorfeld Destabilisierungsversuche zu verhindern.[42] *International Migration,* daran müssen wir festhalten, privilegiert jedoch analytisch die Beziehung zwischen Migranten und Gastgesellschaft und behandelt nur oberflächlich das Verhältnis zur Herkunftsgesellschaft.

Zum Kontext der jeweiligen Aufnahmegesellschaft gehört vor allem das Problem einer erfolgreichen Inklusion im Schul- und Ausbildungssystem der „zweiten Generation". *International Migration* unterstreicht das große Interesse seitens vieler Migrantengruppen, die Bildungschancen der eigenen Kinder zu sichern und zu verbessern. Dieses Bedürfnis scheint vor allem Migranten aus dem südasiatischen Raum in Großbritannien zu charakterisieren. Unter den Autoren der Untersuchung unterstreicht besonders John Rex diesen Aspekt: „The striking point about Asian immigrants in Britain is that they all demand full and equal participation in what the British educational system has to offer".[43] Südasiatische Migranten haben schnell die Bedeutung von Bildung als Selektionsmechanismus für den Zugang zum Arbeitsmarkt und für den sozialen Aufstieg erkannt. Ähnlich wie auch die spanische Gemeinschaft in Deutschland[44] scheinen viele südasiatische Gruppen in Großbritannien ihre Assoziationen im Dienste der Verbesserung der Bildungschancen der eigenen Kinder einzusetzen. Gleichzeitig pflegen diese Gruppen eine instrumentelle Haltung zur Institution Schule: „they do not, on the whole, expect the school to be responsible for teaching Asian cultures or to be primarily responsible for the

42 Gruppen, aus denen destabilisierende Wirkungen für die heimatlichen Regierungen ausgingen, waren in der ersten Hälfte des zwanzigsten Jahrhunderts die in Frankreich lebenden italienischen Antifaschisten und die spanischen Franco-Gegner. Heutige Beispiele für solche Gruppen sind die kubanischen Castro-Gegner in Florida oder die kurdischen Unabhängigkeitskämpfer in Deutschland.

43 J. Rex, D. Jolly, D. C. Wilpert, (ed.) *Immigrant Associations in Europe*, op. cit., S. 28.

44 D. Thränhardt, *Patterns of Organization among different Ethnic Minorities*, op. cit.

moral education of their children".[45] Weltanschauliche bzw. religiöse Erziehung bleibt also für viele südasiatische Gruppen eine private Angelegenheit.

Die in *International Migration* vorgelegten Analysen gestatten insgesamt keine klaren Prognosen hinsichtlich der Assimilation der untersuchten ethnischen Gruppen. Wenn man auf der einen Seite mit Rex behaupten kann, dass „the mechanism amongst south Asians are strong enough to prevent the occurrence of what has happened to European migrants to other European countries and to America, namely the virtual disappearance of minority culture after three generations",[46] so lässt sich auf der anderen Seite eine starke Tendenz zur Akkulturation dieser Gruppen nicht leugnen. Man konstatiert hier also auf der einen Seite einen Hang zur Loyalität gegenüber der traditionalen Kultur der Eltern, auf der anderen Seite aber ein instrumentelles Verhältnis zur Bildung, eine zunehmende Orientierung an individualistischen Lebensweisen und den Drang zum wirtschaftlichen Erfolg. Angesichts dieser komplexen Situation stellt Rex fest: „In the last analysis participation in the public domain must have some corrosive influence in the communal ethnic culture".[47]

Im Hinblick auf die spätere Analyse ist es von Bedeutung, hier noch einmal festzuhalten, dass der Ansatz von Rex *et al.* die Tatsache betont, dass das Gruppenleben der Migranten auch durch heimatliche Akteure mitbestimmt wird. Letztere sind nicht nur an der Perpetuierung geistiger bzw. konfessioneller Gemeinschaften, sondern auch an der Aufrechterhaltung und Verstärkung politischer Loyalitäten (Parteien, Verbände, Gewerkschaften) interessiert: Herkunftsgesellschaften haben ihre „rationalen" Gründe dafür, ihre im Ausland lebenden Mitbürger *nicht* „freizugeben". Zu diesen Gründen zählen sowohl Transfer von Geld und Know-How als auch die Unterstützung, die politische Parteien in der Heimat von den Ausgewanderten, die das Wahlrecht beibehalten, erwarten.

Unsere Untersuchung zeigt, dass es über die genannten hinaus auch andere Gründe gibt, die Herkunftsgesellschaften dazu veranlassen, die Bindung zu „ihren" Auswanderern aufrecht zu erhalten und zu intensivieren. Migrantenorganisationen können von heimatlichen Akteuren als strategi-

---

45 J. Rex D. Jolly, D. C. Wilpert, *Immigrant Associations in Europe*, op. cit., S. 28.

46 Ebenda, S. 30.

47 Ebenda, S. 31.

sche Orte für die Werbung und Vermarktung heimatlicher Produkte und Ressourcen im Ausland genutzt werden. So gesehen, bieten diese Organisationen den Ländern der „Peripherie“ eine Möglichkeit, im marktwirtschaftlichen „Zentrum“ vertreten zu werden.

Der transnationale Ansatz

Gegen Mitte der neunziger Jahre zeichnet sich langsam eine Wende in der internationalen Debatte über den Zusammenhang von Migration und Organisation ab. Wurde in der vorherigen Forschung das Verhältnis von Migranten und Aufnahmegesellschaft privilegiert, so gerät jetzt auch die Beziehung zwischen den Migranten und der Herkunftsgesellschaft zunehmend ins Zentrum der Aufmerksamkeit. Genauer betrachtet geht es jedoch dabei weniger um eine radikale Wende, als um eine Neuverteilung von Akzenten, denn Herkunftsgesellschaften, sei es als Orte der Generierung von sogenannten „Push-Effekten“, sei es als Orte der Entfaltung positiver Impulse durch Rückführung begehrter Devisen und qualifizierten Humankapitals, haben schon lange die Aufmerksamkeit von Migrationsforschern auf sich gezogen.

Gleichwohl geht der transnationale Ansatz mit einer Veränderung der Einschätzung des Verhältnisses zwischen Migranten und Herkunftsgesellschaft und, als eine Konsequenz daraus, auch zwischen Migranten und Aufnahmegesellschaft einher. Eine zentrale Annahme ist hier nämlich, dass die international zu beobachtende Intensivierung der Kontakte zwischen Migranten und den jeweiligen Herkunftsgesellschaften neue Formen individueller und kollektiver Handlungsmuster hervorbringt, die nicht mehr in der Perspektive vom „Staat als Container“ erfasst werden können. Wirtschaftliches, politisches, religiöses und kulturelles Handeln von Migranten, so hier die Annahme, transzendiert nationale Grenzen und Logiken und bildet eine Realität *sui generis*, für deren Beschreibung neue Begriffe und Theorien gebraucht werden. Die in der Transnationalismusliteratur häufig verwendeten Begriffe von „transnational practices“,[48] „transnational communities“[49] oder „dual lives“[50] versuchen, unterschiedliche Facetten dieser emergenten Realität zu erfassen.

---

48 L. Pries (1997), *Neue Migration im transnationalen Raum*, in: L. Pries (Hrsg.), Transnationale Migration, Soziale Welt, Sonderband 12, Baden Baden, S. 15-46; M. P. Smith and L. E. Guarnizo, *Transnationalism from Below*, op. cit.; P. Levitt (2001), *Transnational Migration: Taking Stock and Future Directions*, Global networks, 1(3), S. 195-216; S. Vertovec (2004), *Migrant Transnationalism*

Wie heute manche Vertreter des transnationalen Ansatzes allerdings selbst zugestehen, handelt es sich beim Transnationalismus um ein weit komplexeres Phänomen, als es anfänglich dargestellt wurde.[51] In den letzten zehn Jahren ist auf diesem Gebiet viel notwendige Spezifizierungs- und Differenzierungsarbeit nachgeholt worden: Es wurden Gründe diskutiert, die Migranten dazu veranlassen, sich in unterschiedlichen Handlungsfeldern transnational zu engagieren; es wurden Voraussetzungen des transnationalen Engagements wie Verfügbarkeit für breitere Bevölkerungsschichten von Transport und medialer Kommunikation thematisiert; es wurden Typologisierungen der beteiligten Akteure und ihrer Aktivitäten entwickelt und es wurden Prognosen über zukünftige Entwicklungen des Phänomens vorgelegt.[52]

Zu den offensichtlichen Folgen dieser Spezifizierungs- und Differenzierungsbemühungen gehört die Revision früherer Annahmen sowohl über Assimilation bzw. Inkorporierung in die Aufnahmegesellschaft als auch über die Rolle des Nationalstaates gegenüber der Herausforderung des Transnationalismus. Zum ersten Punkt wäre zu sagen, dass sich allmählich die Auffassung durchsetzt, dass Inkorporierung in die Aufnahmegesellschaft und die Pflege transnationaler Beziehungen keineswegs ge-

---

and Modes Transformation, in: International Migration Review, 10, 1; T. Faist, *Transnationalization in international Migration: Implications for the study of Citizenship and Culture*, op. cit.

49 Als ein Diskussionsforum dieses Themas sei auf das „Transnational Communities Programme" verwiesen www.Transcomm.ox.ac.uk.

50 So N. Glick Schiller in: *Transmigrants and Nation-States: Something Old and Something New in the U. S. Immigrant Experience*, op. cit., S. 96. Ähnlich auch A. Portes (1999), *Immigration Theory for a New Century: Some Problems and Opportunities*, beide in: C. Hirschman, P. Kasinitz, J. De Wind (ed.), The Handbook of International Migration: The American Experience, New York.

51 P. Levitt, N. Glick, *Transnational Perspectives on Migration: Conceptualising Simultaneity.* The Center for Migration and Development, Working Paper Series, Princeton University, CMD Working Paper 03-09j, S. 3, **Fehler! Hyperlink-Referenz ungültig.** (14.05.2004).

52 S. Vertovec, R. Cohen (ed.) (1999), *Migration, Diasporas and Transnationalism*, (Introduction), Cheltenham, UK - Northampton, USA, S. ix-xiii.

genseitig ausschließende Phänomene sind.[53] Der zweite Punkt macht auf die Tatsache aufmerksam, dass der Transnationalismus durchaus nicht, wie gelegentlich angenommen, mit einer Unterhöhlung staatlicher Macht einhergeht. Man beobachtet heute nämlich, wie Senderländer versuchen, sich transnationale Prozesse zunutze zu machen[54] und diese dadurch eine Vitalität an den Tag legen, die ihnen manche Globalisierungs- und Transnationalismustheoretiker abgesprochen hatten.

Eigentlich stehen im Mittelpunkt der Debatte über Transnationalismus und Migration nicht jene Formen kollektiver Organisation und kollektiven Handelns, die das Thema der vorliegenden Untersuchung ausmachen. Bei dieser Debatte geht es in erster Linie nicht um Vereine bzw. Assoziationen, sondern um „communities" und Netzwerke. Gleichwohl müssen wir beim transnationalen Ansatz auch von *organisiertem* Gruppenhandeln ausgehen, denn soziale Rechte und politische Partizipation in zwei Ländern lassen sich nur durch die Koalition und Organisation ansonsten verstreuter Individuen, also durch die Bildung von Interessengemeinschaften, erkämpfen.

In der genaueren Charakterisierung der Struktur und der Funktionen transnationalen Engagements besteht heute sicherlich eine wichtige Aufgabe für die Forschung. Wir erfahren einiges über die Gründe und die Modalitäten des Handelns so genannter „transnational communities", aber immer noch zu wenig über Rollenverteilung, Kommunikationsdynamiken sowie Machtverhältnisse innerhalb dieser Gemeinschaften. Wir wissen mittlerweile, dass ein starkes Interesse seitens der Sendegesellschaften besteht, sich vorhandener transnationaler Dynamiken zu bedie-

---

53 P. Levitt, N. Glick, *Transnazional Perspectives on Migration: Conceptualising Simultaneity*, op. cit., S. 4; P. Kennedy and V. Roudometof (ed.), *Communities across Borders. New Immigrants and transnational cultures*, op. cit., S. 22.

54 So A. Portes: "As governments of sending countries become themselves involved in the transnational field by granting dual citizenship and voting rights to their nationals abroad and otherwise seeking to influence their allegiances, studies on this phenomenon acquire an importance seldom noted by prior theories of development." Ders., *Sociology in the Hemisphere: Past Convergencies and a New Conceptual Agenda*, The Center for Migration and Development, Princeton University, Working Paper 01-04, 2001, **Fehler! Hyperlink-Referenz ungültig.** (29.12.2003).

nen,[55] wir erfahren aber immer noch zu wenig über Modalität und Effektivität dieser Versuche. Die sardischen Circoli stellen in dieser Hinsicht einen besonders instruktiven Fall dar, denn ihre Analyse wird uns gestatten, manche Aspekte des Phänomens Transnationalismus in den Blick zu bekommen, die in der zeitgenössischen Diskussion nur gestreift werden.
Da wir beabsichtigen, im Kapitel „Grenzüberschreitungen" auf das Thema Transnationalismus zurückzukommen, belassen wir es hier bei dieser knappen Darstellung.

Ein Blick auf die deutsche Situation

Im deutschen Sprachraum ist sicherlich Georg Elwert der Autor, der Anfang der achtziger Jahre des zwanzigsten Jahrhunderts, wenn auch nicht in expliziter Weise, so doch am konsequentesten an Thomas' Ansatz angeschlossen hat.[56] Elwerts Aufmerksamkeit gilt folgender Frage: Ist gesellschaftliche Integration von Migranten durch „Binnenintegration", also durch Formen von Selbstorganisation, erreichbar? Elwert beantwortet diese Frage positiv, jedoch nicht ohne Einschränkungen.[57]
Mit der These der „Binnenintegration" möchte Elwert gegen jene Position kritisch Stellung beziehen, welche „die Herausbildung fremdkultureller Institutionen in unserem Lande als Ghetto-Bildung denunziert und automatisch mit Verhinderung von jeglicher gesellschaftlicher Integration

---

55 Siehe unter anderem L. Basch, N. Glick Schiller, and C. Blanc-Szanton (1994), *Nations Unbound: Transnational Projects, Postcolonial Predicaments and Deterritorialized Nation-States*, New York; M. P. Smith, *Transnational localities: community, technology and the politics of membership within the context of Mexico and US migration*, in: M. P. Smith and L. E. Guarnizo (ed.), *Transnationalism from Below*, op. cit., S. 196-238; in diesem Zusammenhang siehe auch P. Kennedy und V. Roudometof: "… We should point out that the conceptual opposition between globalisation and the nation-state obscures the foundational role played by the nation-state in the institutionalisation of key political, economic and cultural feature of contemporary globalisation", ders., *Transnationalism in a Global Age*, op. cit., S. 5.

56 G. Elwert, *Probleme der Ausländerintegration. Gesellschaftliche Integration durch Binnenintegration*? Op. cit. Bemerkenswert ist allerdings die Tatsache, dass sich Elwert nur beiläufig auf Thomas bezieht und dies nur im Bezug auf *The Polish Peasant* tut.

57 Ebenda, S. 718.

gleichsetzt".[58] Elwert weist darauf hin, dass es nicht an empirischen Studien mangelt, die den Zusammenhang von Selbstorganisation und Integration belegen. Was noch aussteht, sei jedoch die „Formulierung von Begründungszusammenhängen, die diese paradoxen Prozesse der Integration durch Binnenintegration - also Sondergruppenbildung - einsichtig machen".[59] Eben dieser Aufgabe nimmt sich Elwert an. Wie definiert Elwert Binnenorganisation, und was leistet sie?

Binnenorganisationen, so Elwert, vermitteln den Mitgliedern einer Subkultur „den Zugang zu einem Teil der gesellschaftlichen Güter einschließlich solcher Gebrauchswerte wie Vertrauen, Solidarität, Hilfe usw. über soziale Beziehungen zu anderen Mitgliedern dieser Subkultur".[60] Ein Vorzug dieses Ansatzes besteht darin, dass es nicht bei der einfachen Benennung dieser „Gebrauchswerte" bleibt, sondern auch der Versuch unternommen wird, zu klären, wie sich diese auf gesellschaftlicher und personaler Ebene auswirken. Zentral sind in diesem Zusammenhang Begriffe wie Selbstbewusstsein, Alltagswissen und pressure-group.

Mit *Selbstbewusstsein* antizipiert Elwert eine Problematik, die erst zwei Jahrzehnte später ins Zentrum der Aufmerksamkeit geraten wird.[61] Selbstbewusstsein versteht Elwert als Selbstvertrauen. Es meint die Bedingung der Möglichkeit, sich in einer fremden Umgebung selbstbewusst zu verhalten.[62] Selbstbewusstsein, so Elwert, „kann man weitaus leichter unter denen bewahren oder erwerben, die die gleiche kulturelle Identität und den gleichen sozialen Status haben und mit denen man in den gewohnten kulturellen Verhaltensmustern verkehren kann".[63]

Unter *Alltagswissen* versteht Elwert jenes Wissen, das dem Fremden ermöglicht, mit relevanten Akteuren und Institutionen der Gastgesellschaft

---

58 Ebenda, S. 717.

59 Ebenda, S. 718.

60 Ebenda, S. 720.

61 J. Ratz, *Multikulturalismus: eine liberale Perspektive,* op cit.; W. Kymlicka, *Multicultural Citizenship: A Liberal Theory of Minority Rights,* op. cit.; J. Habermas, *Die Einbeziehung des Anderen,* op. cit.

62 So Elwert: „Der Ängstliche und Verunsicherte wird bei Behörden kaum seine Bedürfnisse artikulieren können", G. Elwert, *Probleme der Ausländerintegration. Gesellschaftliche Integration durch Binnenintegration?* Op. cit., S. 721.

63 Ebenda, S. 721.

angemessen umzugehen. Es handelt sich also dabei vor allem um den Erwerb spezifischer Kompetenzen und Rezeptwissen als Bedingung der richtigen Einschätzung typischer Situationen.
Auch der Begriff von *pressure-group* ist im Zusammenhang der Integrationsproblematik nicht neu. Elwert selbst verweist hier auf frühere Studien[64] und darauf, dass der Ausdruck „governing through ethnicity" in den USA eine geläufige Praxis bezeichnet. Neu ist hingegen die Tatsache, dass Elwert seine These im Anschluss an machttheoretische Überlegungen zu stützen versucht. „Die Teilhabe an den gesellschaftlichen Gütern", so Elwert, „erhält man nicht gratis. Sie zu erringen, setzt auch ein korporatives Auftreten im politischen Kräftefeld voraus".[65] Eine „corporative identity" ist jedoch wiederum ein Phänomen, welches nicht ohne interne Gruppenkohäsion entstehen kann.[66] Ist die Gruppe desaggregiert, so sind die Chancen, sich im Konkurrenzkampf um knappe Ressourcen durchzusetzen, denkbar gering. Eine „desorganisierte" Gruppe ist und bleibt eine subalterne Gruppe, weil sie weder in der Lage ist, gruppenspezifische Probleme adäquat zu thematisieren, noch die erforderlichen Mittel für ihre Lösung bereitstellen kann.[67]
Es wurde bereits erwähnt, dass Elwert die Annahme einer gesellschaftlichen Integration durch Binnenorganisation nicht uneingeschränkt gelten lässt. Es gibt nämlich Situationen, in denen Selbstorganisationen von Migranten kontraproduktive Wirkungen auf die Integration haben können. Dies scheint insbesondere dann der Fall zu sein, wenn: a) die Migranten am „Mythos der Rückkehr" festhalten;[68] b) die Gruppe Räume schafft, in denen, abgeschirmt vom staatlichen Gewaltmonopol, eigene Gewalt durchzusetzen versucht wird; c) innerhalb der Gruppe soziale Sonderräume legitimiert werden, so dass beispielsweise Frauen bzw. politisch An-

---

64 D. Storer (1979), *The Preservation of Immigrant Cultures: A Contemporary Dilemma for Host Societies*, International Migration, Jg. 17, S. 230-242.

65 G. Elwert, *Probleme der Ausländerintegration. Gesellschaftliche Integration durch Binnenintegration?* Op. cit., S. 722.

66 In diesem Zusammenhang verweise ich auf N. Elias, J. L. Scotson (1990), *Etablierte und Außenseiter*, Frankfurt a. M.

67 G. Elwert, *Probleme der Ausländerintegration. Gesellschaftliche Integration durch Binnenintegration?* Op. cit.

68 A. Muhammad hat den Ausdruck „myth of return" geprägt, ders. (1979), *The Myth of Return: Pakistanis in Britain*, London.

dersdenkende diskriminiert oder ausgeschlossen werden; schließlich d) die „Migrantengemeinschaft" zu einem geschlossenen System wird und sich gegen Wissensaneignung und Veränderungen immunisiert.

Das Auftreten dieser Phänomene setzt der These einer „gesellschaftlichen Integration durch Binnenintegration" klare Schranken. Elwert fordert dazu auf, bei der Einschätzung dieser Phänomene Vorsicht walten zu lassen. Er verweist darauf, dass die Pflege ethnischer Identität „durchaus mit einer Akkulturation vereinbar" sein kann.[69] Ebenso spreche die Bildung von *pressure groups* mit herkunftsgesellschaftlicher Orientierung nicht gegen die Tatsache, dass man an der Lokalpolitik des Aufnahmelandes partizipiert.[70]

Abschließend kann hier gesagt werden, dass Elwerts These der Vermittlung von relevantem Alltagswissen durch „binnenintegrierte Strukturen" keineswegs neu ist. Wir sind ihr bereits bei der Diskussion von Thomas' Ansatz begegnet. Interessant wird diese These erst, wenn man empirisch zu zeigen vermag, warum eine bestimmte Gruppe es vorzieht, Alltagswissen im Medium der Selbstorganisation und nicht in „direktem" Anschluss an die Mehrheitsgesellschaft zu erlangen. Die Beantwortung dieser Frage setzt allerdings voraus, dass der Forscher zuerst Strukturen und Dynamiken der Kommunikation und der Reproduktion von Alltagswissen in der *Herkunftsgesellschaft* beschreibt und dann die Vorteile für die Gruppe zeigt, in der Gastgesellschaft an diese Strukturen und Dynamiken wieder anzuknüpfen. Erst der Blick auf die Herkunftsgesellschaft kann zeigen, dass das Zurückgreifen auf vertraute Formen von Selbstorganisation auch deswegen stattfindet, weil für Migranten die Notwendigkeit besteht, soziale Komplexität auf eigene Weise zu bewältigen. Vor die Notwendigkeit gestellt, Informationen in einer Welt zu erhalten, die für sie begrenzte Anschlussmöglichkeiten bietet, greifen diese Menschen nicht zu beliebigen, sondern zu vertrauten „Rezepten" der Kommunikation und Informationsbeschaffung. Vereine, wie wir im Folgenden sehen werden, bieten dazu eine gute Gelegenheit. Diesem Thema werden wir uns im Kapitel „Kommunikationsdynamiken" zuwenden.

Anfang der achtziger Jahre haben Hettlage-Varjas und Hettlage zur Beschreibung der Wandlungsprozesse, die Migranten in der Aufnahmegesellschaft durchlaufen, den Begriff von „Zwischenwelt" in die Diskussion

---

69 G. Elwert, *Probleme der Ausländerintegration. Gesellschaftliche Integration durch Binnenintegration?* Op. cit., S. 727.

70 Ebenda, S. 724. Wir werden auf den Zusammenhang von politischer Organisation und Integration im Kapitel VI zurückkommen.

eingeführt.[71] Sie definieren ihn als „jenen psychischen, sozialen und kulturellen Standort, den ein Mensch bezieht, wenn er unter dem Anspruch eines einheitlichen Lebensentwurfs versucht, gegensätzliche Lebenswelten, von denen er abhängig ist, zusammenzufügen. Unter dem Druck, seine Identität finden zu müssen und sie sozial zur Geltung zu bringen, verbindet er Bestandteile dieser verschiedenen Welten so, wie er sie erfahren hat, zu einem eigenständigen Integrat und Bezugspunkt".[72]
Wichtig in unserem Zusammenhang ist die Tatsache, dass Hettlage-Varjas und Hettlage am Begriff von Zwischenwelt sowohl die Prozessualität als auch die Vielschichtigkeit betonen. „Zwischenwelt bedeutet eigentlich Zwischenwelt*en*, denn der Entwurf wird laufend ausgebaut, neu definiert, verändert, verfeinert und nimmt ständig eine neue Gestalt an".[73] Dies ist auch der Grund, warum empirische Forschung immer wieder vor der Aufgabe steht, zu zeigen, unter welchen konkreten Umständen und hinsichtlich welcher Handlungsdimensionen Binnenintegration zu erfolgreicher Integration führt. Eine ganze Reihe empirischer Untersuchungen in den achtziger und neunziger Jahren in Deutschland lassen sich als Versuch betrachten, diese Frage zu beantworten. Beginnen wir mit Dietrich Thränhardts komparativer Untersuchung über Einwanderer aus unterschiedlichen europäischen Ländern in Deutschland.
Unter Bezugnahme auf verschiedene ethnische Minoritäten analysiert Thränhardt das Verhältnis von Gruppenorganisationen und schulischem Erfolg bei der sogenannten „zweiten Generation".[74] Ein wichtiger Befund seiner vergleichenden Untersuchung ist dabei folgender: „In view of the effectiveness of interest articulation and organisational consolidation of their associations, the Spaniards are the most successful group in Germany."[75] Unter den in Deutschland lebenden ethnischen Gruppen ist die spanische am erfolgreichsten, weil sie *als organisierte Gruppe* die Möglichkeit

---

71 A. Hettlage-Varjas und R. Hettlage (1984), *Kulturelle Zwischenwelten. Fremdarbeiter - eine Ethnie?* In: Schweizerische Zeitschrift für Soziologie, 2.

72 Ebenda, S. 378.

73 Ebenda.

74 D. Thränhardt, *Patterns of Organization Among Different Ethnic Minorities,* op. cit. Thränhardt berücksichtigt in dieser Arbeit nur türkische, spanische und griechische Vereine.

75 Ebenda, S. 19.

nutzt, eigene Interessen zu artikulieren und in der Öffentlichkeit zu vertreten.

Thränhardts vergleichende Analyse ist in unserem Zusammenhang besonders interessant, weil sie einige der Bedingungen zu identifizieren vermag, die erfüllt sein müssen, damit Migrantenorganisationen als erfolgreich angesehen werden können. Eine dieser Bedingungen ist die *Gruppenkohäsion,* die nicht durch ideologische Fraktionsbildung kompromittiert werden darf.

Nach Thränhardt wirkte sich die Erfahrung des Franco-Regimes auf die in Deutschland lebenden Spanier vereinheitlichend aus, da die kritische Einstellung zur Diktatur eine breite Identifikationsbasis anbot. Vor allem das Bekenntnis zum Antifaschismus verhinderte die Entfaltung konkurrierender politischer Diskurse innerhalb der Gruppe. Dies ermöglichte wiederum, dass wichtige Aufgaben, die sich in der Aufnahmegesellschaft stellten, erkannt und diskutiert wurden.

Die eher pragmatische Ausrichtung spanischer Vereine wird unter anderem daran ersichtlich, dass sich diese Gruppe schon frühzeitig für eine bilinguale Ausbildung ihrer Kinder eingesetzt hat. Über die spanische Minderheit in Deutschland kann man mit Thränhardt insofern behaupten: „They now discuss education, styling of living, juridical problems of their status in Germany, and other vital questions."[76]

Für den Erfolg einer bestimmten Migrantengruppe, so Thränhardts Argument, ist nicht nur Kohäsion, sondern auch die spezifische Gruppenorientierung wichtig. Es ist, mit anderen Worten, von großer Bedeutung, ob die Gruppe ihr Potential für die Erreichung von Zielen in der Herkunftsgesellschaft oder in der Gastgesellschaft einsetzt. Aus dem Vergleich zwischen türkischen und spanischen Organisationen in Deutschland gewinnt Thränhardt folgendes Bild: „In contrast to the largely symbolic politics of Turks in Germany, destined for home consumption, the political activities of the Spanish community have been pragmatic, effectively organized, and geared to the problems of Spanish migrants in Germany."[77] Aber auch die griechische Variante des Assoziationismus weist grundlegende Unterschiede im Vergleich zur spanischen auf. Es kann hier festgestellt werden, dass Organisation und Kommunikation unter den Griechen nicht in dem Ausmaß institutionalisiert sind wie bei den Spa-

---

76 Ebenda, S. 20.

77 Ebenda, S. 22.

niern. Im Vergleich zu anderen Gruppen scheinen die Griechen mehr informale Möglichkeiten von Organisation und Kommunikation zu bevorzugen.[78] Ihre informalen Netzwerke dürfen jedoch im Hinblick auf eine erfolgreiche Gruppenintegration nicht unterschätzt werden, denn, so Thränhardt, „the informal subcultural structures in the Greek community may compensate for deficits in formal organisations and may be equally important in facilitating integration to the environment in Germany."[79]
Die starke Betonung der eigenen kulturellen Identität scheint ein Motiv zu sein, das über sonstige Differenzen hinweg die Griechen in Deutschland verbindet. Anders als die Spanier setzten sich die Griechen für eine eigene „nationale Schule" in Deutschland ein. Gleichwohl, so Thränhardt, hat diese Tendenz der Betonung kultureller Eigenständigkeit keine nennenswerten negativen Auswirkungen auf den schulischen Erfolg der jüngeren Generation: „Although the Spaniards are a bit ahead, the Greeks have the second-best record of success in the schools, in vocational training, and in occupational status."[80]
Thränhardts Feststellung kann als Beleg für die Unhaltbarkeit der Annahme angesehen werden, es gebe einen direkten kausalen Zusammenhang zwischen der Bewahrung der eigenen Kultur und einer mangelnden Integration. Man kann die eigene kulturelle Tradition pflegen und gleichwohl ein gut integrierter Bürger sein.
Ende der neunziger Jahre ist Thränhardt erneut auf den Zusammenhang von Integration und Organisation eingegangen.[81] Wenn es im Ansatz der achtziger Jahre vor allem darum ging, die Vorteile einer gut organisierten Gruppe für die Integration zu zeigen, so standen später die Nachteile einer schlecht organisierten bzw. „desorganisierten" Gruppe im Vordergrund. Vor allem das Beispiel der Italiener in Deutschland eignet sich gut, diesen Fall zu illustrieren.

---

78 Ebenda.

79 Ebenda, S. 24. An anderer Stelle heißt es: „If their segregationist school ideology is problematic, they can at least generate a feeling of collective responsibility and competence among their members" (ebenda, S. 26).

80 D. Thränhardt, ebenda, S. 24.

81 D. Thränhardt (1999), *Integrationsprozesse in der Bundesrepublik Deutschland - Institutionelle und soziale Rahmenbedingungen*, in: Integration und Integrationsförderung in der Einwanderungsgesellschaft. Gesprächskreis Arbeit und Soziales, Nr. 91, Bonn.

Vergleicht man die Situation der Kinder der italienischen Einwanderer mit denen anderer Migrantengruppen, so stellt man fest, dass erstere im Schul- und Ausbildungsbereich schlechter als Spanier, Griechen, Portugiesen und Jugoslawen abschneiden. Fragt man nach den Gründen für dieses Phänomen, so verweist Thränhardt sowohl auf kontingente Ursachen als auch auf die organisatorische Situation der Gruppe.
Versucht man die Lage italienischer Migranten in wenige Worte zu fassen, so tut man gut daran, mit Thränhardt auf den Begriff der „klientelistischen Politisierung" zurückzugreifen.[82] Die italienischen Vereine wurden von Anfang an von professionellen Akteuren „verwaltet",[83] die den *Heimatkontext* als Hauptbezugspunkt hatten. Erschwerend kommt hinzu, dass sich die italienischen Parteien auch bei den im Ausland lebenden Italienern nicht davor scheuten, auf „Stimmenjagd" zu gehen. „Insgesamt", so Thränhardt, „entstand auf diese Weise ein doppelter Klientelismus gegenüber dem Betreuungsverband und gegenüber der Heimatpolitik", und dies wiederum behinderte die Formulierung eigenständiger Interessen.[84]
Auch in den Augen anderer Beobachter führte die klientelistische Politisierung der italienischen Migranten zu einer einseitigen Orientierung an der Herkunftsgesellschaft. Unter Bezugnahme auf die nach Deutschland emigrierten Italiener stellt Kammerer fest: "The reproduction of the Italian political mosaic seems to favor the links with Italy at the cost of a better *collective* interaction with German society."[85] Wir werden im Kapitel „Ideologie, Interessen und Legitimationen" auf diese Problematik zurückkommen.

Friedrich Heckmann hat Ende der neunziger Jahre den Begriff „Zwischenwelt" unter folgender Fragestellung neu aufgegriffen: „Schonraum für die Integration oder Verstärker der Ausgrenzung?"[86] Heckmanns Auf-

82 Ebenda, S. 40.

83 Finanziert wurden diese Akteure von der italienischen Regierung.

84 D. Thränhardt, ebenda, S. 41.

85 P. Kammerer (1991), *Some Problems of Italian Immigrants' Organisation in the Federal Republic of Germany*, in: R. Ostow & J. Fijalkowski et al. (Hrsg.), Ethnicity, Structured Inequality, and the State in Canada and the Federal Republic of Germany, Frankfurt a. M., S. 196.

86 F. Heckmann, *Ethnische Kolonien: Schonraum für die Integration oder Verstärker der Ausgrenzung?* Op. cit.

merksamkeit gilt insbesondere den „ethnischen Kolonien" als relativ stabilen Übergangsformen im Integrationsprozess. Diese werden als ein Produkt der Bemühungen von Migranten betrachtet, „mit der Einwanderung verbundene Probleme in der neuen Umgebung zu lösen".[87] „Zwischenwelten" stellen insofern funktionale Antworten auf bestimmte Bedürfnislagen der Migranten dar.

Heckmann unterscheidet zwischen unterschiedlichen Funktionen (und Wirkungen) von „Zwischenwelten": solche, die sich auf die Persönlichkeit des Migranten, solche, die sich auf die ethnische Migrantengruppe und schließlich solche, die sich auf das Verhältnis zwischen Migranten und Aufnahmegesellschaft beziehen. Während beispielsweise Hilfeleistung im Fall von Neueinwanderung in der Regel eine persönlichkeitsstabilisierende Wirkung auf den Einzelnen hat, sorgt die von der Bezugsgruppe ausgeübte soziale Kontrolle dafür, dass der Einzelne nicht abweichenden Verhaltensformen verfällt.[88]

An Heckmanns Begriff „ethnischer Kolonie" müssen insbesondere zwei Aspekte hervorgehoben werden: ihre Öffnung bzw. Schließung gegenüber der Aufnahmegesellschaft und ihre Anfälligkeit für Instrumentalisierungsversuche seitens der Ursprungsgesellschaft. Zum ersten Aspekt wäre hier anzumerken, dass ethnische Kolonien in einem doppelten Sinne keine geschlossenen Einheiten darstellen: Zum einen sind sie stark differenzierte und im Inneren zum Teil konfliktreiche Kollektive,[89] zum anderen repräsentieren sie „keine selbstgenügsame oder gar autonome ‚Gesellschaft'",[90] vor allem deswegen nicht, weil hier neben der Beziehung zur Aufnahmegesellschaft auch Beziehungen zur Herkunftsgesellschaft unterhalten werden.

Zum Problem der Einschaltung heimatlicher Akteure in das Leben der Migrantengesellschaft bezieht Heckmann eine kategorische Position. So betrachtet er die rechtliche und politische „Freigabe" der spezifischen Gruppe seitens der Heimatgesellschaft als eine unerlässliche Bedingung für eine erfolgreiche Akkulturation: „Das Herkunftsland", so Heckmann, „muss die soziale Tatsache von Auswanderung und neuer Zugehörigkeit

---

87 Ebenda, S. 36.

88 Ebenda, S. 34-35.

89 Ebenda, S. 34.

90 Ebenda, S. 35-36.

anerkennen".[91] Wir werden uns in dieser Arbeit auch mit der Frage beschäftigen, ob es für Herkunftsgesellschaften legitime bzw. plausible Gründe gibt, sich in das Leben „ihrer" Migranten einzuschalten.

In den neunziger Jahren finden in Deutschland auch eine Reihe *quantitativvergleichender* Studien über den Zusammenhang von Organisationen und Assimilation statt.[92] Sie alle zeigen signifikante Unterschiede hinsichtlich des Organisationspotentials verschiedener ethnischer Gruppen und werfen gleichzeitig die Frage auf, inwiefern sich diese Unterschiede auf die Integrationschancen der Migranten auswirken. Ein wichtiger Befund dieser emprischen Studien besteht darin, dass es „keinen einzigen und einheitlichen Weg zu Integration und sozialem Erfolg für alle Gruppen gibt".[93] Von besonderem Interesse ist in diesem Zusammenhang auch die Untersuchung von Claudia Diehl, Julia Urban und Hartmut Esser *Die soziale und politische Partizipation von Zuwanderern in der Bundesrepublik Deutschland*.[94] Die Studie nimmt kritisch Distanz zu jenen Ansätzen, die Heimatorientierung als ein „natürliches Bedürfnis" nach Bewahrung der Herkunftskultur ansehen.[95] Gleichzeitig wird hier die Auffassung als unhaltbar zurückgewiesen, die Reaktualisierung von aus der Heimat vertrauten Verhaltensformen seitens bestimmter Migrantengruppen sei Ausdruck einer „vormodernen Kultur" und als solcher ein Hindernis für die Integration. Die Autoren schlagen stattdessen eine pragmatisch-rationale Erklärung des Phä-

---

91 Ebenda, S. 39.

92 J. Fijalkowki/H. Gillmeister, *Ausländervereine. Ein Forschungsbericht. Über die Funktion für die Integration heterogener Zuwanderer in eine Aufnahmegesellschaft – Am Beispiel Berlin*, op. cit.; C. Diehl, J. Urban und H. Esser, *Die soziale und politische Partizipation von Zuwanderern in der Bundesrepublik Deutschland*, op. cit.; D. Thränhardt, U. Hunger (Hrsg.), *Einwanderer-Netzwerke und ihre Integrationsqualität in Deutschland und Israel*, op. cit.

93 D. Thränhardt, U. Hunger (Hrsg.), *Einwanderer-Netzwerke und ihre Integrationsqualität in Deutschland und Israel*, op. cit., S. 45.

94 C. Diehl, J. Urban und H. Esser, *Die soziale und politische Partizipation von Zuwanderern in der Bundesrepublik Deutschland*, op. cit.

95 Die Untersuchung wird am Leitfaden der folgenden begrifflichen Gegensätze entwickelt: a) Politische versus nicht politische Organisationen, b) Heimatgesellschaft- versus Aufnahmegesellschaft-orientierte Organisationen.

nomens vor.[96] Ethnische, heimatlich orientierte Organisationen sind das Resultat von „durchaus rationalen Reaktionen auf die besonderen Bedingungen, mit denen Immigranten in den Aufnahmeländern konfrontiert sind."[97]

Diese Sichtweise hat den Vorteil, Verhaltensweisen und Entscheidungen der Migranten unter Berücksichtigung des *spezifischen sozialen Kontextes* zu thematisieren, in der diese sich befinden. Sie ermöglicht, der klischeehaften Annahme kritisch entgegenzutreten, „Geschlossenheit" gegenüber der Aufnahmegesellschaft und Orientierung an der Herkunftsgesellschaft seien auf „Entscheidungen" zurückzuführen, die die Gruppe allein aufgrund spezifischer kultureller Vorprägungen trifft.

Diehl, Urban und Esser liegen sicherlich richtig, wenn sie behaupten, „dass auch die Entstehung von Selbstorganisationen religiöser, politischer oder kultureller Natur Mustern folgt, die mehr mit den gesellschaftlichen Rahmenbedingungen als mit der ‚Natur' oder ‚Kultur' der jeweiligen Gruppe selbst zu tun haben".[98] Problematisch wird diese Ansicht allerdings dann, wenn bei der Erklärung der besonderen Orientierung der Migranten der Lebenskontext in der *Aufnahmegesellschaft* immer die „Hauptbeweislast" tragen muss. Denn, dadurch wird vorausgesetzt, was sich aus einer empirischen Analyse erst ergeben sollte. Es wäre mit anderen Worten Aufgabe empirischer Untersuchungen, fallweise zu bestimmen, welche spezifischen Bedingungen für die Orientierung einer bestimmten Gruppe verantwortlich sind.

Wie unsere Untersuchung zeigt, bleibt die Heimatgesellschaft auch dann ein wichtiger Bezugspunkt für die Ausgewanderten, wenn sich diese Gruppe im Aufnahmeland nicht diskriminiert fühlt bzw. *de facto* Exklusionsmechanismen nicht ausgesetzt wird. Die Tatsache beispielsweise, dass viele Ausgewanderte den Wunsch haben zurückzukehren und ihre Kräfte größtenteils darin investieren, diese Rückkehr zu verwirklichen, lässt die Pflege der Bindungen zur Heimat als eine durchaus *rationale* Einstellung

---

96 Für diesen Ansatz siehe auch C. Diehl, *Die Partizipation von Migranten in Deutschland. Rückzug oder Mobilisierung?* Op. cit. In dieser Studie versucht die Autorin individuelle und kollektive Handlungsstrategien mit den Begriffen von „Humankapital" und „kulturellem Kapital" zu erklären.

97 C. Diehl, J. Urban und H. Esser, *Die soziale und politische Partizipation von Zuwanderern in der Bundesrepublik Deutschland,* op. cit., S. 12.

98 Ebenda, S. 12.

erscheinen. Verständlich und rational erscheint aus dieser Perspektive dann auch das Bedürfnis, sich jenen Menschen anzuschließen, die einen ähnlichen Wunsch teilen.[99] Dem kann noch Folgendes hinzugefügt werden: Vor dem Hintergrund der Erfahrungen in den jeweiligen Aufnahmegesellschaften kann sich die Herkunftsgesellschaft zu einem Bild der Desorganisation, Ungerechtigkeit und Ineffizienz verdichten. Steht eine solche Diagnose fest, dann ist für die Migranten, die sich der Ursprungsgesellschaft noch verbunden fühlen, der heimatorientierte politische Aktivismus eine verständliche Konsequenz. Von dieser Perspektive aus betrachtet erscheint es problematisch, Engagement gegenüber der Herkunftsgesellschaft schlichtweg als Indikator für defizitäre Integration zu deuten.

---

99 Selbstverständlich könnte man die These vertreten, diese Menschen wollten zurückkehren, weil die Aufnahmegesellschaft ihnen nicht genügend Anreize gibt, um zu bleiben. In letzter Instanz sei also doch die Aufnahmegesellschaft und nicht die Kultur für die Orientierung der Menschen bestimmend. Auch diese These müsste jedoch einer empirischen Überprüfung unterzogen werden.

III

Theoretische, methodologische und methodische Instrumente

Mit welcher Gruppenart haben wir es in dieser Untersuchung zu tun? Von der Beantwortung dieser Frage hängt nicht allein die Möglichkeit einer typologischen Bestimmung unseres Kollektivs, sondern auch der Festlegung der methodischen Zugangsweise zu ihm ab.
Nach den geläufigen soziologischen Definitionen sind Gruppen soziale Gebilde, die unter anderem folgende Aspekte aufweisen: Wir-Gefühle, Gruppenidentität, Gruppenziel, Gruppennorm, und - in unterschiedlichen Ausprägungsgraden - Formalisierung.[100] Die Aufgabe für den empirisch verfahrenden Forscher besteht darin, am konkret zu untersuchenden Phänomen nicht nur diese Aspekte zu zeigen, sondern auch das *Ausmaß* bzw. die *Qualität* ihres Vorkommens genau zu bestimmen.
Die Beschreibung sowohl der einzelnen Vereine als auch des Netzwerkes der Vereine stellt insofern eine Herausforderung für den Forscher dar, als es dabei um Phänomene geht, in denen sich unterschiedliche Handlungsdimensionen und Funktionen überlagern und verknoten. Vor allem in Anlehnung an Überlegungen von Gurwitsch, Mannheim und Simmel wollen wir im Folgenden versuchen, die Kopräsenz dieser unterschiedlichen Dimensionen und Funktionen zu erfassen. Dies soll unter Rückgriff auf die Begriffe von Partnerschaft, Bund, gemeinschaftliche Zugehörigkeit, konjunktiver Erfahrungsraum, Milieu und fixierte Örtlichkeit stattfinden. Von der genaueren Bestimmung dieser Dimensionen und Funktionen hängt schließlich ab, welche Techniken der Datengenerierung und der Dateninterpretation zur Anwendung kommen sollen.

Die Partnerschaft

Der Begriff von „Partnerschaft" wird von A. Gurwitsch als „mitmenschliches Zusammensein von Partnern in einer ihnen gemeinsamen Situation" definiert.[101]
Grund für dieses Zusammensein ist die Lösung spezifischer Aufgaben bzw. die Bewältigung spezifischer Probleme. Charakteristisch für einen partnerschaftlichen Zusammenschluss ist die Tatsache, dass sich die darin involvierten Akteure hauptsächlich an den Erfordernissen orientieren, die ihnen durch die konkrete Situation auferlegt werden. Partner begegnen

---

100 Siehe: *Gruppe*, in: G. Reinhold, S. Lamnek, H. Recker (Hrsg.) (1991), Soziologielexikon, Oldenburg, S. 216-217.

101 A. Gurwitsch (1977), *Die mitmenschlichen Begegnungen in der Milieuwelt*, Berlin - New York, S. 149.

sich in den spezifischen *Rollen*, die die Situation nahelegt. Der Partner, so Gurwitsch, „erscheint mir als ein durch die Situation motivierter, die ihm eine Funktion und Rolle vorschreibt“.[102] Das Zusammensein ist hier also durch die jeweilige Rolle bestimmt und nicht etwa durch individuelle Neigungen oder Stimmungen. In einer solchen Situation ist *alter ego* durch jeden beliebigen anderen ersetzbar, sofern dieser dieselbe Rolle übernehmen kann.

Was bedeutet Verstehen in einer Situation der Partnerschaft? Das Verstehen des Partners in gemeinsamen Situationen fällt mit dem *Wissen um diese konkrete Situation* zusammen. Verstehen heißt hier nach Gurwitsch das Erfassen der Art und Weise, wie die Rolle ausgeübt wird, welche die spezifische Situation erfordert. Dieses Verstehen „erfasst den Mitmenschen *nur* insofern, als er ein Bestandteil der Situation ist“. Es geht hier also um „Funktionsverstehen“.[103] Dabei handelt es sich um einen Verstehenstypus, der hauptsächlich auf die spezifische Situation abzielt und komplexe Lebenszusammenhänge ausblendet.

Der Bund

Konstitutiv für den Bund ist für Gurwitsch die Emotionalität: „Wo ... Gefühlserlebnisse eine derartig konstitutive Bedeutung haben, wo erst durch sie und wesentlich in ihnen Menschen zusammenkommen, und wo ihr Zusammensein darin seinen Sinn hat, dass sie sich in Gefühlen einander zuwenden und aufeinander beziehen, - da liegt in der Tat eine neue und eigenständige Dimension mitmenschlichen Zusammenseins vor.“[104]

Gurwitsch räumt zwar ein, dass das Vorhandensein von Gemeinsamkeiten und damit das Bestehen von Gemeinschaft zwischen den Bundesgenossen erforderlich ist, damit sich diese überhaupt zu einem Bunde finden können.[105] Jedoch gilt, dass der Bund weder in der Gemeinschaft fundiert noch von ihr getragen ist, denn „daß es überhaupt zu einem Bund kommt, ist gegenüber dem gemeinschaftshaften Verwachsensein etwas

102 Ebenda, S. 155.

103 Ebenda, S. 161.

104 Ebenda, S. 197.

105 Dabei ist etwa an Sprachgemeinschaft als Voraussetzung der gegenseitigen Verständigung zu denken.

Neues".[106] So betont Gurwitsch, dass das Zusammensein im Bund nicht von dem bestimmt ist, „was im Vergangenen liegt und wurzelt, sondern von dem Neuen, das im bundhaften Zusammensein selber in Erscheinung tritt."[107] Wer im bundhaften Zusammensein auch nur die Möglichkeit einer bundfreien Sphäre in Betracht zieht, wird, so Gurwitsch, dem Bunde „untreu". Es gibt im Bund keine Grenze der Hingabe und des Beteiligtseins. Hier gilt die Forderung „nach völligem und vorbehaltlosem Sicheinsetzen".[108]

Hinsichtlich des Bundes gestaltet sich das Verstehen, je nachdem ob der Verstehende ein Mitglied des Bundes oder ein Außenstehender ist, unterschiedlich. Der Erstere, als jemand, der vom „charismatischen Strom" ergriffen worden ist, versteht, was gerade vor sich geht, *auf unmittelbare Weise.* Der Zweite hingegen ist auf das Verstehen im Sinne der *Interpretation* angewiesen. Seine Aufgabe besteht vor allem darin, zu begreifen, wie das Gruppencharisma erzeugt wird, welche Idee dabei leitend ist und wie sich diese Idee in der Gruppe handlungsmotivierend auswirkt.

Gemeinschaftliche Zugehörigkeit

Wodurch zeichnet sich die gemeinschaftliche Zugehörigkeit aus? In Opposition zu Autoren,[109] die dazu neigen, im Gefühl der inneren Verbun-

---

106 A. Gurwitsch, ebenda, S. 198. Mit diesem, vom üblichen politisch-historischen Sprachgebrauch radikal abweichenden „Bund"- Terminus lehnt sich Gurwitsch an die ältere Prägung des Begriffes durch H. Schmalenbach (H. Schmalenbach, 1922, *Die soziologische Kategorie des Bundes*, Dioskuren, Bd. 1, S. 35-105) an.

107 A. Gurwitsch, ebenda, S. 198. Für H. Schmalenbach, der hierbei ein Element aus Max Webers Charisma-Typus übernimmt, ist dieses Zusammensein im Bund „ein Gefühlsstrom, eine charismatische Manifestation, in der die Menschen leben, und die sie zu einem Bunde werden lässt". H. Schmalenbach, *Die soziologische Kategorie des Bundes* (Zit. nach Gurwitsch ebenda, S. 203) A. Gurwitsch merkt dazu an: „Obwohl die Menschen frei zum Bunde zusammenkommen, verlieren sie ihr individuelles Sein, und zwar in einem viel radikaleren Sinne, als das in der Partnerschaft oder in der Zugehörigkeit der Fall ist", ebenda, S. 204.

108 Ebenda, S. 205.

109 Für G. Walther beispielsweise ist ein konstitutives Merkmal der gemeinschaftlichen Zugehörigkeit das Gefühl der inneren Verbundenheit. G. Wal-

denheit ein konstitutives Merkmal der „gemeinschaftlichen Zugehörigkeit" zu erblicken, betont Gurwitsch, dass Gefühle als solche Gemeinschaft nicht begründen können. Es wäre konsequenter, Gefühle als eine *Folge* des gemeinschaftlichen Zusammenlebens zu betrachten und nicht umgekehrt. Gefühlen muss bereits etwas vorausgehen, das ihre Entstehung veranlasst.[110] So bemerkt Gurwitsch:

„Weil Gefühle nicht das Konstituens der Gemeinschaft sind, ändert sich an dem Gemeinschaftscharakter eines konkreten Verbandes als einer Gemeinschaft... dadurch nichts, wenn anstelle der positiven Gesinnungen und Gefühle Streitigkeiten und Rivalitäten treten... So wenig sich durch das Hinzutreten positiver Gefühle ein Partnerschaftsverhältnis als solches ändert, so wenig wird *zunächst* eine bestehende Gemeinschaft durch jene negativen Einstellungen modifiziert".[111]

Wesentliches Element der Gemeinschaft ist für Gurwirtsch ein *umfassender Lebenszusammenhang*, der auf einem *gemeinschaftlichen Besitz* begründet ist. Als Beispiel dafür nennt Gurwitsch den gemeinschaftlichen Wohnraum für die Familie, das Dorf und den Gemeindebesitz für die Dorfgemeinschaft, die Stadt und den „Besitz der Allgemeinheit" für die Städter.[112] Der Begriff von „Besitz" muss hier allerdings weiter gefasst werden als es die angesprochenen Situationen nahelegen. Besitz fasst Gurwitsch komplemen-

---

ther (1923), *Zur Ontologie der sozialen Gesellschaft*, in: Jahrbuch für Philosophie und phänomenologische Forschung, 6, S. 1-158.

110 Für H. Schmalenbach sind Gefühle „nur die nachträglichen, in die Sphäre des Bewußtseins heraufgekommenen Ausdrucksformen, ja sie sind Produkte, Erzeugnisse der an sich schon bestehenden Gemeinschaft". Ders., *Die soziologische Kategorie des Bundes*, op. cit., S. 54.

111 Allerdings fügt hier Gurwitsch gleich hinzu, dass diese Gemeinschaft „im Verlauf von negativen Einstellungen zerstört und sogar aufgelöst werden" kann. A. Gurwitsch, *Die mitmenschlichen Begegnungen in der Milieuwelt*, Op. cit., S. 175. Ob eine Arbeitssituation eine der Partnerschaft oder eine der Gemeinschaft ist, entscheidet sich daran, ob diese Situation in übergreifende Zusammenhänge eingebettet ist oder nicht. Ob also diese Arbeit in einer „Lebensgemeinschaft" fundiert und durch diese Gemeinschaft motiviert ist.

112 Gurwitsch, ebenda, S. 175.

tär zur Tradition auf. So ist eine Familie außer durch den Familienbesitz auch durch die Familien*tradition* geeint.[113]
Tradition stellt nicht einfach eine Orientierungsmöglichkeit unter anderen für das menschliche Handeln dar. Es ist nämlich nicht so, schreibt Gurwitsch, dass „zu ‚fertigen', voll ausgebildeten Individuen Traditionelles gewissermaßen nachträglich hinzu(tritt). Sondern die Menschen sind gerade die und keine anderen, weil sie in dieser Tradition stehen. Die Bedeutung dieser Besitztümer liegt also darin, dass sie für das Leben der Gemeinschaft und für diese selbst sinnprägend sind".[114] Individuelles Handeln ist nicht *ex post* auf diese „Lebensordnungen der Gruppe" gerichtet, sondern es ist vielmehr von vornherein von diesen Gebilden ausgehend zu verstehen.[115]
Ein Grundunterschied zwischen Verhältnissen der Gemeinschaft (i. S. Gurwitschs) und solchen der Partnerschaft besteht darin, dass man aus den ersteren, anders als bei den zweiten, nicht nach Belieben ein- oder austreten kann. „Zu der Gemeinschaft *gehört* man in dem Sinne, daß man immer schon zu ihr *gehört hat*, von jeher in ihr *gelebt hat*, mit ihr *verwachsen*, d.h. in sie *hineingewachsen ist*".[116] Gemeinschaft ist nach Gurwitsch etwas „Naturhaftes", in dem Sinne, dass für ihre Mitglieder ihre Ordnungen und Gegebenheiten selbstverständlich und fraglos sind.[117]

---

113 So Gurwirtsch: „Es herrscht ein bestimmter ‚Geist' im Hause, der einen bestimmten Lebensstil vorschreibt. In der Dorfgemeinde, in einer Landschaft bestehen gewisse Bräuche und Sitten, z. B. Trachten, der Dialekt der Gegend usw. Wenn wir heute von der Atmosphäre einer Stadt reden, so meinen wir eine solche Gemeinsamkeit der Bewohner, in der auch der ‚Gemeinsinn' seine Wurzel hat" (Ebenda, S. 177). Gurwitsch nennt darüber hinaus auch andere Elemente: die Sprache, die Vergangenheit, die Staatsform und den Kult eines Volkes, ebenda, S. 177.

114 Ebenda, S. 178.

115 Ebenda, S. 177.

116 Ebenda, S. 179.

117 Ebenda, S. 182. Das Hineinwachsen in eine bestimmte Gemeinschaft hat für Gurwitsch bestimmte Folgen im Hinblick auf die anthropologische Auffassung des Menschen: „von vornherein ist der Mensch kein solus ipse; indem er vergemeinschaftet und vergeschichtlicht ist, gehört er immer schon zu anderen Menschen, z. B. zu denen, unter welchen er aufwuchs, zu den Menschen seiner Generation usw.", ebenda, S. 183.

Wie gestaltet sich das Verstehen in einer Situation, die wir im Sinne Gurwitschs als eine der gemeinschaftlichen Zugehörigkeit bezeichnen?
Um einen verständnismäßigen Zugang zum Anderen zu finden, bedarf es nach Gurwitsch nicht „jener künstlichen Veranstaltungen, wie Analogieschluß, Übertragungen, Einfühlungsprojektionen usw."[118] Wenn Vergemeinschaftung und Vergeschichtlichung konstitutiv für eine bestimmte Gruppe sind, dann ist Verstehen von *alter ego* ein *unmittelbares* Verstehen. Der Andere wird hier in Hinsicht auf seine Zugehörigkeit und „nicht in Hinsicht auf das, was er an sich selbst als individuelle Lebenseinheit ist", verstanden.[119]
Was bedeutet hier aber, so fragen wir, „Verstehen" aus der Perspektive des Wissenschaftlers als „outsider"? In diesem Fall spricht Gurwitsch von einem „Rückgang auf den ‚Geist einer Zeit', auf das Milieu, auf die geistigen Strömungen und Bewegungen". Verstehen bedeutet hier „das Hineinstellen des betreffenden Menschen in *umfassende Zusammenhänge*, in denen er als geschichtliches Wesen wurzelt".[120] Ein umfassendes Verstehen darf sich hier nicht mit der Erfassung der einzelnen konkreten Situationen begnügen. Dieses Verstehen fragt ebenso nach den *Gründen* und *Zusammenhängen*, aus denen heraus es zu diesen Situationen kam. Aufgabe des Wissenschaftlers ist es, das, „was für die Menschen der betreffenden Zeit ‚selbstverständlich' war - und worum sie in ihrem Leben und in ihren Handlungen ein ‚implizites' Wissen hatten" - zu explizieren.[121]

Der konjunktive Erfahrungsraum

Mannheims Begriff des konjunktiven Erfahrungsraums erlaubt uns, bestimmte Aspekte zu vertiefen, die im Zusammenhang der Diskussion von Gurwitschs Begriff von „gemeinschaftlicher Zugehörigkeit" aufgetaucht sind.
Am Begriff der „konjunktiven Erfahrung" betont Mannheim zuerst die *Perspektivität*. Eine konjunktive Erfahrung, schreibt Mannheim, „ist zunächst sachlich dadurch charakterisiert, daß sie vom Gegenüber, dem an-

---

118 Ebenda, S. 186.

119 Ebenda, S. 194. „Es ist ein Verstehen, in das man miteinander hineingeboren oder hineingewachsen ist". Ebenda, S. 194.

120 Ebenda.

121 Ebenda, S. 195.

deren.... nur eine Seite, nur eine Perspektive abgewinnt und zwar eine Perspektive, die eingebettet ist in alle jene persönlichen Dispositionen, mit denen ich an das Ding oder an das Gegenüber herantrete".[122] Es wäre jedoch falsch, betont Mannheim, aus der durch Standortgebundenheit bedingten Perspektivität der Erfahrung zu schließen, dass „hier nicht etwa Erfahrungen gesammelt, nicht Objekte erfaßt werden, sondern Selbsttäuschungen nachgegangen werde".[123] Es geht dabei also um eine bestimmte Sichtweise der Dinge, die typisch für die Mitglieder einer bestimmten Gruppe bzw. Gemeinschaft ist. Mannheim, darin Durkheim folgend, nennt diese Sichtweise „Kollektivvorstellungen".[124]

Die Kollektivvorstellungen einer bestimmten Gruppe oder Gemeinschaft wirken sich im Hinblick auf die Wirklichkeit selektiv aus, sodass der Einzelne als Mitglied dieser Gruppe oder Gemeinschaft nur bestimmte Aspekte der Welt, nie die Welt als Ganze erfassen kann. „Die Welt", so Mannheim, „ist nicht ein den unendlichen Richtungen nach durchdringbarer Erfahrungsraum, sondern ein besonderer, nur für die Gemeinschaft bestehender Zusammenhang, eine eigene Welt, in die nur derjenige einzudringen vermag, der an ihr teilhat".[125]

Mannheim verwendet den Begriff „Konjunktiver Erfahrungsraum" unter anderem, um der Tatsache Ausdruck zu verleihen, dass der gruppenmäßige Zusammenschluss in einer Situation des *face to face* keine notwendige Bedingung dafür ist, dass bestimmte Menschen ähnliche Erfahrungen

---

122 K. Mannheim (1980), *Strukturen des Denkens*, Frankfurt a. M., S. 212.

123 Ebenda, S. 280.

124 E. Durkheim (1961), *Die Regeln der soziologischen Methode*, Berlin.

125 K. Mannheim, *Strukturen des Denkens,* op. cit., S. 229. Man könnte diese Tatsache auch so beschreiben: Die auf einen bestimmten Erfahrungsraum zurückgehenden (konjunktiven und perspektivischen) Erfahrungen kristallisieren sich in Kollektivvorstellungen, die den Status von Stereotypen besitzen. Als solche haben die Kollektivvorstellungen eine gewisse Objektivität, „weil sie die Bedeutsamkeiten der Objekte möglicher Erfahrungen überindividuell und überpsychisch festlegen: nicht überindividuell für alle möglichen Subjekte, sondern nur gegenüber den wirklich vorhandenen Mitgliedern einer Gruppe". (Mannheim, ebenda, S. 231). So schreibt Mannheim an anderer Stelle: „Die Verbindlichkeit und Vorbildlichkeit dieser Kollektivvorstellungen ... ist verbunden mit einer konkreten Gruppenexistenz und gebunden an eine bestimmte Etappe der historischen Zeit", ders., *Strukturen des Denkens,* op. cit., S. 236.

machen und eine ähnliche Erfahrungsschichtung bilden. Andererseits gibt es aber Ähnlichkeiten der Orientierung und der Erfahrung bei Menschen, die sich nie begegnet sind. Es ist vor allem aufgrund bestimmter einschneidender Ereignisse (Migration, Vertreibung, Krieg, Hunger etc.) oder durch spezifische soziale Lagen (Angehörige der Unterschicht, Randgruppen, „Entrechtete" etc.) möglich, dass Menschen eine ähnliche „Erlebnisschichtung" ausbilden, die sie mit anderen Menschen teilen, die ähnliche Erfahrungen an *unterschiedlichen Orten* gemacht haben. So ist beispielsweise nach Mannheim nicht eine bestimmte Kohorte, sondern das ähnlich Erlebte das, was einen Generationszusammenhang konstituiert.[126]
An Mannheim anknüpfend haben Werner Mangold[127] und dann Ralf Bohnsack[128] versucht, den Begriff des konjunktiven Erfahrungsraums für die empirische Sozialforschung fruchtbar zu machen. Insbesondere Bohnsack hat sich der Explikation der theoretischen Grundlagen milieuspezifischer Erfahrungsräume gewidmet:

„Dort, wo diejenigen, die zum selben Generationszusammenhang gehören, sich in Gruppen zusammenfinden, ist die Gruppe nicht der soziale Ort der Genese, sondern derjenige der Artikulation und Objektivation generationsspezifischer bzw. allgemeiner kollektiver Erlebnisschichtung ... Die Gruppe ist somit ein Epiphänomen für die Analyse milieuspezifischer Erfahrungsräume, vermittelt aber einen validen empirischen Zugang zur Artikulation derartiger kollektiver Sinnzusammenhänge".[129]

Bohnsacks Position gründet auf der Annahme, dass Sozialität bereits „unterhalb" subjektiver Intentionen verankert ist. Die Konstitution konjunktiver Erfahrung ist nicht an das gruppenhafte Zusammenleben derjenigen gebunden, die an ihr teilhaben, sondern an die Gemeinsamkeiten des bio-

---

126 Ebenda.

127 W. Mangold (1960), *Gegenstand und Methode des Gruppendiskussionsverfahrens*, Frankfurt a. M.

128 R. Bohnsack (1999), *Rekonstruktive Sozialforschung. Einführung in die Methodologie und Praxis qualitativer Forschung*, Opladen (3. Auflage).

129 Ebenda, S. 71.

graphischen Erlebens und des Schicksals.[130] Wir werden im Kapitel IV genau sehen, auf welche Weise diese Sozialität in Erscheinung treten kann. Mannheim unterscheidet drei Zugangsmöglichkeiten zum Kollektiven: das intuitive oder schlichte Verstehen, die immanente Interpretation und die genetische bzw. dokumentarische Interpretation.

Das *schlichte* Verstehen bezeichnet Mannheim als ein Verstehen von Existenz bzw. vom Seelischen, als einen *kontagionsartigen Bezug zur Fremdpsyche.*[131] Es ist klar, dass dieser Verstehenstypus nur für den „insider" infrage kommen kann. Das Erfassen von verbalen Äußerungen, Handlungen und Situationen findet vor allem unter Bezugnahme auf atheoretisches Wissen statt. Weil für die Mitglieder einer bestimmten Gemeinschaft Kollektivvorstellungen Verbindlichkeits- und Vorbildlichkeitscharakter haben, sind sie für diese unmittelbar einsichtig.[132]

Bei der *immanenten Interpretation* stehen nach Mannheim „objektive" Sinngehalte im Mittelpunkt. Diese basieren auf gegenseitigen gesellschaftlich institutionalisierten Motivunterstellungen. Da diese Sinngehalte objektiviert sind, können sie auch verbal zum Ausdruck gebracht werden.

Bei der *genetischen* bzw. *dokumentarischen Interpretation* schließlich ist Verstehen als *Eindringen in einen Lebenszusammenhang* gedacht. Es handelt sich also, wie Mannheim sagt, um ein Verstehen von Sinn bzw. von Geistigem. Hier ist der Zugang zum Kollektiv durch eine *begriffliche Explikation* von Handlungen, Sätzen und Situationen möglich. Diese Art von Interpretation zielt auf die Rekonstruktion der Typizität von Handlungsweisen und Einstellungen von Individuen oder Gruppen.[133]

Ein bestimmtes Milieu zu verstehen bedeutet nach Mannheim „in einen gemeinschaftlich gebundenen Erfahrungsraum, in dessen Sinngebilde und

---

130 Ebenda.

131 K. Mannheim, *Strukturen des Denkens,* op. cit., S. 271.

132 Ebenda, S. 236.

133 In diesem Sinne schreibt Mannheim: „Wir wollen weiter zwischen Verstehen und Interpretation differenzieren und unter schlichtem Verstehen entweder das existentielle, kontagionsartige Erfassen der Fremdexistenz oder das geistige, vorreflexive Erfassen der Gebiete verstehen, unter Interpretation dagegen die stets auf diesen Erfassungen beruhende, aber sie niemals erschöpfende theoretisch-reflexive Explikation des Verstandenen", ders., *Strukturen des Denkens,* op. cit., S. 272.

deren existenzielle Unterlagen" einzudringen.[134] Damit ist die Aufgabe des Wissenschaftlers, der einen verständnismäßigen Zugang zum Kollektiv sucht, genannt. Diese Vorgehensweise unterscheidet sich nicht von der eines Ethnologen, der eine fremde Kulturform erschließen möchte: „Durch ein Zusammenleben mit uns", so Mannheim, „lernt er unser Sehen der Dinge kennen und mitzumachen; er nimmt Teil an unserem Erfahrungsraume und bildet sich dadurch allmählich einen erweiterten, durch uns fundierten Erfahrungsraum".[135]

„Fixierte Örtlichkeit"

Bereits in einer Zeit, in der Begriffe wie „Globalisierung", „Transnationalismus" und „Enträumlichung" noch nicht im Umlauf waren, beschreibt Simmel Formen menschlicher Wechselwirkung, die keine „fixierte Örtlichkeit" voraussetzen. Zu diesen Formen gehören beispielsweise wirtschaftliche Transaktion, wissenschaftliche Kommunikation und religiöse Interaktion. Die ersteren beiden Formen von Wechselwirkung sind nach Simmel rein sachlicher Natur, und ihr Kommunikationsmedium ist meistens die Schrift; die dritte Form betrachtet er hingegen als eine, die auf „die Intensität des Gemütes" und auf die „Gewalt der Phantasie" begründet ist.[136] Zusätzlich zu diesen Formen von Wechselwirkung unterscheidet Simmel eine ganze Reihe sozialer Austauschformen, deren Fixierung an einem „Ort" von entscheidender Bedeutung für die Existenz von Gruppen ist.

Simmel betont stärker als Mannheim die Wichtigkeit des Raumes für die Gruppe. Es macht nämlich einen wesentlichen Unterschied aus, ob sich die Teilnehmer einer bestimmten Vereinigung, die durch die „gleichen Interessen, Kräfte, Gesinnungen" zusammengehalten sind, „räumlich berühren oder voneinander getrennt sind".[137] Wechselwirkungen unter der Bedingung eines geteilten Raumes können bereits vorhandene Interessen, Kräfte und Gesinnungen wesentlich modifizieren.[138] Eine wirtschaftliche

---

134 Ebenda.

135 Ebenda, S. 215.

136 G. Simmel (1983), *Soziologie*, Frankfurt a. M., S. 216.

137 Ebenda.

138 Ebenda, S. 716.

Kartellierung, eine Freundschaft, eine Vereinigung von Briefmarkensammlern oder eine Religionsgemeinschaft sind beispielsweise nicht unbedingt auf räumliche Nähe angewiesen. Sobald aber, so Simmel, diese Formen der Wechselwirkung keine Distanz zu überwinden haben, zeigt sich sofort „die Möglichkeit unzähliger quantitativer und qualitativer Abänderungen des zusammenhaltenden Bandes".[139]
In diesem Zusammenhang führt Simmel den Begriff vom „Drehpunkt sozialer Beziehungen" als Illustration für fixierte Örtlichkeit ein. Simmel zeigt die Bedeutung des Drehpunktes für die Gruppe am Beispiel der religiösen Diaspora: „Für Kirchen ist es in ihrer Diaspora eine äußerst kluge Politik, überall da, wo auch nur die kleinste Zahl von Anhängern innerhalb eines Bezirkes lebt, sogleich eine Kapelle und feste Seelenorganisation einzurichten. Diese räumliche Fixierung wird zu einem Drehpunkte für die Beziehungen und den Zusammenhalt der Gläubigen, so daß sich nicht nur religiöse Gemeinschaftskräfte an Stelle bloß isolierter entwickeln, sondern die Kräfte, die von solchem anschaulichen Zentrum ausstrahlen, erwecken auch in solchen dem Bekenntnis zugehörigen, deren religiöse Bedürfnisse in ihrer Vereinzelung seit Lange geschlafen haben, wieder das Bewußtsein der Dazugehörigkeit".[140]
Die Kirche liefert aber für Simmel noch ein Beispiel für die Vorteile einer Kristallisation der Gruppe an einem bestimmten Ort: die Erreichbarkeit. „Die Kirche hat dadurch, daß sie Rom besitzt.... eine ständige örtliche Heimat mit allen Vorteilen der steten Auffindbarkeit, der sinnlich-anschaulichen Kontinuität, der sicheren Zentralisierung ihrer Wirksamkeiten und ihrer eigenen Institutionen".[141]

Die Mehrdimensionalität des untersuchten Gegenstandes und die Frage des methodischen Zugangs

Am Anfang dieses Kapitels stellten wir die Frage, welche Form des Zusammenseins die in dieser Arbeit untersuchte Gruppe repräsentiert und welche die angemessene methodische Zugangsweise zu ihr ist. Um diese Frage zu beantworten, sind wir vor allem auf die theoretischen Überlegungen von Autoren wie Gurwitsch, Mannheim und Simmel eingegangen.

---

139 Ebenda, S. 716.

140 Ebenda, S. 708.

141 Ebenda, S. 714.

Die Darstellung ihrer Positionen hat gezeigt, dass die Erforschung von Gruppen mit unterschiedlicher Genese, Struktur und Erwartung verschiedene methodische Zugänge verlangt. Je nachdem, ob sich die Gruppe als Partnerschaft, als gemeinschaftliche Zugehörigkeit, als Bund, als Milieu oder als Kollektiv mit fixierter Örtlichkeit charakterisieren lässt, nehmen wir verschiedene Ausdrucksformen des Gruppenlebens wahr; diese Unterschiede sind in Hinblick auf die Bestimmung der Zugangsweise zum untersuchten Phänomen von entscheidender Bedeutung.

Obgleich in der folgenden Untersuchung nicht immer konsequent an die Begrifflichkeit von Gurwitsch, Mannheim und Simmel angeschlossen wird, ist ihre analytische Perspektive für diese Arbeit von zentraler Bedeutung gewesen. Wenn wir die untersuchte Gruppe als Zusammenschluss von Menschen betrachten, die versuchen, Kommunikationschancen in einer Situation zu erhöhen, die wenig passende Anschlüsse bietet, so ist Gurwitschs Begriff der *partnerschaftlichen Beziehung* hilfreich gewesen.[142] Dort, wo wir die Gruppe als politische Organisation thematisiert haben, die versucht, in der Herkunftsgesellschaft politisch Fuß zu fassen, hat die Kategorie des *Bundes* gute Dienste geleistet.[143] Waren wir hingegen an einer Betrachtung der Gruppe als einem menschlichen Kollektiv interessiert, das in seiner Orientierung im Denken, Handeln und Planen auf einen gemeinsamen Erfahrungshorizont verweist, so war es naheliegend, sich an Mannheims Konzept des *konjunktiven Erfahrungsraumes* anzulehnen.[144] Haben wir schließlich die Gruppe als Verein thematisiert, der sowohl für Migranten als auch für Akteure der Herkunftsgesellschaft einen festen Punkt im Raum darstellt, so war es naheliegend, Simmels Begriff von *fixierter Örtlichkeit* zu Rate zu ziehen.[145] Folgendes Diagramm stellt den Versuch dar, die genannten Dimensionen und die daraus resultierenden methodischen Zugangsweisen in einer Einheit darzustellen.

---

142 A. Gurwitsch, *Die mitmenschlichen Begegnungen in der Milieuwelt*, op. cit.

143 H. Schmalenbach, *Die soziologische Kategorie des Bundes*, op. cit.

144 K. Mannheim, *Strukturen des Denkens*, op. cit.

145 G. Simmel, *Soziologie*, op. cit.

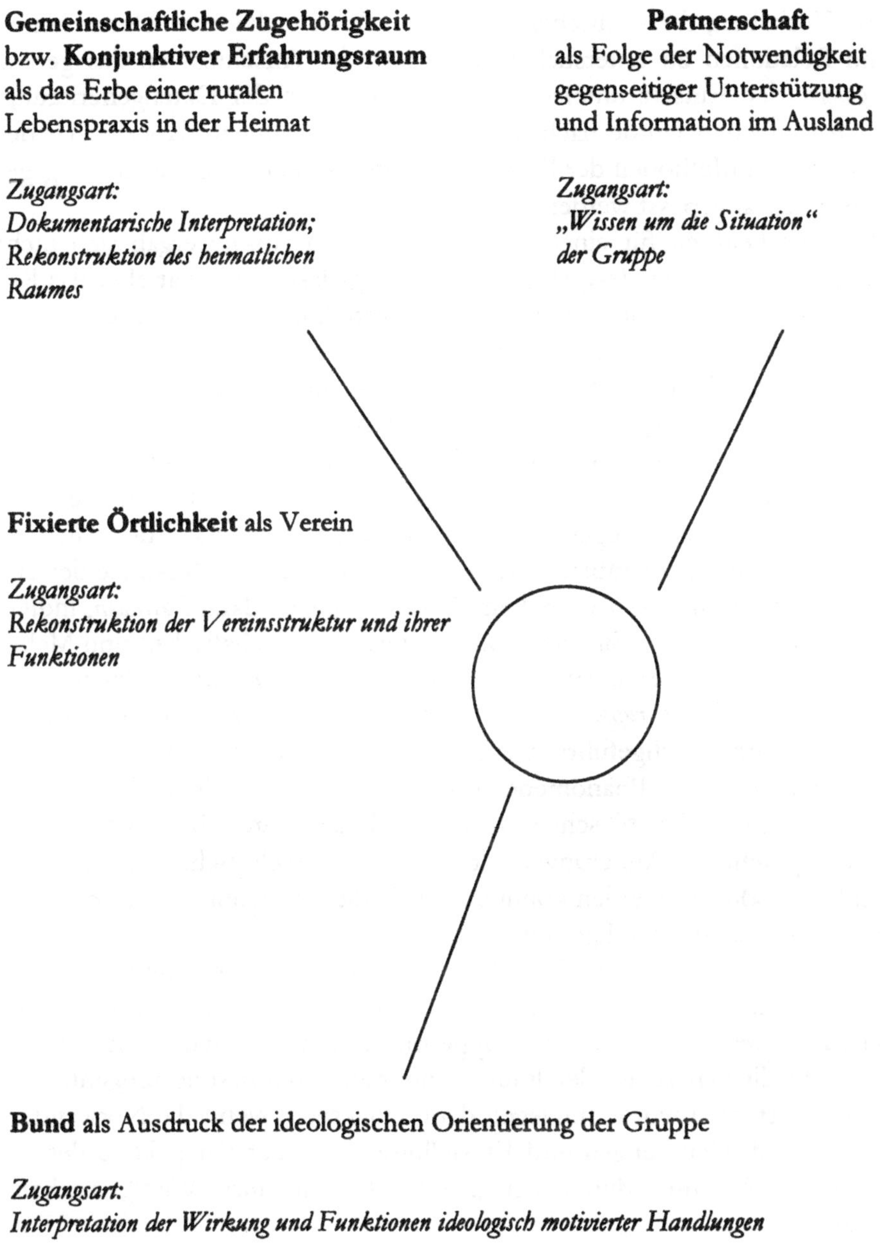
Gemeinschaftliche Zugehörigkeit
bzw. **Konjunktiver Erfahrungsraum**
als das Erbe einer ruralen
Lebenspraxis in der Heimat
Zugangsart:
Dokumentarische Interpretation;
Rekonstruktion des heimatlichen
Raumes
Partnerschaft
als Folge der Notwendigkeit
gegenseitiger Unterstützung
und Information im Ausland
Zugangsart:
„Wissen um die Situation“
der Gruppe
Fixierte Örtlichkeit als Verein
Zugangsart:
Rekonstruktion der Vereinsstruktur und ihrer
Funktionen
Bund als Ausdruck der ideologischen Orientierung der Gruppe
Zugangsart:
Interpretation der Wirkung und Funktionen ideologisch motivierter Handlungen

Das Vorhaben, die sardischen Vereine in ihren vielfältigen Dimensionen und Relationen zu untersuchen, erforderte im Anschluss an das gerade Gesagte den Einsatz unterschiedlicher Techniken der Datengenerierung. Im Allgemeinen wurde nach dem Prinzip vorgegangen, dass die Art der eingesetzten Methoden der Besonderheit des jeweiligen Untersuchungsgegenstandes angepasst werden sollte.

Die Entscheidung für einen plurimethodischen Ansatz ergab sich nicht aus einem im Voraus festgelegten Forschungsdesign. Sie war eher das Resultat des im Forschungsprozess sukzessiven Auftauchens von unvorhergesehenen und aus der Perspektive des Forschenden nicht vorhersehbaren Problemen, Phänomenen und Akteuren, welche unterschiedliche methodische Zugangsweisen erforderten.

Daten zu den persönlichen Merkmalen und Einstellungen der Vereinsmitglieder wurden mit Hilfe eines *Fragebogens* gewonnen. Durch die Verwendung des Fragenbogens wurde es möglich, nützliche Informationen vor allem über die quantitative Ausprägung bestimmter Merkmale der untersuchten Zielgruppe zu erhalten. Wo es hingegen darauf ankam, individuelle bzw. kollektive Sinnstrukturen in ihrer Prozesshaftigkeit und Mehrdimensionalität zu erfassen, wurden bevorzugt das *narrative Interview* bzw. die Technik des *Gruppendiskussionsverfahrens* eingesetzt. *Experteninterviews* wurden dann durchgeführt, wenn Informationen über spezifische Zusammenhänge und Phänomene gewonnen werden sollten, die aus der Perspektive des „Laien“ schwer zu durchschauen waren. In Situationen, in denen sprachliche Äußerungen nicht mit Hilfe technischer Mittel (Tonband) reproduziert werden konnten, wurde die Befragung in der Form des *informellen Interviews* durchgeführt.

Beobachtung wurde sowohl als *distanzierte* als auch als *teilnehmende Beobachtung* praktiziert. Das erste war vor allem dann der Fall, wenn es darum ging, zu untersuchen, wie die Gruppe mit bestimmten Symbolen und mit unterschiedlichen Arten der Raum- und Zeitstrukturierung umgeht. Das zweite Verfahren wurde hingegen dann eingesetzt, wenn die Notwendigkeit bestand, Handlungen und Einstellungen aus der Perspektive der involvierten Akteure, durch ein „Eintauchen in ihre Welt“, nachzuvollziehen.

In unterschiedlichen Phasen der Untersuchung wurden auch *Beobachtungsprotokolle* angefertigt. Ihr Hauptzweck bestand darin, besondere Vorkommnisse, Probleme methodologischer und methodischer Natur sowie Reflexionen des Autors über zukünftig zu unternehmende Schritte festzuhalten. Diese Protokolle fanden dann hauptsächlich im Kapitel „(Selbst)-

kritisches" Berücksichtigung, wo es auch darum geht, einige der Hauptphasen der Untersuchung noch eimal kritisch zu rekapitulieren.
Schließlich wurde auch *schriftliches Material* in verschiedener Form berücksichtigt: Bücher, Zeitungen, Gesetze, Statuten, Dokumente, Proklamationen, Rechnungen, Berichte und nicht zuletzt Informationen aus dem Internet.
Angesichts der Komplexität des untersuchten Phänomens braucht der Einsatz unterschiedlicher Techniken der Datenproduktion an sich nicht gerechtfertigt zu werden. Dennoch erscheint im Anschluss an den theoretischen Teil eine Reflexion über Angemessenheit und Leistung der eingesetzten Techniken erforderlich. Im Folgenden beschränken wir uns hauptsächlich auf einige theoretische und methodologische Betrachtungen hinsichtlich der in dieser Arbeit verwendeten Hauptverfahren der Datenproduktion: den Fragebogen, das narrative Interview, das Gruppendiskussionsverfahren und die teilnehmende Beobachtung.
Mit diesen methodischen Verfahren wurde nicht die Bildung einer Typologie angestrebt. Sie erfüllen hauptsächlich die Aufgabe, die Sicht der Gruppe hinsichtlich Vereinsleben, Gastgesellschaft und Heimat wiederzugeben. Aber sie beabsichtigen vor allem, unterschiedliche Facetten des Gruppenlebens darzustellen: als Partnerschaft, als Bund und als konjunktiver Erfahrungsraum bzw. als Milieu.

Fragebogen mit teilweise offenen Fragen

Verteilt an die Vereinsmitglieder unterschiedlicher Vereine. Verteilte Fragebögen: 500; davon zurückerhalten: 231; davon ausgewertet: 203. Die Distribution des Fragebogens fand in Süddeutschland (Nürnberg, Stuttgart, Heilbronn, Frankfurt), Westdeutschland (Köln, Moers, Oberhausen) und Norddeutschland (Wolfsburg, Hamburg) statt.

Der Fragebogen enthält relativ wenig Fragen. Es sollte vermieden werden, die Geduld und die Zeit der Befragten zu sehr zu beanspruchen. Außerdem sollten bei der Beschaffung von Informationen über Personen und ihre Familien sensible Grenzen nicht überschritten werden.
Der Fragebogen wurde anlässlich von Vereinssitzungen, internationalen Treffs, Kongressen und beim Besuch einzelner Vereine verteilt. Die Verteilung erfolgte gelegentlich auch mit Hilfe von „Mittlern" bzw. Vertrauenspersonen wie Vereinspräsidenten oder einzelnen Vereinsmitgliedern.
Diese Art von „direkter" Verteilung drängte sich vor allem aufgrund der aufgetretenen Schwierigkeiten auf, die Informanten auf anonymen Wegen

(postalische Zusendung oder Auslegen der Fragebögen im Verein) zu erreichen und zu motivieren, den Fragebogen auszufüllen.

Ein grundsätzliches Problem waren vor allem die Vorbehalte der Gruppen, Auskünfte über die eigene Einstellung zum Verein und die berufliche Situation der eigenen Familie zu geben. Einzelne Vereinsmitglieder taten und tun sich schwer, Kritik an der Vereinsleitung und der Vereinsorganisation zu üben. Andere betrachten es als das Eingeständnis einer Niederlage, einen schlecht qualifizierten Beruf oder gar Arbeitslosigkeit angeben zu müssen. Hemmend auf die Bereitwilligkeit der Befragten dürfte sich auch die Tatsache ausgewirkt haben, dass der Fragebogen die Angabe von Daten vorsah (Name, Alter, Wohnort), die die Identifizierung des Informanten hätte gestatten können. Dies ließ sich jedoch nicht vermeiden, da andernfalls in vielen Fällen eine Verdoppelung der Daten zu befürchten gewesen wäre: Ohne die genannten personenbezogenen Angaben wäre es z. B. unmöglich gewesen, Ehepaare zu identifizieren, mit der Folge, dass die Daten über die Kinder zweifach (durch Vater und durch Mutter) repräsentiert gewesen wären. Die Strategie, die Fragebögen persönlich oder durch Vertrauenspersonen zu verteilen und dafür zu sorgen, dass sie an Ort und Stelle ausgefüllt wurden, erwies sich jedenfalls als die beste und praktikabelste Lösung.

Bei dieser Art von Teilerhebung stellt sich die Frage der Stichprobenkonstruktion und der Repräsentativität. Angesichts der Tatsache, dass nicht alle offiziellen Vereinsmitglieder auch aktiv am Leben des Vereins beteiligt sind und die Untersuchung genau auf die *aktiven* Vereinsmitglieder abzielt, war es naheliegend, den Fragebogen nur an diese Personen zu verteilen. Der beste Weg, dies zu erreichen, war, den Fragebogen im Verein selbst bzw. anlässlich verschiedener vereinsspezifischer Aktivitäten an unterschiedlichen Wochentagen zu verteilen. Die Stichprobe bildet hier also jene Gruppe von Personen, die in irgendeiner Weise und mit einer gewissen Regelmäßigkeit am Vereinsleben teilnimmt.[146] Sind nun die so erfassten Personen auch repräsentativ für den jeweiligen Verein?

Wir glauben, diese Frage aufgrund von zwei Tatsachen bejahen zu können: a) Die durchschnittliche Mitgliederzahl der erforschten Vereine liegt bei 100, und in vielen Fällen erreichte die Rücklaufquote ein Drittel dieser Zahl (oder lag knapp darunter); b) Der Fragebogen wurde an unter-

146 Diese Kategorie von Personen lässt sich im übrigen auch durch folgende Frage im Fragebogen ermitteln: „Wie oft im Monat besuchen sie den Verein?". Siehe Anlage 1.

schiedlichen Wochentagen und Uhrzeiten verteilt. Es wurde aber auch darauf geachtet, dass die Verteilung in Zeiten stattfand, in denen Repräsentanten unterschiedlichen Geschlechts und verschiedener Generationen anwesend waren (Wochenende).
Eine relativ hohe Rücklaufquote lässt sich insbesondere bei den Vereinen von Nürnberg, Heilbronn, Moers, Oberhausen und Wolfsburg registrieren, sodass die Situation der Vereinsmitglieder in Süd-, West- und Norddeutschland gut repräsentiert erscheint.
Der Fragebogen diente hauptsächlich dem Zweck, Daten zu den Struktureigenschaften der Vereine und den Hauptmerkmalen der Vereinsbesucher zu erheben. Da er unter anderem auch Informationen über Verbesserungsvorschläge (hinsichtlich des Vereinslebens), Motivationen (hinsichtlich Rückkehrabsichten) und wertende Urteile (hinsichtlich der Heimat- und Gastgesellschaft) abverlangt, deren mögliche Antworten vom Forscher nicht antizipiert werden konnten, wurden keine Antwortvorgaben vorgesehen.
Mit dieser Möglichkeit der nichtstandardisierten Antwort an manchen Stellen des Fragebogens wurde versucht, der Gefahr vorzubeugen, dass sich die Befragten in vorgegebenen Antwortmöglichkeiten nicht wiedererkennen und dass sie sich dadurch zur Abgabe von klischeehaften Antworten gezwungen sehen.

Der Fragebogen wurde nicht mit der Absicht konstruiert, eine bestimmte Hypothese zu testen. Er hatte vor allem den Zweck, Auskunft über Struktureigenschaften von Personen und Häufigkeiten ihres Verhaltens zu erhalten. Es handelte sich also um einen Fragebogen, der hauptsächlich zu illustrativen Zwecken erarbeitet wurde. Dies ist auch der Grund dafür, dass die erfolgte Auswertung vor allem, wenn auch nicht ausschließlich, auf die Feststellung von Häufigkeiten abzielt.
Unter anderem war es eine wichtige Funktion des Fragebogens, Informationen, die mit anderen Techniken der Datengenerierung gewonnen wurden, auf ihre Verallgemeinerbarkeit hin zu überprüfen. Dies war beispielsweise dort der Fall, wo es darum ging, genauer zu erfassen, wie groß in Wirklichkeit die Gruppe derjenigen ist, die in den Einzel- und Gruppeninterviews die Intention bekundeten, in die Heimat zurückkehren zu wollen, derjenigen Menschen, die den Wunsch nach politischen und strukturellen Veränderungen in der Heimat äußerten, oder derjenigen, die den Verein als einen Ort ansahen, der der „Sicherung“ kultureller Identität dient.

Worauf der Fragebogen jedoch keine befriedigende Auskunft geben kann, sind Fragen wie die folgenden: Wie rechtfertigen Menschen ihre Absicht, in die Heimat zurückzukehren? Warum halten sie ein politisches Engagement in der Heimat für erforderlich und wie äußert sich dieses Engagement? Was bedeutet es, wenn Menschen behaupten, der Verein sei für sie wichtig, weil er einen Teil der eigenen Kultur verkörpert?
Die Schwierigkeit, eine befriedigende Antwort auf diese und ähnliche Fragen zu bekommen, kann nicht durch eine Strategie überwunden werden, die darauf abzielt, einen „besseren" Fragebogen zu konstruieren. Denn die Art von Rechtfertigungen, Begründungen und Erklärungen, die hier verlangt werden, sprengt den Rahmen einer üblichen schriftlichen Befragung.
Unsere Strategie bestand hingegen darin, dort, wo sich die Notwendigkeit einer besseren und tieferen Durchdringung der untersuchten Phänomene aufdrängte, auf andere bewährte Techniken der Datengenerierung wie das narrative Interview, das Gruppendiskussionsverfahren und die teilnehmende Beobachtung zurückzugreifen. Vor allem erlauben diese Verfahren, der *Sicht der Betroffenen* besser Rechnung zu tragen, als es ein Fragebogen tun kann.

Einzelinterviews

Narrative Interviews: Einzelne Vereinsmitglieder; Experteninterviews: Präsidenten der verschiedenen Vereine und der Federazioni; Administratoren der „Region Sardinien"; Zeitungsredakteure in Sardinien; Informelle Interviews (ohne Tonbandaufnahme): Vereinsmitglieder; Administratoren und Politiker der „Region Sardinien". Zahl der Interviews: 21 narrative Interviews; 6 Experteninterviews; unbestimmte Anzahl informeller Interviews.

Empirisch verfahrende Sozialwissenschaftler neigen oft dazu, die „Idiome" ihrer Informanten in die eigene Wissenschaftssprache zu „übersetzen". Dieses Vorgehen vereinheitlicht auf unzulässige Weise die Unterschiedlichkeit der Standpunkte und erschwert dann die Rekonstruktion des Handlungs- und Wirkungsfeldes der untersuchten Akteure.[147] Die

---

147 Diese Rekonstruktion wird hauptsächlich dadurch verhindert, dass eine Übersetzung in die Wissenschaftssprache vollzogen wird, bevor die semantische Dimension unbekannter oder wenig geläufiger Begriffe ausreichend ausgelotet worden ist.

Tendenz zur vorzeitigen Übersetzung wirkt sich auf die Forschungspraxis insofern nachteilig aus als sie das, was auseinandergehalten werden soll, amalgamiert und dadurch den Sinn dessen, was es zu erfassen gilt, verzerrt. [148]

In unserer Forschung war es in vielen Fällen wichtig, gleichlautende Begriffe auseinander zu halten, je nachdem, ob diese von den Migranten oder den regionalen Akteuren gebraucht wurden. Unter den Migranten galt es wiederum zu unterscheiden, ob derselbe Begriff von den im europäischen oder lateinamerikanischen Kontinent lebenden Sarden verwendet wurde. Es ist beispielsweise evident, dass Begriffe wie „Spezialisierung", „qualifizierte Erfahrung" und „Know-How" als verwertbare Ressourcen der im Ausland lebenden Sarden eine unterschiedliche Konnotation besitzen, je nachdem, ob diese Begriffe von den regionalen Politikern oder den Migranten gebraucht werden. Für die Ersteren sind diese Begriffe oft eine rekurrierende Floskel, mit der man signalisiert, dass die sardischen Migranten zwar von der Herkunftsgesellschaft *de facto* ausgeschlossen worden sind, dass man sie aber gleichwohl als potentielle Erneuerer zu schätzen weiß. Für Letztere entsprechen sie hingegen einer Strategie, mit der man versucht, bestimmte Rechte zu reklamieren.[149]

Ähnliches gilt für die nach Mitteleuropa und nach Lateinamerika emigrierten Sarden. Es ist nämlich evident, dass auch in diesem Fall „qualifizierte Erfahrung" als eine individuelle Ressource, von der Sardinien profitieren könnte, für die Ersteren etwas anderes bedeutet als für die Zweiten.

Spradley diagnostiziert die „spontane" Neigung zur Übersetzung nicht nur auf der Seite des Forschers, sondern auch auf der des Informanten. Diese zweite Variante von „translation competence" erweist sich für die empirische Forschung als besonders tückisch, weil sie vom Forscher oft nicht durchschaut wird.[150] Die „translation competence" des Informanten

---

148 Spradley hat die Neigung des Forschers zur unreflektierten Übersetzung auf die „translation competence" zurückgeführt. Die Feldforscher, so J. P. Spradley, „fall back on their own translation competence, talking the things spoken by others and fitting them into a composite picture of the cultural scene." Ders. (1979), *The Ethnographic Interview*, New York, S. 72.

149 Wir werden im Kapitel VI auf diese Problematik ausführlicher eingehen.

150 In Bezug auf den Informanten stellt Spradley Folgendes fest: „As I worked with tramp informants I discovered they not only spoke their own language but they had acquired an ability I call translation competence. This is the

drückt sich vor allem dadurch aus, dass dieser versucht, die eigene Ausdrucksweise derjenigen der Wissenschaftssprache anzupassen.[151] Der Forscher darf diese „Kompetenz" des Informanten nicht unterschätzen und muss dafür Sorge tragen, dass Letzterer im Rahmen des eigenen Bedeutungs- bzw. Sprachhorizontes verbleibt.

Will also der Forscher nicht etwa übliche Klischees bestätigen, so besteht seine primäre Aufgabe darin, Zugang zum Denkhorizont des Informanten zu finden. Der Forscher muss aber gleichzeitig verhindern, dass der Informant der Neigung nachgeht, die eigene „Übersetzungskompetenz" zu aktivieren, denn „the more an informant translates for your convenience, the more the informant's cultural reality becomes distorted".[152] Das narrative Interview, wie es in dieser Arbeit Anwendung fand, minimiert diese Gefahr. Dort, wo der Informant dazu animiert wird, über einen bestimmten Sachverhalt zu *erzählen,* und der Forscher den Fluss der Erzählung nicht unterbricht, ist die Chance am größten, dass die Relevanzfestlegungen des Informanten „unverfälscht" zur Geltung kommen. Voraussetzung dafür ist, dass sich der Informant an die *Beschreibung* dessen hält, was er erfahren hat, und nicht der Versuchung nachgibt, das Selbsterlebte durch das Zurückgreifen auf Rechtfertigungen, Begründungen und theoriegeladene Standpunkte zu überformen.[153]

Im Allgemeinen ist der Forscher daran gehalten, „Bescheidenheit" zu üben und den Informanten als Experten der eigenen Situation zu betrachten. Das „Prinzip der Offenheit", welches besagt, „daß die theoretische Strukturierung des Forschungsgegenstandes zurückgestellt wird, bis

ability to translate the meanings of one culture into a form that is approriate to another culture". Ders., *The Ethnographic Interview,* op. cit., S. 19.

151 Kürzlich ist auch K.-H. Kohl auf dieses Phänomen eingegangen: „By my questioning, I undoubtedly had induced him (the informant, G.C.) to think about the meaning of a cerimonial act he had always taken for granted. Nevertheless, the answer he gave was tailored to fit into my own epistemological framework. Obviously, he had tried to grasp 'the ethnographic point of view'. His explanation was styled after the classical western thinking scheme of cause and effect". Ders. (1998), *Against Dialog,* Paideuma, Mitteilungen zur Kulturkunde, N. 44, S. 55.

152 J. P. Spradley, *The Ethnographic Interview,* op. cit., S. 20.

153 Für die theoretische Begründung dieses Ansatzes siehe F. Schütze (1983), *Biographieforschung und narratives Interview,* in: Neue Praxis, Jg. 13, S. 283-293.

sich die Strukturierung des Forschungsgegenstandes durch die Forschungssubjekte herausgebildet hat",[154] wurde also zum Leitprinzip der Untersuchung.[155]

Gruppendiskussionsverfahren

In Bezug auf Generation und Geschlecht gemischte Gruppen von Vereinsmitgliedern; Gruppen von jüngeren Vereinsmitgliedern (Zahl der durchgeführten Gruppeninterviews: 8).

Die Technik des Gruppendiskussionsverfahrens hat in unserer Arbeit relativ breite Anwendung erfahren.[156] Bei diesem Verfahren richtet sich das

154 C. Hoffmann-Riem (1980), *Die Sozialforschung einer interpretativen Soziologie. Der Datengewinn* in: Kölner Zeitschrift für Soziologie und Sozialpsychologie, Jg. 32, S. 343.

155 Die Auswertung der narrativen Interviews erfolgte teilweise in Anlehnung an das von Fritz Schütze entwickelte Verfahren. Einer formalen Textanalyse, bei der es hauptsächlich darum geht, den Interviewtext (von allen nicht narrativen Passagen bereinigt) auf seine formalen Elemente hin zu segmentieren, folgte dann in einem zweiten Schritt die strukturelle inhaltliche Beschreibung. Auf dieser Analyseebene wurde die Aufmerksamkeit vor allem auf folgende, meistens zeitlich markierte Prozessstrukturen gelenkt: geplante und durchgeführte Handlungsabläufe, Ereignisverstrickungen, Wendepunkte, Wandlungen und nicht zuletzt institutionell bestimmte Lebenssituationen. Wichtig für uns war noch ein dritter Analyseschritt: die Wissensanalyse. Hier ging es darum, der eigentheoretischen und argumentativen Perspektive des Informanten Rechnung zu tragen. Diese Informantenperspektive wurde dann schließlich auf Orientierungs-, Verarbeitungs-, Deutungs-, Legitimations- und Ausblendungsfunktionen hin interpretiert. F. Schütze, *Biographieforschung und narratives Interview,* op. cit.

156 Das Gruppendiskussionsverfahren beruht auf folgenden drei Grundannahmen: a) dass die interviewten Subjekte prinzipiell in der Lage sind, Auskunft über die Zwecke ihres Handelns zu geben (um-zu-Motive); b) dass diese Subjekte Rechenschaft darüber ablegen können, welche Motive sie zu einer bestimmten Einstellung geführt bzw. zu einer spezifischen Handlungsweise veranlasst haben (weil-Motive); c) dass die Interviewten die Fähigkeit besitzen, über die Konstitutionsbedingungen ihrer Erfahrung zu reflektieren. Wir gehen also von der Annahme aus, dass soziale Akteure „Theoretiker" ihrer Situation sind. Aufgabe des Soziologen wäre es dann, an diese „Theorien"

Interesse des Forschers nicht, wie dies oft bei Gruppeninterviews der Fall ist, auf Aussagen von Einzelnen. Anders als bei den klassischen Gruppeninterviews versucht der Wissenschaftler hier nicht zu belegen, wie einzelne Gruppenmitglieder ihre Meinung in der Auseinandersetzung mit den anderen Gruppenmitgliedern bilden, artikulieren und spezifizieren. Im Zentrum der Aufmerksamkeit steht hier vielmehr die „Gruppenmeinung".[157]
Gruppenmeinungen bzw. kollektive Meinungen zeichnen sich unter anderem dadurch aus, dass sie „arbeitsteilig" vorgetragen werden: Die Diskussionsteilnehmer bestätigen, ergänzen und berichtigen sich gegenseitig. Ihre Diskussionsbeiträge sind miteinander verkettet und bauen teilweise aufeinander auf. So betrachtet, ist die Gruppenmeinung keine Summe von Einzelmeinungen, sondern das Produkt der Gruppeninteraktion. Die einzelnen Sprecher haben zwar in verschiedenem Umfang an ihrer Darstellung Anteil, worauf es hier jedoch ankommt, ist die gemeinsame Gruppenorientierung: „Die Gruppenmeinungen lassen sich nur aus der Totalität der verbalen wie nicht-verbalen Stellungnahmen herauskristallisieren."[158]

Die Gruppenmeinung entspricht also nicht der kontingenten Übereinstimmung unterschiedlicher Individuen in einer Diskussion. Sie ist vielmehr der Ausdruck einer Realität *ex ante*. Die Gruppendiskussion bietet lediglich den Anlass, diese Realität sprachlich zu artikulieren.[159]

---

anzuschließen und in einer Reflexion zweiten Grades eine begriffliche Erarbeitung derselben zu liefern. Dies entspricht der Schützschen Unterscheidung von „Konstrukten ersten und zweiten Grades". A. Schütz (1962), *Das Problem der sozialen Wirklichkeit*, in: ders., Gesammelte Aufsätze, Bd. 1, den Haag.

157 W. Mangold, *Gegenstand und Methode des Gruppendiskussionsverfahrens*, op. cit.; R. Bohnsack, *Rekonstruktive Sozialforschung. Einführung in die Methodologie und Praxis qualitativer Forschung*, op. cit.

158 W. Mangold, *Gegenstand und Methode des Gruppendiskussionsverfahrens*, op. cit., S. 49.

159 Erhellend in diesem Zusammenhang sind die Ausführungen Mangolds: „Die Meinungen, die in solchen Gruppen in der Diskussion allgemeine Billigung finden, können nicht als Produkt der Versuchsanordnung, nicht als Endresultat eines aktuellen Prozesses gegenseitiger Anpassung und Beeinflussung in der Diskussionssituation selbst verstanden werden. In ihnen schlagen sich vielmehr informelle Gruppenmeinungen nieder, die sich in der Realität unter den Mitgliedern des betreffenden Kollektivs bereits ausgebil-

Das Gruppendiskussionsverfahren gewinnt theoretisch deutlichere Konturen, wenn man es gegen zwei unterschiedliche Auffassungen des Kollektiven, die Durkheimsche und die ethnomethodologische, abhebt. Gegen das Durkheimsche Verständnis des Kollektiven als „Exteriorität" und als „Zwang" könnte man geltend machen, dass in der Analyse von Gruppendiskussionen das Kollektive gerade dort empirisch fassbar wird, wo der Einzelne in der Diskussion „aufgeht", wo also der Diskurs den Diskussionsbeteiligten nicht als Zwang und Exteriorität erscheint.[160]
Das Gruppendiskussionsverfahren richtet sich darüber hinaus gegen eine Perspektive, die dazu neigt, Denkstrukturen und Orientierungsmuster lediglich als Resultate kontingenter Interaktionsprozesse anzusehen. Dies ist bei jenen ethnomethodologischen Ansätzen der Fall, für die die Entdeckung von Prozesshaftigkeit und die „Emergenz von Bedeutung" in der Interaktion mit Strukturlosigkeit gleichgesetzt wird. Die Annahme ist hier nämlich, dass identifizierbare Strukturen und Orientierungsmuster durch den Diskurs gleichsam *konstituiert* werden.[161]

Die Interpretation der verschiedenen Gruppeninterviews ist in dieser Arbeit in zwei Schritten erfolgt. Zuerst ging es darum, in einer sog. „formulierenden Interpretation" die thematische Struktur des Gruppeninterviews zu erarbeiten. Aufgabe war es hier, den Sinnhorizont der Gruppe nicht zu verlassen und die Aufmerksamkeit vor allem auf folgende Phänomene zu richten: den thematischen Verlauf der Gesamtdiskussion; Passagen, die im Hinblick auf die Fragestellung besondere Relevanz besitzen; Sequenzen, die eine besondere interaktive Dichte aufweisen.
In einem zweiten Schritt erfolgte dann die „reflektierende Interpretation". Hier bestand die Aufgabe darin, die allgemeine „Orientierung" der Gruppe zu erarbeiten. Es ging mit anderen Worten darum, festzustellen, von welchen anderen Gruppen, Situationen, Einschätzungen usw. sich die interviewte Gruppe sowohl positiv als auch negativ abgrenzt.

---

det haben." W. Mangold (1973), *Gruppendiskussionen*, in: Handbuch der empirischen Sozialforschung, Bd. II, 3. Auflage, Frankfurt a. M., S. 240.

160 Dazu ausführlich in: R. Bohnsack, *Rekonstruktive Sozialforschung*, op. cit.

161 M. Nießen (1977), *Gruppendiskussion. Interpretative Methodologie - Methodenbegründung - Anwendung*, München; U. Vollmerg (1977), *Kritik und Perspektiven des Gruppendiskussionsverfahrens in der Forschungspraxis*, in: T. Leithäuser et al. (Hrsg.), Entwurf zu einer Empirie des Alltagsbewußtseins, Frankfurt a. M., S. 184-217.

Die detallierte Analyse der Passagen mit hoher interaktiver Dichte und die Erarbeitung der positiven und negativen Gegenhorizonte führte zur Bestimmung des spezifischen „Erfahrungsraums" der Gruppe, zur Rekonstruktion jener kollektiv geteilten Erfahrungen also, die auf der Grundlage gemeinsamer Erlebniszusammenhänge entstanden sind.
Nicht nur jene Passagen, in denen die Gruppe „mit einer Stimme spricht", bzw. jene Sequenzen der Übereinstimmung unter Gesprächsmitgliedern wurden als relevant für die Interpretation angesehen. Als „dichte Stellen" im Interview wurden auch jene Passagen betrachtet, in denen konflikthafte Auseinandersetzung und auch Streit zur Geltung kamen. Auch diese sind von großer Relevanz für die Interpretation, denn Streit, Konfrontation und Dissens weisen nicht immer auf grundsätzlich unterschiedliche Denkhorizonte hin. Gelegentlich können sie auch die Folge des Versuchs sein, etwas klarzustellen oder zu berichtigen.[162]
Auch bei dem Gruppendiskussionsverfahren ist zu betonen, dass die interpretative Erschließung der Gruppenmeinung nicht ausreicht, um die Bedeutung und die Funktion des Vereins für seine Mitglieder zu erschließen. Auch hier gilt also folgender Grundsatz: Neben den verbalen ist der Forscher auf visuelle Daten angewiesen.

---

162 Man könnte folgende Typologie des Streites im Gruppengespräch aufstellen: a) Der berichtigende und ergänzende Dissens. - Unterschiedliche Perspektiven tragen dazu bei, das Problem zu rekonstruieren. Die Anstrengung um Rekonstruktion ist ein Prozess der „Wahrheitsfindung"; b) Der Streit um die richtige Interpretation. - Die „Sache" steht fest. Es geht nur um unterschiedliche Deutungen derselben; c) Der Streit um die kausale Zurechnung. - Es gibt einen Grundkonsens über die „Sache", aber unterschiedliche Meinungen über Genese und Folgen; d) Der Streit aus unterschiedlichen unvereinbaren Perspektiven. - Es gibt von vornherein keinen Grundkonsens, und es wird im Laufe der Diskussion auch keiner erreicht.

Beobachtungsarten

Einfache Beobachtung: politische und kulturelle Veranstaltungen, Büroaktivität bei den Administratoren der „Region Sardinien"; teilnehmende Beobachtung: Vereinsleben, Treffen, Kongresse, Tagungen, Feste.

Obwohl wir heute über wertvolle theoretische und methodologische Einsichten über die Technik der Beobachtung verfügen,[163] bleiben interpretative Verfahren, die sich auf visuelle Daten stützen, noch ungenügend reflektiert.[164]

Insbesondere die Entfaltung einer Hermeneutik des Visuellen ist heute eine dringende Aufgabe. Gemeint ist eine Hermeneutik, die den Wissenschaftler in die Lage versetzt, vom beobachtbaren Phänomen ausgehend auf tieferliegende Bedeutungsstrukturen vorzustoßen. Ich möchte im Folgenden diesen Gedanken mit Rückgriff auf Mannheims Begriff des „konjunktiven Erfahrungsraums" kurz verdeutlichen.

In Anlehnung an Mannheims Begrifflichkeit fragen wir, ob konjunktive Erfahrungsräume auch auf der Basis visueller Daten rekonstruierbar sind. Auf unsere Problematik bezogen bedeutet dies, zu fragen, ob manche der in den sardischen Vereinen beobachtbaren Handlungsabläufe bzw. Interaktionsprozesse auf etwas Anderes und Ursprünglicheres verweisen. Wir werden uns im Kapitel IV mit dieser Frage ausführlich beschäftigen. An dieser Stelle geht es lediglich darum, erste Hinweise auf die Fruchtbarkeit einer Hermeneutik des Visuellen zu geben.

Wie wir sahen, ist der Forscher bei der Interpretation seiner Daten insbesondere dazu gehalten, die Aufmerksamkeit auf jene „dichten Stellen" im Interview zu lenken, die auf Gemeinsamkeiten des Erlebens bzw. der Erfahrung hindeuten. Eine formale Charakteristik dieser Stellen besteht dar-

---

163 R. König (Hrsg.) (1975), *Beobachtung und Experiment in der Sozialforschung*, Köln. Darin insbesondere die Beiträge von R. König (*Einleitung*, S. 17-50), F. Kluckhohn (*Die Methode der teilnehmenden Beobachtung in kleinen Gemeinden*, S. 97-114), A. Zander (*Systematische Beobachtung kleiner Gruppen*, S. 148-170). Siehe darüber hinaus, U. Flick (1999), *Qualitative Sozialforschung, Theorien, Methoden, Anwendung in Psychologie und Sozialwissenschaften*, Hamburg, darin insbesondere: S. 152-185.

164 Eine der prominenten Ausnahmen ist hier Ralf Bohnsack (2003), *Qualitative Methoden der Bildinterpretation*, in: Zeitschrift für Erziehungswissenschaften, 6 Heft 2, S. 239-256.

in, dass sie *verbal* artikuliert werden. Es wäre nun auch denkbar, dass die Gruppenmeinung eine *non-verbale* bzw. *bildhafte* bzw. *räumliche* Ausdrucksform annimmt. Dies ist eben dann der Fall, wenn sich diese als Raumstrukturierung oder als Bild oder einfach als Objekt mit symbolischem Verweisungscharakter artikuliert.
Oberflächlich betrachtet bietet der typische Verein seinen Besuchern die Möglichkeit, unterschiedliche Formen der Geselligkeit und des Zeitvertreibs zu realisieren. Eine genauere Beobachtung erlaubt festzustellen, dass hier auch andere wichtige Funktionen für den Einzelnen erfüllt werden. Es handelt sich in erster Linie um Informationsaustausch, Solidarität in Form von gegenseitiger Hilfeleistung und Identitätssicherung in Form des kommunikativen Austauschs in der Muttersprache.
Der aufmerksame Beobachter kann auch feststellen, dass die Vereine oft in spezifische „Nischen" aufgeteilt sind. Das Kriterium dieser Differenzierung sind hier meistens die jeweils ausgeübten Tätigkeiten, das Geschlecht und das Alter. Dies bedeutet keineswegs, dass man es hier mit „Tabuzonen" zu tun hätte. Es sind vielmehr funktionale Gründe und individuelle Präferenzen, die zu dieser eher locker gehandhabten Aufteilung führen: Die Frauen sind kaum an Fußball und Kartenspiel, die Älteren nicht an Rockmusik und die Jüngeren weniger an Fernsehnachrichten und ähnlich „langweiligen" Programmen interessiert. Für diese Tätigkeiten sind also eigene Räume vorgesehen.
Vor allem unter der Perspektive der Informationsvermittlung kann der Verein als ein funktionales Äquivalent des kleinen sardischen Dorfes angesehen werden. Auch hier hat Kommunikation im Hinblick auf Geschlecht und Alter ihre besonderen Orte, und wie im Dorf gibt es auch im Verein eine besondere Kommunikationsdynamik, die sich von derjenigen der Großstadt im Aufnahmeland unterscheidet.
In diesem Sinne können wir sagen, dass der Raum des Vereins auf etwas Anderes und Ursprünglicheres verweist. Richtig nachvollziehbar ist jedoch diese funktionale Äquivalenz nur unter der Bedingung, dass man *beide* Räume und ihre spezifischen Funktionen vergleicht.
Man kann die im Vereinsraum vorfindliche Aufteilung und Ausstattung als Ergebnis diskursiver Prozesse betrachten. Entsprechen beispielsweise die in vielen Vereinen anzutreffenden Abbildungen eines Nuraghe oder einer sardischen Landschaft nicht etwa den „dichten Stellen" und „dramaturgischen Höhepunkten" in einer Gruppendiskussion? Verweist die Raumaufteilung nach Geschlecht, Generation und Tätigkeit nicht etwa auf eine „dialogische" Genese? Raumstrukturierungen können tatsächlich als das Resultat von Diskussionsprozessen angesehen werden, mittels derer

die Gruppe bestimmt, an welcher Wand eine bestimmte Abbildung angebracht werden soll, oder welcher Raum für welche Funktion bestimmt werden darf. Die Analyse der Raumstrukturierung und Raumausstattung sowie die Beobachtung der in diesem Raum stattfindenden Kommunikationsprozesse erlaubt es also, eine Dimension zu erschließen, die durch verbale Daten nur unzureichend erschließbar ist.

Eine Frage, die sich in direktem Anschluss an das Gesagte stellt, ist folgende: Besteht, wenn man, wie wir es hier vorschlagen, auf nicht-verbale Daten rekurriert, nicht die Gefahr, die Perspektive der Betroffenen zu übergehen? Anzumerken wäre dazu, dass das Zurückgreifen auf visuelle Techniken keineswegs eine Trennung zwischen der Intentionalität der untersuchten Subjekte einerseits und der Reflexion des Forschers andererseits impliziert. Auch im Falle der Interpretation des Raumes und der in ihm stattfindenden Prozesse ist der Wissenschaftler gehalten, an den Bedeutungshorizont der untersuchten Personen anzuschließen. Ob dies gelingt, können die untersuchten Akteure nur selbst entscheiden, indem sie über die Plausibilität der vom Forscher vorgelegten Resultate befinden.[165]

Archivmaterial und Dokumente

a) *Gesetzesbestimmungen, Programme, Dokumentation unterschiedlicher Aktivitäten*

Der Zugang zum relevanten Material in der Form von Dokumenten, Programmen und Erklärungen wurde durch die Hilfe der sardischen Administration („Assessorato del Lavoro - Fondo Sociale") und durch die Beteiligung an Kongressen und unterschiedlichen Gruppentreffs möglich.

Die Dokumentation der Vereinsaktivitäten wird von den zuständigen Behörden auf der Insel als Grundlage für die Finanzierung verlangt. Anhand der Auflistung dieser Aktivitäten ist es möglich, die Interessen und „Neigungen" der einzelnen Vereine festzustellen. Aus dieser Dokumentation kann man aber auch erschließen, ob ein bestimmter Verein mehr zur Herkunfts- oder zur Gastgesellschaft hin orientiert ist: Werden hier mehr Kurse für Italienisch oder für die Sprache des Gastlandes angeboten? Sind die kulturellen Veranstaltungen mehr sardinien- oder gastlandzentriert, und - falls Sardinien im Mittelpunkt steht - sind die Mitglieder der Aufnahmegesellschaft oder die Mitglieder des Vereins die Adressaten?

---

165 Diesen Weg haben wir im Kapitel IV eingeschlagen.

b) *Finanzierung der Vereine, der Federazioni, des „Messaggero Sardo", der Kongresse und sonstiger Aktivitäten.*

Auch bei der Beschaffung von Informationen über die Finanzierungspraxis war der Forscher vor allem auf die Hilfe des zuständigen Amtes für „Arbeit und Migration" auf Sardinien angewiesen. Geldausgaben sind im Übrigen ein guter Indikator, um Präferenzen der unterschiedlichen Vereine hinsichtlich ihrer Aktivitäten festzustellen.
Gelddistribution ist hingegen auch ein wichtiges Anzeichen für die Veränderung der Strategien der Region gegenüber den Vereinen. Wird der Gesamtetat reduziert oder aufgestockt? Oder wird er zugunsten bestimmter Akteure und Tätigkeiten verteilt?

Gedrucktes Material

Fach- und sonstige sardinienbezogene Literatur: Veröffentlichung über die sardische Migration; Zeitung „Il Messaggero Sardo", Zeitungen der verschiedenen Vereine; Proklamationen, Faxe.

Über das Thema „Circoli" gibt es kaum Literatur. Die wenigen vorhandenen Schriften sind es kaum wert, berücksichtigt zu werden. Hilfreich für diese Untersuchung war allein der Sammelband *Convenzione programmatica dell'emigrazione*,[166] der einen Beitrag programmatischen Charakters zur möglichen Einbeziehung der sardischen Migranten in die Ökonomie der Insel enthält.
Von großer Wichtigkeit, um sowohl die Strategie heimatlicher Akteure als auch die Funktionsweise der Informationsvermittlung zu verstehen, war die Zeitung *Il Messaggero Sardo.* Diese Zeitung kann als ein Sprachrohr heimatlicher Akteure betrachtet werden. Die hier enthaltenen Artikel stammen fast ausschließlich aus der Feder von professionellen und halbprofessionellen Journalisten aus Sardinien. Die Zeitung richtet sich an die sardischen Migranten, aber sie bezieht diese nicht aktiv ein. Dies bedeutet nicht, dass *Il Messaggero* Migrantenthemen nicht behandelt, denn ein beträchtlicher Teil der hier gedruckten Artikel beschäftigt sich mit dem sardischen Vereinsleben in unterschiedlichen Kontinenten.

166 *Convenzione programmatica dell'emigrazione. Atti e Documenti* (1989), Quartu S. Elena.

Internet

Nicht alle Vereine verfügen über diese Kommunikationsmöglichkeit, und unter denjenigen, die einen Internet-Anschluss haben, machen nur wenige davon regelmäßigen Gebrauch. Zu sagen wäre hier allerdings, dass das Internet unter den sardischen Vereinen eine sich in der Entwicklung befindende Kommunikationsmöglichkeit darstellt und dass die „Region Sardinien" darum bemüht ist, den Ausbau dieses Kommunikationsmediums zu beschleunigen.[167]

Für unsere Untersuchung sind die Internet-Zeitungen *Il messaggero Sardo* und *Oggitalia* besonders aufschlussreich gewesen.[168] Der in Tucuman (Argentinien) ansässige Verein *Asociacion Circulo Sardo del Nord Ovest Argentina* stellt sich dem Leser mit einer Internet-Zeitung vor, deren Artikel Dimensionen und Orientierungen aufzeigen, die teilweise auch für die sardischen Vereine in Europa typisch sind.

---

167 So heißt es im *Programma Annuale 1999*. Interventi a favore dell'emigrazione: „Una parte delle risorse, secondo un apposito programma, ai sensi dell'ultimo comma dell'art. 18 L.R. 7/91, andrà prioritariamente ... per la produzione di informazione con sistemi multimediali: internet, trasmissioni TV via satellite, videocassette, ecc.", S. 7, *http://www.regione.sardegna.it/ital lavoro/piano-1999.htm*, (19.05.2000).

168 *http://www.ilmessagerosardo.it;http://www.sardinia.net/nelmondo.-tucuman/Welcome.htm* (27.02.1999).

IV

Struktur und Funktionen von Raum und Zeit

Eine Grundannahme migrationssoziologischer Untersuchungen in den USA in den zwanziger und dreißiger Jahren des 20. Jahrhunderts war es, dass Verhaltensformen und Orientierungsmuster unterschiedlicher Auswanderergruppen in großstädtischen Milieus unter Berücksichtigung ursprünglicher heimatlicher Organisationsformen adäquat verstanden werden konnten. Aus diesem Blinkwinkel beobachten beispielsweise L. Wirth die soziale Ordnung des Jüdischen Ghettos,[169] W. I. Thomas und T. Znaniecki die psycho-soziale „Desorganisation" polnischer Migranten,[170] und R. E. Park, H. A. Miller und R. D. McKenzie die innerstädtische Mobilität von Neuangekommenen und Alteingesessenen.[171]
Diese von Pionieren der Migrationsforschung vorgenommene Erweiterung der Forschungsperspektive auf die vormigratorische Zeit hat in der zeitgenössischen Migrationssoziologie leider nur wenig Beachtung gefunden. Gewiss thematisieren heute viele der auf das Problem der Anpassung und Assimilation zentrierten Studien die kulturelle Dimension und bezie-

---

169 L. Wirth (1928), *The Ghetto*, Chicago.

170 W. I. Thomas, F. Znaniecki, *The Polish Peasant in Europe and America*, op. cit. Der Grundsatz, dass der Forscher bei der Erklärung zögernder bzw. fehlender Integration auf die vormigratorische Situation des Auswanderers Bezug nehmen sollte, fand vielleicht im Werk „The Polish Peasant in Europe and America" von W. I. Thomas und F. Znaniecki am konsequentesten Verwirklichung. Diese Studie richtet bekanntlich die Aufmerksamkeit insbesondere auf die psychosoziale „Desorganisation" der Migranten als eine Folge der Auflösung originärer familialer und gemeinschaftlicher Bindungen infolge der Migration. Die Notwendigkeit der Berücksichtigung der vormigratorischen Situation des Auswanderers war bei Thomas und Znaniecki mit einer wichtigen methodologischen Entscheidung verbunden: Der Zugang zum Untersuchungsphänomen sollte anhand der biographischen Methode gewonnen werden. Die Rekonstruktion von einzelnen Biographien, so die Annahme, sei besonders gut geeignet, menschliches Leben sowohl in seinem prozessualen Charakter als auch in seinen vielfältigen Verstrickungen mit der sozialen Umwelt zu erfassen. Bezogen auf die Problematik der Auswanderung bedeutete die biographische Methode also eine bemerkenswerte Erweiterung der Untersuchungsperspektive: Gegenwärtige Probleme im Gastland werden unter Berücksichtigung der Sozialisationsgeschichte des Individuums erfasst.

171 R. E. Park, E. W. Burgess, R. D. McKenzie (1925), *The City*, Chicago. In diesem Zusammenhang siehe auch: W. F. Wythe (1955), *Street Corner Society*, Chicago.

hen dadurch *nolens volens* ein Stück heimatliche Wirklichkeit des Migranten ein. Die Bezugnahme auf die kulturelle Dimension bleibt aber unbefriedigend und reduktiv, solange damit ausschließlich Phänomene wie Werte und Ideologien angesprochen werden.

Wenn wir nun im Folgenden die Kategorien Raum und Zeit ins Zentrum der Analyse rücken, so geschieht dies auch mit der Intention, einem auf Werte und Ideologien restringierten Begriff von Kultur entgegenzutreten. Ein im Prozess individueller Sozialisation erlernter Umgang mit Raum und Zeit - und wie es im Folgenden genauer heißen soll, mit *sozialem Raum* und *sozialer Zeit* - ist von zentraler Bedeutung, um Probleme zu verstehen, die sich dem Migranten infolge der Auswanderung stellen, denn Migration heißt in vielen Fällen unter anderem auch dies: Begegnung, Auseinandersetzung, Konflikt und Kompromiss mit neuen Formen der Raum- und Zeitstrukturierung.

Eine Grundthese, die den folgenden Ausführungen zugrundeliegt, ist also, dass sozialer Raum und soziale Zeit keine sekundären Komponenten im sozialen Leben von Individuen und Gruppen darstellen. Als ansozialisierte Dimensionen menschlichen Handelns konditionieren sie das Leben des Migranten auch in Situationen, in denen die Wirklichkeit des Aufnahmelandes das Zurückgreifen auf alternative und, von einem funktionalen Gesichtspunkt aus betrachtet, „rationalere" Formen der raum-zeitlichen Strukturierung nahe legen würde. Wenn diese „Umorientierung" aber nicht stattfindet, so liegt es daran, dass, wie wir sehen werden, die Inanspruchnahme vertrauter räumlicher und zeitlicher Strukturen in enger Verbindung mit anderen wichtigen sozialen, psychischen und kognitiven Funktionen steht.

Eine methodologische Bemerkung ist hier notwendig: Im Mittelpunkt der Analyse stehen Erfahrung und Strukturierung von Raum und Zeit als Gruppenphänomene. Die „Gruppenmeinung" und das „Gruppenverhalten" bilden also den Hauptbezugspunkt der Analyse. Dieses spezifische Interesse bedingt selbstverständlich auch die Technik der Datengenerierung und Dateninterpretation. Im Hinblick auf das letzte Problem sind insbesondere jene Sequenzen der Gruppendiskussion von zentraler Bedeutung, in denen die Gruppe, sich gegenseitig bestätigend, korrigierend oder ergänzend, Stellung zu der in Frage stehenden Problematik bezieht. Mit anderen Worten, die Gruppe selbst benennt in der Diskussion Probleme, die sie betreffen.

Die Tatsache, dass eine bestimmte Raum- und Zeitstrukturierung für die Gruppe zum Problem wird, drückt sich jedoch nicht allein an bestimmten Stellen des Gruppeninterviews aus. Es sind nicht nur verbale Äußerungen, sondern es ist auch ein bestimmtes Gruppen*verhalten*, das auf Raum und Zeit als ein Problem für die Gruppe hindeutet. Der Versuch der Gruppe, spezifische vertraute Formen von Raum- und Zeitstrukturierung, die in der Aufnahmegesellschaft nicht disponibel sind, praktisch zu reaktualisieren, ist beispielsweise ein Ausdruck dieses Verhaltens. Mit anderen Worten: Die Gruppe bleibt nicht bei einer allgemeinen Klage über bestimmte Umgangsweisen mit dem Raum und der Zeit in der Aufnahmegesellschaft, sie unternimmt auch etwas, um mit dieser Situation fertig zu werden.

Anschließend noch einige Sätze zum Aufbau des Kapitels. Der erste Abschnitt, *Die heimatliche Alltagswelt als Raum,* greift noch einmal das Thema des Raumes in der Migrationsforschung auf und führt in den eigentlichen Kern der zu behandelnden Problematik ein: *Die Rekonstruktion des heimatlichen Raumes.* Zum einen geht es hier um den Versuch, einige Aspekte der Alltagswirklichkeit des sardischen Dorfes nachzuzeichnen, so wie sich diese für die untersuchte Gruppe vor der Auswanderung darstellte; zum anderen geht es um eine Analyse des Circolo als Rekonstruktion des ursprünglichen heimatlichen Raumes. Die darauf folgenden Abschnitte, *Struktur und Funktionen von Zeit* und *Selektivität im Umgang mit Zeit,* behandeln das Problem der Sozialisation im dörflichen Alltag unter dem Gesichtspunkt der Zeitdimension und versuchen, eine Antwort auf die Frage zu geben, warum sich die Gruppe resistent gegenüber der Aneignung bestimmter Formen von Zeitstrukturierung zeigt. Abschließend wird noch einmal die Relevanz von Raum- und Zeitsozialisation für die Migrationssoziologie aufgegriffen und zum Problem der „Enträumlichung“, das in der zeitgenössischen soziologischen Diskussion an Bedeutung gewinnt, Stellung genommen.

Die heimatliche Alltagswelt als Raum

Pionieren der Migrationsforschung war die Tatsache nicht entgangen, dass unterschiedliche ethnische Gruppen einen bestimmten Umgang mit dem städtischen Raum der Aufnahmegesellschaft pflegen: Unter den Vorgaben der eigenen Geschichte und Kultur verändern sie, soweit dies möglich ist, die vorgefundene Ordnung, oder sie wählen aus ihr jene Formen aus, die ihren Bedürfnissen am besten zu entsprechen scheinen. So machte L. Wirth darauf aufmerksam, dass die räumliche Struktur des jüdischen Ghettos nur unter Bezugnahme auf die Geschichte des jüdischen Volkes erklärbar ist: „The Jewish Ghetto, at any rate, is rooted in the habits and sentiments of the people who inhabits it, and in all those experiences that go with the ghetto as a historical institution".[172] Die Raumorganisation jüdischer Migranten lässt sich also für Wirth erst unter Berücksichtigung kultureller Besonderheiten der jüdischen Gemeinschaft richtig begreifen:

„The very location of the ghetto is not merely determined by accessibility and low rents, but by tradition. The Jews who have lived in ghettos know the value of nearness to the market place or the commercial center of the city in which they live ... Similarly the population density of the ghetto is to be accounted for, not only by the poverty of the immigrants and their inability to pay high rents, but also by the tradition of close community life of crowded ghetto quarters in the Old World".[173]

Die Tatsache, dass Migranten versuchen, an vertraute Formen der Raumgestaltung anzuschließen, zeigt, wie wichtig diese Dimension für sie ist. Selbstverständlich handelt es sich dabei meistens um eine partielle Rekonstruktion.[174] Auch Surrogate des ursprünglichen heimatlichen Raumes haben jedoch ihren Sinn. Sie gestatten, jene ursprüngliche soziale Dynamik

---

172 L. Wirth (1928), *The Ghetto*, Chicago, S. 203.

173 Ebenda, S. 202. Viele Chicagoer Soziologen beobachten die „immigrant communities" mit einem „ethnologischen Blick". Sie untersuchten Formen der lebensweltlichen Organisation unterschiedlicher ethnischer Gruppen, sie stellten die Persistenz von Verhaltensweisen und Strukturen bei sich verändernden Lebensbedingungen fest, sie beschrieben Vorteile und Nachteile von Marginalität. Die multikulturelle Situation im Chicago der 20er Jahre erlaubte es diesen Forschern, ethnologische Studien zu betreiben, ohne das eigene Zuhause verlassen zu müssen. Dies betont R. Lindner vor allem in Bezug auf R. Park: „Indem nämlich Park auf die Nützlichkeit der Methoden, die die Ethnologen zur Untersuchung ‚primitiver' Ethnien entwickelt haben, für die Untersuchung des städtischen Lebens und der städtischen Kulturausprägungen verweist, wird er, nolens volens, zum Anreger bzw. mittelbaren Begründer einer sich der Gemeinde- und Großstadtforschung zuwendenden Ethnologie". Ders. (1990), *Die Entdeckung der Stadtkultur. Soziologie aus der Erfahrung der Reportage*, Frankfurt a. M., S. 145.

174 So sehr manche Kulturanthropologen dafür plädiert haben, bei der architektonischen Gestaltung unserer Städte Rücksicht auf die Bedürfnisse der unterschiedlichen ethnischen Gruppen zu nehmen, wird dieses Desiderat für die nächste Zukunft wohl eine utopische Vorstellung bleiben. Vgl.: E. T. Hall, (1966), *The Hidden Dimension*, New York.

zu reaktivieren, die in der Situation der Migration eine wichtige Voraussetzung für die Ausübung zentraler sozialer Funktionen ist.
Betrachten wir Auswanderung zunächst einmal aus der Perspektive des Betroffenen. Die Trennung von der vertrauten Welt und die daraus resultierenden Schwierigkeiten sind beim Migranten ein stets wiederkehrendes Thema. Es tritt meistens als Sehnsucht nach einer bestimmten Landschaft und nach einem bestimmten Klima auf, oder es wird als Heimweh nach der vertrauten dörflichen Umgebung und dem sicherheitsspendenden familiären Heim artikuliert. A. Heller hat die anthropologische Dimension dieser Abhängigkeit vom heimatlichen Raum folgendermaßen beschrieben: „Es gehört zum durchschnittlichen Alltagsleben der Menschen, einen *festen Punkt im Raum* zu besitzen, von wo sie ‚ausgehen'... und wohin sie zurückkehren können. Dieser feste Punkt ist *die Heimat, das Zuhause*". „Heimat, Heim", so Heller weiter, „ist nicht einfach Haus, Wohnung oder Familie. Konstitutiv sind vielmehr ein Gefühl der *Sicherheit...* sowie *die Intensität und Dichte der emotionalen Beziehungen*" (Herv. A. H).[175] Raum, in der Form dieser gefühlsmäßigen, biografisch bedingten „Raumabhängigkeit", so lässt sich beobachten, okkupiert oft einen vorderen Platz bei den Gründen, die der Auswanderer für seine Anpassungsschwierigkeiten nennt.
Von dieser eben beschriebenen *gefühlsmäßigen* Abhängigkeit vom Raum lässt sich nun eine andere Form unterscheiden: Wir wollen diese „*soziale Raumabhängigkeit*" nennen. Sie ist als eine Konsequenz der räumlichen Struktur des ursprünglichen Wohnortes zu betrachten. Um zu zeigen, wie diese Struktur das Handeln und das Planen der Menschen konditioniert, die im Zentrum dieser Untersuchung stehen, muss man in ihre heimatliche Welt kurz eintauchen. Wir müssen also die Aufmerksamkeit auf Grundzüge des Alltagshandelns im heimatlichen Dorf richten; wir sprechen hier vom Dorf, denn wie gesagt, das Dorf und nicht die Stadt konstituiert in der Regel Ursprungs- und Sozialisationsort der untersuchten Gruppe.
Betrachten wir zuerst das typische sardische Herkunftsdorf in seiner Gestalt als „Wohnordnung", so wie es sich der untersuchten Gruppe *vor* der Abwanderung darstelltc. Die auffälligste Besonderheit ist dabei, dass diese Dörfer aus Häusern und Wohnungen bestehen, bei denen der Fremdbetrachter Schwierigkeiten hätte, eine klare Ordnung zu erkennen. Der erste Eindruck ist, dass man beim Bauen dieser Häuser allein der Willkür ge-

---

175 A. Heller (1978), *Das Alltagsleben*, Frankfurt a. M., S. 300.

folgt sei. Die Dörfer, in denen diese Bauweise vorherrscht, sind in der Tat nicht nach einem bestimmten Plan entstanden, sondern organisch gewachsen. Wenn man von einigen in den letzten drei Jahrzehnten entstandenen Neusiedlungen und „Touristendörfern" absieht, dominieren diese Dörfer die Landschaft des ländlichen Sardiniens. Sie stellen den Ursprungs- und Sozialisationsort der Menschen dar, die im Mittelpunkt dieser Untersuchung stehen.

Der erste Eindruck jedoch täuscht, denn diese Dörfer besitzen eine Ordnung, genauer gesagt, sie zwingen ihren Bewohnern eine bestimmte Ordnung auf. Jede kleinste architektonische Veränderung hat bestimmte Folgen für die Menschen, die sich den Dorfraum teilen. Ein Fenster, ein Kaminabzug oder eine Überdachung, die modifiziert wird, neu hinzukommt oder abgeschafft wird, könnte eine kleine „Erschütterung" im sozialen Gefüge zur Folge haben. Vor allem das Unterlassen bestimmter Handlungen kann sich unter diesen Umständen negativ auswirken. Ein defekter Abfluss, der nicht sofort repariert wird, oder ein gemeinsamer Hof, der nicht sauber gehalten wird, können der Anlass für eine Kette von Reaktionen mit unabsehbaren Folgen für eine ganze Gruppe von Menschen sein.

Bereits aus diesen knappen Bemerkungen wird ersichtlich, dass in der Gestaltung des dörflichen Raumes sowohl solidarisches Handeln als auch Konfliktpotentiale möglich sind. Vor allem angesichts der vielfältigen Abhängigkeitsverhältnisse, die sich aus dieser organisch entstandenen Raumstruktur ergeben, darf die Fähigkeit zum Kompromiss und zur Konfliktlösung nicht hoch genug eingeschätzt werden. Diese Raumstruktur verlangt also die Einübung bestimmter „Tugenden", wenn man das Netz der vorhandenen sozialen Beziehungen nicht gefährden will. Doch die aggregierte Raumstruktur des Dorfes erzeugt nicht nur Zwänge,[176] sondern schafft

---

176 Nach A. Schmidt ist das Dorf auf Sardinien „der Bezugsrahmen, in dem man sich nicht nur vom Angesicht, sondern auch von den jeweiligen Lebensumständen her kennt". So stellt Schmidt in Bezug auf den von ihm untersuchten Ort Folgendes fest: „In einer Gemeinde wie Furacrabas lebt und verkehrt man miteinander, teilt die gleiche Sprache und Kultur und überwacht mit kritischem Blick die Verhaltensweisen der eigenen Dorfbewohner. Vielleicht der markanteste Unterschied zwischen dem städtischen Leben und dem in Furacrabas ist die soziale Nähe seiner Einwohner... Soziale und ökonomische Kategorien überschneiden sich dermaßen, daß sie ein engmaschiges Netz von sozialen Beziehungen schaffen, in das die Dorfbewohner heillos verstrickt sind und das gleichsam wie Kitt Furacrabas als ei-

auch Möglichkeiten. Die im Hinblick auf das soziale Leben vielleicht wichtigsten dieser Möglichkeiten sind kurz als *Kommunikation* und *Repräsentation* zu bezeichnen.
Kommunikation und Repräsentation sind zwei wichtige Funktionen des sozialen Lebens im dörflichen Alltag. Wo soziale Kommunikation zum Zweck des Informationsaustausches stattfindet, dort ist auch Repräsentation im Spiele.
Privilegierte Zentren der informalen Kommunikation im Dorf sind der gemeinsame Hof und, vor allem in den warmen Monaten, die Gasse vor dem Haus, die Wasserquelle, die Kirche, die Piazza und die Bar. Mit einer Terminologie, die sich an Georg Simmel anlehnt, könnte man sagen, dass diese Orte in Bezug auf Kommunikation eine Art „Verkürzung der teleologischen Reihen“ ermöglichen.[177] Man muss, mit anderen Worten, nicht überall dort anwesend sein, wo etwas im Dorf oder auswärts geschieht, um darüber etwas zu erfahren; es genügt, an priviligierten Orten des informalen kommunikativen Austausches zu sein. Diese Orte sind geschlechts- und altersspezifisch. Während der gemeinsame Hof, die Gasse vor dem Haus und die Kirche in der Regel eine Domäne des erwachsenen weiblichen Geschlechts sind, ist das Publikum der Bar fast ausschließlich männlichen Geschlechts unterschiedlicher Alterstufen. Die Piazza wird hingegen alternierend von unterschiedlichen Altersgruppen und Geschlechtern in Anspruch genommen: Tagsüber vorwiegend von den älteren Männern und abends von Jüngeren beiderlei Geschlechts. Der Eindruck, dass es sich dabei um segregierte Räume handelt, täuscht.
Die Produktion von Information und Meinungsbildung im Dorf ist polyzentrisch. An einem bestimmten Ort wird Information über Personen und Ereignisse erzeugt bzw. ergänzt und korrigiert und schließlich durch Einzelne in andere öffentliche Orte transportiert, in denen der Prozess von vorne beginnen kann. Das Resultat dieser Informationszirkulation ist oft natürlich *keine objektive Darstellung des Geschehenen.* Objektivität ist im günstigsten Fall ein Nebenprodukt der Unterhaltung.
Wichtiger ist vielmehr die Vergewisserung seitens des Einzelnen, dass die eigene Sicht in wesentlichen Punkten nicht von der der anderen Gemein-

---

ne ‚moralische Gemeinde' zusammenhält“. Ders., (1991), *Wo die Männer sind, gibt es Streit. Ehre und Ehrgefühl im ländlichen Sardinien*, in: A. Zingerle (Hrsg.) „Soziologie der Ehre“. Annali di Sociologia/Soziologisches Jahrbuch, Milano/Berlin 7., II, S. 209-210.

[177] G. Simmel (1989), *Philosophie des Geldes*, Frankfurt a. M., Kap. VI.

schaftsmitglieder abweicht. Der Klatsch wirkt hier vergemeinschaftend und anti-solipsistisch.[178] Indem der Klatsch Einigkeit über kontingente Ereignisse erzeugt, verstärkt er auch das soziale Band. Das Ritual des „im Grunde denken wir alle über diese Sache ähnlich" drückt nicht nur Einverständnis über bestimmte Situationen und Ereignisse aus, es vermittelt auch das Gefühl von Gruppenkohäsion.[179]
Die Polyzentrik der öffentlichen Kommunikation gestattet freilich weit mehr als einen umfassenden und kontinuierlichen Informationsaustausch unter Dorfmitgliedern. Denn diese Zentren tragen in entscheidender Weise auch dazu bei, individuelle Identität zu konstituieren, zu bestätigen oder auch in Frage zu stellen. An diesen Orten wird das Dorf als sittliche Instanz tätig, indem soziale Güter wie Ehre, Ruhm oder der „gute Ruf" neu verhandelt werden. Diese Güter sind keine definitive Akquisition, denn es muss immer wieder *in der Öffentlichkeit* gezeigt werden, dass der gute Ruf auch verdient ist. Für diesen Zweck ist man auf jene Kulisse angewiesen, die das Dorf in Gestalt seiner Begegnungs- und Kommunikationsorte bereithält.

Diese knappe Ausführung über Struktur und Funktionen des Raumes in kommunikationstheoretischer Hinsicht muss durch einige später zu ergänzende Bemerkungen über die Zeitdimension erweitert werden. Vorgreifend ist hier anzumerken, dass die beschriebene Dorfstruktur einen flexiblen Umgang mit der *informellen* Zeit begünstigt. Man kann aber auch behaupten, dass diese Struktur eine strenge Freizeitreglementierung aus dem einfachen Grunde nicht vorsieht, weil sie als überflüssig erscheint. Aus der Perspektive des Emigrierten erscheint das heimatliche Dorf wie ein zeitdruckfreies und stressenthobenes Territorium: Es besteht hier

178 J. Bergmann hat unter Bezugnahme auf ethnologische Untersuchungen auf den Zusammenhang von Raum und Klatsch hingewiesen. Ders. (1987), *Klatsch. Zur Sozialform der diskreten Indiskretion*, Berlin, S. 21.

179 In seiner immer noch lesenswerten Studie über die Gemeinde erinnert René König daran, dass „eine soziale Wirklichkeit des Interagierens unter Voraussetzungen gemeinsamer Bindungen" keineswegs starke innere Spannungen, ein betontes Machtgefälle, ja nicht einmal innere Inhomogenitäten ausschließt. Diese können sich unter Umständen auch in offenen Konflikten äußern. Ders. (1958), *Grundformen der Gesellschaft: Die Gemeinde*, Hamburg.

kaum die Notwendigkeit, mit der Freizeit zeitökonomisch umzugehen.[180] Auch die Kommunikation zwecks Informationsaustauschs folgt hier teilweise einer spontanen Dynamik. Sie wird im Dorf in der Regel dem Prinzip der Spontaneität überlassen, denn man kann sich zu unterschiedlichen Zeiten dem Kommunikationsfluss anschließen. Der Einzelne weiß selbstverständlich, dass bestimmte Orte und Situationen der sozialen Begegnung eine „eigene" Zeit haben. Während beispielsweise an der Wasserquelle und beim Kirchenbesuch in der Regel die kurze Kommunikationsform üblich ist, ist im gemeinsamen Hof das „lange Gespräch" üblich. Dieser ist auch der Ort, an dem der Austausch von Information leicht in den Klatsch übergeht.
Wir beschließen diese vorläufige und später zu ergänzenden Betrachtungen über die Zeit mit der Bemerkung, dass Zeiterfahrung und Zeitstrukturierung von einer bestimmten Raumstruktur abhängig sind: Zeit ist als Funktion des Raumes zu betrachten.

Die Rekonstruktion des heimatlichen Raumes

Erst nachdem wir die Hauptzüge der Raum- und Zeitstruktur *im Ursprungsort* der untersuchten Gruppe nachgezeichnet haben, sind wir in der Lage, besser zu erfassen, was eigentlich mit diesen Menschen geschieht, wenn sie ihre vertraute Umwelt verlassen. Migration hat für sie zur Folge, dass der oben beschriebene kommunikative Kosmos in Fragmente zerfällt: Denn Auswanderung bedeutet für die Betroffenen das Verschwinden jenes Raumes und jener Zeit, die, wie wir sahen, wichtige Funktionen im sozialen Leben der Dorfgemeinschaft erfüllen.
Wie bereits erwähnt, hat die Migrationsforschung seit ihren Anfängen die Aufmerksamkeit auf das Phänomen der „Desorganisation" als Folge der Schwächung bzw. der Fragmentierung sozialer Bindungen und gemeinschaftlicher Lebensformen gerichtet. Sie hat jedoch der Tatsache kaum Aufmerksamkeit geschenkt, dass die Organisation des Alltags unter anderem auch durch eine bestimmte räumliche und zeitliche Struktur ermöglicht wurde. Diese Forschung konnte insofern nicht adäquat der Tatsache Rechnung tragen, dass die den Migranten eigentümliche „Desorganisa-

---

180 In diesem Zusammenhang ist auf die von Waldhoff hervorgehobene kulturelle Prägung von Zeitstrukturierung zu verweisen. H-P. Waldhoff (1995), *Fremde und Zivilisierung. Wissenssoziologische Studien über das Verarbeiten von Gefühlen von Fremdheit*, Frankfurt a. M., darin insbesondere S. 149-169.

tion" unter anderem auch die Folge einer tiefgreifenden Destrukturierung ihrer raumzeitlichen Lebenswelt ist.

Angesichts dieser Situation stellt sich folgende Frage: Durch welche Strategien gelingt es diesen Menschen, jene räumliche und zeitliche Struktur wieder aufzubauen, die, wie wir sahen, sowohl Bedingung für spezifische Formen von Kommunikation als auch der Identitätssicherung und der Solidarität ist?

Daran, dass die Gruppe in ihrem jeweiligen Residenzort nach der Rekonstruktion des ursprünglichen Milieus strebt, besteht kein Zweifel. Jener Raum nämlich, den sie als ihren Treffpunkt ausgesucht und im Laufe der Zeit mit einer bestimmten Symbolik und funktionsspezifischen Einrichtungen ausgestattet hat, kann dieses Streben deutlich veranschaulichen. Es würde eine ethnographische Studie für sich benötigen, diesen Raum ausführlich zu beschreiben. Wir beschränken uns im Folgenden lediglich darauf, einige Dimensionen desselben zu kennzeichnen und versuchen dann, ihre Funktionen mit Hilfe von Grundrissen der typischen Vereine bzw. Circoli zu verdeutlichen.[181] Bevor wir aber die Räume der Circoli betreten oder besser, Zugang zu den Circoli *als* sozialen Raum finden, ist es notwendig, in der gebotenen Kürze auf diejenigen einzugehen, die diesen Raum „bewohnen". Es soll mit anderen Worten - als Orientierungsstütze für den noch unkundigen Leser - unter Bezugnahme auf die gewonnenen statistischen Daten ein knappes und vorläufiges Profil des durchschnittlichen Circolo-Besuchers in Deutschland nachgezeichnet werden. Die in den nachfolgenden Kapiteln gebotene Ergänzung dieser Darstellung mittels des Heranziehens anderer Datenquellen wird dann gestatten, das hier nachgezeichnete Profil zu vervollständigen. Zur Illustration der Daten sind freilich manche Vorgriffe auf das später zu Behandelnde unvermeidlich.

Statistisch betrachtet, ist der durchschnittliche Vereinsbesucher eher männlich (65,7 %) als weiblich (34,3 %).[182] Er ist in einem typischen sardischen Dorf geboren und aufgewachsen und ist zur Zeit der Erhebung zwischen 49 und 61 Jahre alt. Er hat einen Partner aus demselben Dorf bzw. derselben Region geheiratet und hat mit ihm zusammen zwei Kin-

---

181 Wenn wir uns hier lediglich auf einige Aspekte beschränken, so bedeutet dies selbstverständlich nicht, dass die untersuchte Organisation auch im Hinblick auf andere Gesichtspunkte nicht thematisierbar wäre.

182 Es sei hier auf die „statistischen Tabellen" am Ende des Buches verwiesen.

der. Er lebt seit ungefähr 30 Jahren in einer Mittel- bzw. Großstadt und übt einen Beruf als Angelernter (41,2 %) bzw. Facharbeiter (20,3 %) aus oder ist im Haushalt tätig (34,6 %). Seine Kinder besuchen entweder die Berufschule (30,3 %), die Realschule (16,5 %) oder das Gymnasium (30,3 %), oder sie üben einen Beruf als Facharbeiter aus (69,2 %).[183]
Dieser statistische Typus besucht seit mehr als 20 Jahren einen vom eigenen Wohnort 2 bis 15 km entfernten Verein, und diese Besuche finden mit einer Frequenz von 4 bis 12 Mal im Monat statt. Er bzw. sie sucht im Verein soziale Kontakte bzw. Geselligkeit (89,4 %) und wünscht sich zum einen eine Verbesserung in der Organisation und in den Strukturen des Vereins (44,5 %), zum anderen mehr Teilnahme am Vereinsleben insbesondere seitens der jüngeren Generation (43,0 %).
Wie bereits gesagt, die typischen Vereinsbesucher sind hauptsächlich männlichen Geschlechts. Mit 34,3 % sind Frauen unterrepräsentiert. Diese Tatsache darf nicht zu dem Schluss verleiten, Frauen seien in den Circoli nicht gerne gesehen oder sie würden eine zweitrangige Position gegenüber den Männern einnehmen. Das Gegenteil ist eigentlich der Fall. Was an den Circoli besonders geschätzt wird, ist die familiäre Atmosphäre, und hierzu, so die Meinung der meisten Vereinsbesucher, tragen vor allem Frauen bei. Frauen sind jedoch auch in der Ausübung anderer Funktionen hochgeschätzt. Beispielsweise in der Rolle des Präsidenten/in, des Vizepräsidenten/in oder der Vereinssekretärin. Aber auch die Vorbereitung von Festen und anderen sozialen Ereignissen wäre ohne die Mitwirkung von Frauen undenkbar.
Aufschlussreich in diesem Zusammenhang ist die Tatsache, dass 66,8 % der Vereinsbesucher angeben, den Circolo in der Regel in Begleitung anderer Familienmitglieder zu besuchen. Dies kann als Hinweis darauf gedeutet werden, dass der Verein primär als Rahmen der geselligen Begegnung für die „community“ und nur sekundär als Ort der Ausübung besonderer Funktionen angesehen wird. Diese funktionale Unspezifität des Vereins wird im Übrigen durch die Daten in den Tabellen 22-26 bestätigt. Hier gibt eine große Mehrheit (84,4 %) der Vereinsmitglieder an, den Verein aufgrund „sozialer Kontakte“ zu besuchen. Nur in zweiter Linie werden Kulturangebote (43,8 %), Information (18,7 %) und Erholung (18,2 %) genannt. Auch die Beantwortung der Frage nach den wichtigsten Funktionen des Vereins bestätigt diese Einstellung: 75,8 % der Besucher

183 Alle Prozente beziehen sich auf das erste Kind.

gab an, dass die kulturellen Aktivitäten zu den wichtigsten Angeboten des Circolo gehören.
Es wurde bereits erwähnt, dass die im Verein am häufigsten vertretenen Alterskohorten zwischen 49 und 61 Jahre sind. Junge Menschen sind also stark unterrepräsentiert. Diese Tatsache macht teilweise verständlich, warum auf die Frage, was sich im Verein ändern sollte, 43,3 % mit „mehr Beteiligung junger Menschen" antworten. Offensichtlich wird mit diesem Wunsch aber nicht allein dem Bedürfnis nach mehr Altersdifferenzierung Ausdruck gegeben. Es wird auch indirekt die Befürchtung artikuliert, dass Veralterung bei fehlender Erneuerung des Mitgliederbestandes langfristig zum Aussterben der Vereine führen wird.
Zur Vervollständigung des Profils ist hinzuzufügen, dass der Durchschnittsvereinsbesucher sein Dorf einmal im Jahr besucht (78,7 %) und eines Tages gedenkt, dorthin definitiv zurückzukehren (69,4 %). Begründet wird diese Absicht mit der Überzeugung, dass die eigenen kulturellen Wurzeln in der Heimat liegen (63,2 %). Allerdings zeigt er sich unzufrieden mit der politischen und sozialen Situation im Ursprungsland (88,5 %).
Zuletzt noch eine Anmerkung, die uns auf die in diesem Kapitel zu behandelnde Problematik wieder zurückführt. Die Tatsache, dass die große Mehrzahl der Vereinsmitglieder ihre Jugend im dörflichen Sardinien zugebracht hat, hat Konsequenzen hinsichtlich sowohl der Orientierung und der Erwartungen als auch der Zukunftsplanung dieser Menschen. Durch die „erste Sozialisation" im heimatlichen Dorf werden Muster der Kommunikation und des Umgangs mit Zeit verinnerlicht, die das Leben in der Großstadt des Aufnahmelandes auch nach vielen Jahren nicht auslöschen kann. Wie wir gleich sehen werden, stellen die Circoli unter anderen eine Möglichkeit dar, diese in der ersten Sozialisation angeeigneten Verhaltensmuster in einer „fremden" Umgebung zu reaktualisieren. Dies ungeachtet der Tatsache, dass im heutigen heimatlichen sardischen Dorf diese Verhaltensmuster und Umgangsformen nur noch in sehr fragmentarischer Form anzutreffen sind.

Die Raumeinteilung im Circolo

Auf den ersten Blick ähneln einige Räume des „Circolo" den typischen Dorfbars in Sardinien:[184] wir finden hier eine Theke (Raum B), an der Getränke serviert werden, einen Spielraum (Raum D), in dem sich meistens

[184] Bei der folgenden Beschreibung beziehe ich mich auf die Grundrisse 1, 2 und 3 auf den nächsten Seiten.

ein Kickertisch befindet und an dessen Wänden unterschiedliche Trophäen und Erinnerungen an sportliche Tätigkeiten angebracht sind. Der größte Raum (A) ist meistens auch der Ort, in dem der eigentliche kommunikative Austausch stattfindet. Hier wird getrunken und das gegessen, was in einer kleinen Küche zubereitet und zu verhältnismäßig niedrigen Preisen angeboten wird. Hier bespricht man die alltäglichen Probleme, kommentiert die Fernsehnachrichten und die Berichte aus den heimatlichen Zeitungen. Diese Räume sollen im Folgenden im Hinblick auf sowohl geschlechtliche Differenzierung als auch auf spezifische Funktionen kurz beschrieben werden.

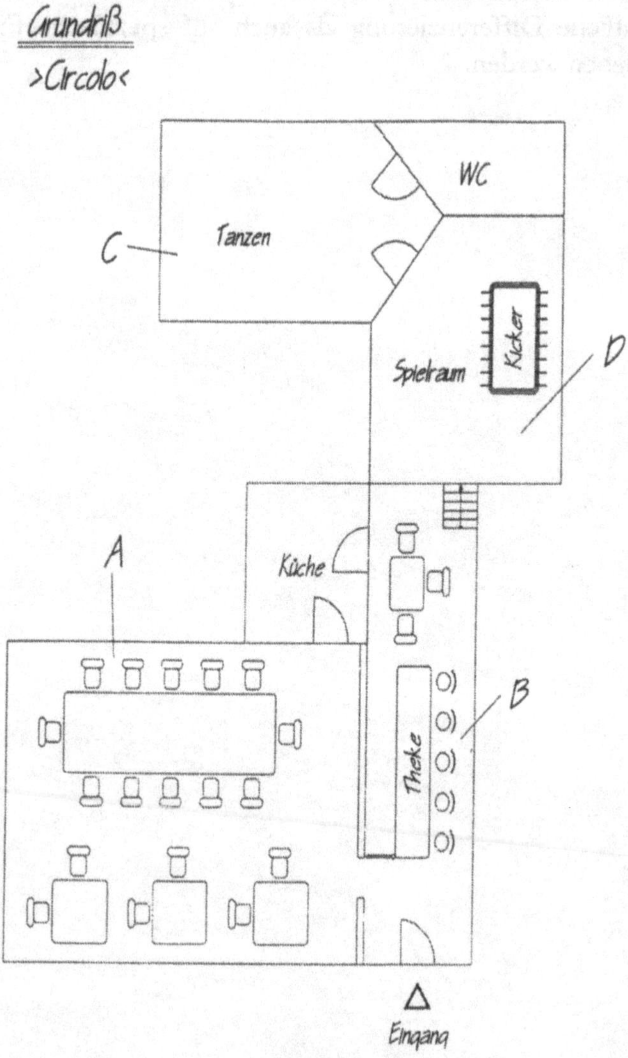
Grundriß
>Circolo<
WC
Tanzen
C
Spielraum
Kicker
D
Küche
A
B
Theke
Eingang

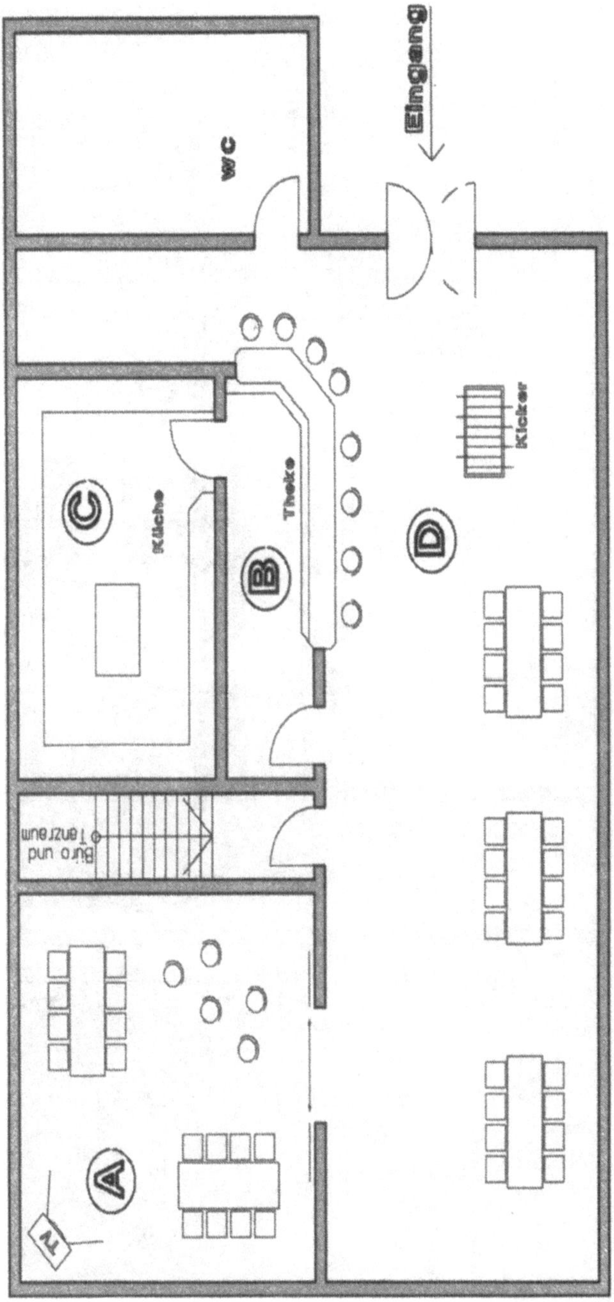
Eingang
WC
Theke
Küche
Kicker
Büro und Tanzraum
A
B
C
D
TV

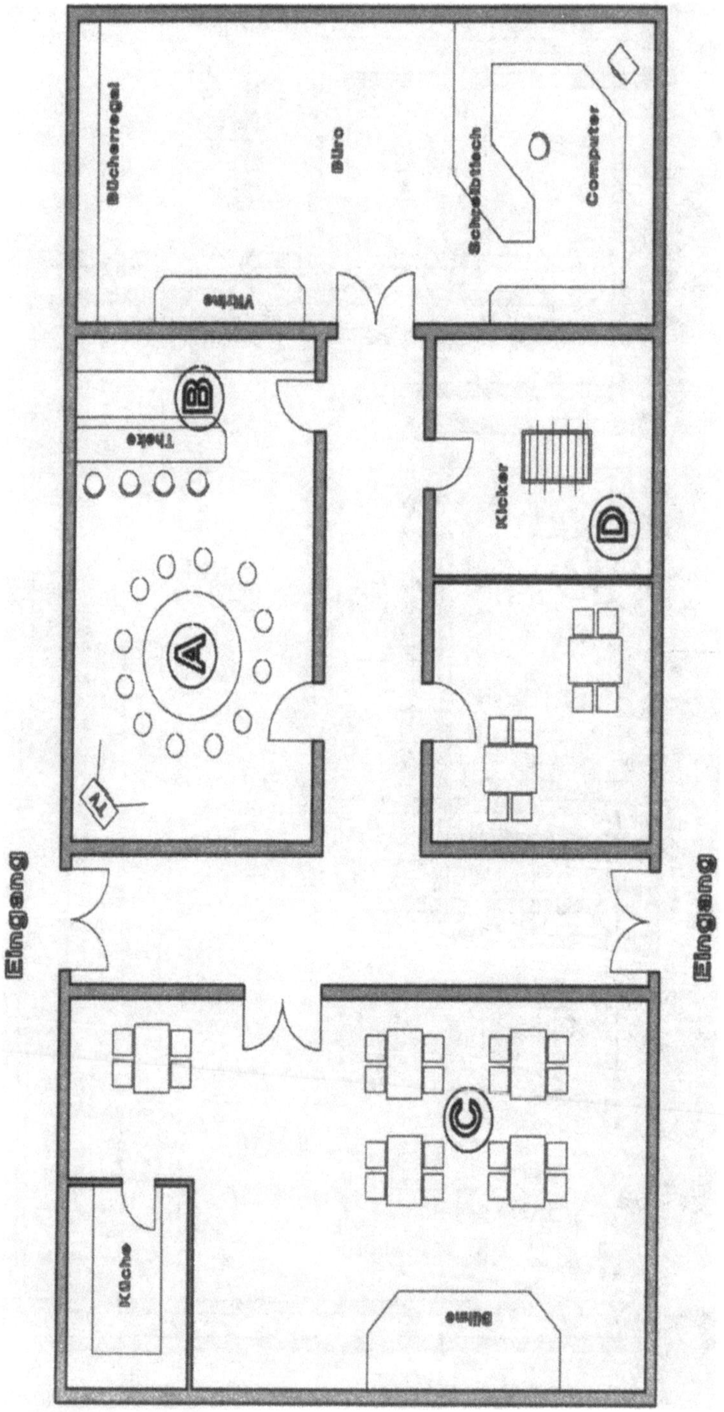
Bücherregal
Büro
Schreibtisch
Computer
Vitrine
Theke
B
A
TV
Kicker
D
Eingang
Eingang
C
Küche
Bühne

Das Dorfleben in den sardischen Dörfern sieht prinzipiell keine generationalen bzw. geschlechtlichen Trennungen vor. Wie wir sahen, lassen sich in der Interaktion gleichwohl typische Räume ausmachen, in denen im Hinblick auf Generation und Geschlecht eine gewisse Homogenität feststellbar ist. So ist z. B. für die erwachsene Frau die Dorfbar fast immer und die Piazza nur zu bestimmten Zeiten negativ besetzt. Sie gelten als Orte der Zeitvergeudung, die den gesellschaftlich vorgegebenen Arbeitsrhythmen zuwiderlaufen. Die Dorfbar ist darüber hinaus ein Ort des „Lasters", an dem sich oft „notorische Trinker" und „Schwätzer" aufhalten. Dies verhindert natürlich nicht, dass hier oft Frauen als Besitzerinnen bzw. Pächterinnen eine Führungsfunktion übernehmen und für „Ordnung" sorgen.

Durch genaueres Beobachten stellt man nun im Circolo fest, dass bei der Unterteilung des Raumes bestimmte, im Dorf vorhandene „Tabuzonen" und typische Orte reproduziert werden. So ist festzustellen, dass sich Frauen in den als Bar und Spielort vorgesehenen Räumen meistens nicht aufhalten (Raum B und D). Ihre Anwesenheit beschränkt sich meistens auf die Räume A und C. Vor allem Raum A ist auch der Ort, an dem die Gruppe in Absehung generationaler und geschlechtlicher Unterschiede als Gruppe zusammenkommt. Hier unterlassen die Männer das Kartenspiel, welches sich meistens auf einen gesonderten Raum (Raum B) konzentriert und es werden in der Regel Interaktionsformen vermieden, die Repräsentanten des jeweils anderen Geschlechtes ausschließen könnten. Die Möglichkeit der Kopräsenz von Männern und Frauen in diesem Raum unterscheidet die sardischen Circoli von anderen hauptsächlich auf das männliche Geschlecht ausgerichteten Vereinen dieser Art.

Raum C, falls er überhaupt vorhanden ist, ist meistens der am wenigsten genutzte Raum. Gleichwohl kommt diesem Raum eine wichtige Funktion bei der Äußerung kultureller Gruppenidentität zu. Er dient meistens der Übung von Volkstänzen, die gleichermaßen Erwachsene und Kinder beiderlei Geschlechts einbeziehen. Diese Tänze werden gelegentlich in traditionellen sardischen Trachten in anderen Städten innerhalb und (wenn auch seltener) außerhalb des jeweiligen Gastlandes aufgeführt. Sie sind ein Moment der Reaktualisierung und Transmission kultureller Traditionen. Als solches haben sie sowohl eine identitätsstiftende als auch eine repräsentative Funktion. Betrachten wir nun im Folgenden in der gebotenen Kürze, worin die rekonstruktive Leistung des Circolo im Hinblick auf den „heimatlichen Raum" genau besteht.

Als erstes wäre die qualitative Markierung des Raumes durch eine spezifische Symbolik zu nennen. Bilder, geographische Karten und andere Ob-

jekte statten hier nicht einfach Wände aus, sie erfüllen auch eine bestimmte Funktion, indem sie auf den originären heimatlichen Raum verweisen. Sie tun dies allerdings auf eine andere Weise als eine Postkarte, die uns an den letzten Urlaub erinnert.
Durch diese bildlich-symbolische Gestaltung des Raumes wird das Bedürfnis der Gruppe offenbar, eine emotionale, ästhetische und kognitive Beziehung zur heimatlichen Welt herzustellen. Diese Symbolik gibt der Gruppe nicht nur die Möglichkeit, sich der eigenen kulturellen Vergangenheit zu vergewissern; sie stiftet auch einen Bezug zur Zukunft, denn die Rückkehrabsicht besetzt den Erwartungshorizont unserer Gruppe,[185] unabhängig davon, ob realistische Möglichkeiten bestehen, sie zu verwirklichen. So betrachtet, ist die Pflege der bildlich-symbolischen Dimension nicht so sehr der Ausdruck einer nostalgischen Anhänglichkeit an die Vergangenheit, sondern auch „natürliches" Korrelat der Zukunftsplanung.
Jene Polyzentrik der Meinungsbildung und der Meinungsverbreitung, die das Heimatdorf charakterisierte, erfährt im Circolo eine *reductio ad unum*: Es gibt jetzt nur noch ein Zentrum der Kommunikation und der Repräsentation.[186] Die offensichtlichste Konsequenz daraus ist, dass jene räumliche Differenzierung, die das Leben im Dorf gekennzeichnet hatte, jetzt aufgehoben wird. Der Circolo stellt eine mehr oder weniger gelungene Synthese von dörflicher Piazza, Bar und häuslichem Wohnraum dar. Dies lässt sich trotz der oben festgestellten Tatsache behaupten, dass auch der Circolo, wie das heimatliche Dorf, bestimmte generations- und geschlechtsspezifische „Zonen" aufweist.
Es wäre verfehlt, diese Räume als „abgeschlossen" gegenüber der Aufnahmegesellschaft zu betrachten. Gegenstand der Gespräche sind hier zwar oft persönliche Probleme, darin spiegelt sich jedoch meistens auch ein „Stück" soziale Wirklichkeit der Aufnahmegesellschaft wieder.[187] Dies trifft unter anderem auf die Erledigung bürokratischer Angelegenheiten,

---

185 Hinsichtlich der Rückkehrabsicht der untersuchten Gruppen siehe Statistik, Tabelle 26.

186 Selbstverständlich gilt dies nur für die vertraute, aus der Heimat bekannte Kommunikationsform, denn die Gastgesellschaft stellt ihre eigenen spezifischen Kommunikations- und Informationsmöglichkeiten zur Disposition.

187 Wir werden auf das Problem der „Offenheit" bzw. „Geschlossenheit" des Circolo gegenüber der Gastgesellschaft im Kapitel V zurückkommen.

die Arbeitssuche, die Ausnutzung von Bildungs- und Ausbildungschancen etc. zu.
In der Heimat wurden Informationen über diese Bereiche meistens auf dem Weg des informellen Gespräches gesucht und erhalten, und eben an dieser Form der Informationsbeschaffung versucht man auch in der Gastgesellschaft wieder anzuknüpfen. Diese Möglichkeit bietet eben der Circolo mit seiner spezifischen Art von Kommunikation. So betrachtet, kann dieser Ort der Begegnung als eine unverzichtbare Möglichkeit für Menschen gewertet werden, die aus verschiedenen Gründen sich nicht mit derselben Leichtigkeit wie die Einheimischen der verschiedenen Informationskanäle (Zeitung, Fernsehen, Face-to-face-Kommunikation mit relevanten Personen etc.) bedienen können.
Öffentliche Räume im Dorfalltag boten nicht nur die Möglichkeit von Information, sie waren auch Orte der Inklusion und der Kontrolle des Individuums. Ebenso dienten diese Orte der Ausübung unterschiedlicher Formen von Sanktionen - vom Nichtgrüßen bis zur offenen Kritik und Ausgrenzung.
Eine gewisse Kontrollfunktion und Sanktionsausübung bleibt im Circolo erhalten. Doch aus dieser Assoziationsform ist prinzipiell jederzeit ein „Entkommen“ möglich. Es besteht seitens der Besucher die Neigung, den Verein selektiv zu benutzen: Information, Geselligkeit und Solidarität sind hauptsächlich das, was man hier erwartet.[188] Es wäre jedoch verfehlt, zu denken, an diesem Ort würde immer solidarisches Handeln verwirklicht, denn auch Konflikte gehören zu dieser Form des sozialen Zusammenseins. Die „Spaltung“ einiger Vereine ist ein deutliches Zeichen dafür, dass Solidarität und Gruppenzusammenhalt keine Selbstverständlichkeiten sind.[189] Die im Dorf vorhandenen Dispositionen zum antagonistischen Verhalten und zur Fraktionsbildung finden auch innerhalb der Räume des Circolos eine Fortsetzung.

Selektivität im Umgang mit Zeit

Soziale Zeitstrukturierung und soziale Zeiterfahrung sind in der Zeit und im Raum variable Phänomene. Zu dieser Einsicht haben Philosophen, Historiker und Sozialwissenschaftler in unterschiedlicher Weise beigetra-

---

188 Siehe Statistik, Tabellen 22-23.

189 Spaltungen von Vereinen aufgrund von internen Rivalitäten und Konflikten gab es in Nürnberg, Köln und Buenos Aires.

gen.[190] Sowohl in der diachronischen als auch in der synchronischen Perspektive lassen sich epochale Brüche und tiefgreifende Unterschiede im Zeiterleben bestimmter Gesellschaften und Gruppen feststellen. Insbesondere der interkulturelle Vergleich führt uns vor Augen, dass lebensweltliche Zeitstrukturierung mit der jeweiligen Kultur variieren kann.

Wie niemals zuvor ist heute auch dem Soziologen die Möglichkeit gegeben, die Erfahrung der sozialen und kulturellen Relativität von Zeit nachzuvollziehen. Gelegenheit dazu bietet die Tatsache, dass die heutigen westlichen Gesellschaften zunehmend Einwanderungsgesellschaften geworden sind und so in diesen oft Gruppen koexistieren, die im Hinblick auf die Zeit unterschiedliche Sozialisationsmuster, Umgangsformen und Erwartungen zeigen. Der Soziologe befindet sich in diesen Gesellschaften in einer privilegierten Beobachterposition, denn er kann durch den Vergleich Differenzen im Umgang mit der Zeit als ein alltagsweltliches Problem feststellen, das Menschen zu unterschiedlichen Strategien der Abstimmung und Anpassung zwingt. Dabei ist wichtig, zu beachten, dass der Vergleich, bevor dieser vom Forscher durchgeführt wird, den Betroffenen selbst beschäftigt. Der Ausgewanderte erfährt in seinem Alltag, dass die Mitglieder der Aufnahmegesellschaft gelegentlich nicht nur über bestimmte Themen und Probleme anders denken und sich anders verhalten, sondern auch, dass sie bestimmte Sphären und Sequenzen des Handelns anders organisieren, als dies in der Herkunftsgesellschaft üblich war. Wenn auch auf einer niedrigeren Reflexionsebene als der Soziologe, praktizieren also auch Migranten den Vergleich. Sie tun dies, weil sie den Unterschied zwischen Ursprungsgesellschaft und Aufnahmegesellschaft *als Problem praktischer Natur erfahren.*

Es ist die Differenz zwischen vertrauter und fremder sozialer Wirklichkeit und der Versuch, mit dieser Differenz fertig zu werden, die den Ausgewanderten zum Vergleich zwingt. Aufgabe des Soziologen wäre es hier, an diese Differenzerfahrung anzuschließen. Möchte dieser nämlich an den

---

190 Siehe unter anderem: H. Blumenberg, (1986), *Lebenszeit und Weltzeit*, Frankfurt a. M.; H. Nowotny (1989), *Eigenzeit. Entstehung und Strukturierung eines Zeitgefühls*, Frankfurt a. M.; G. Dux (1989), *Die Zeit in der Geschichte. Ihre Entwicklungslogik vom Mythos zur Weltzeit*, Frankfurt a. M.; C. Geertz (1987), *Person, Zeit und Umgangsformen auf Bali*, in: ders., Dichte Beschreibung. Beiträge zum Verstehen kultureller Systeme, Frankfurt a. M., S. 96-132; D. N. Munn (1992), *The Cultural Anthropology of Time: A critical Essay*, in: Annual Review of Anthropology, 21, S. 93-123.

Sinnkonstruktionen und Relevanzfestlegungen der untersuchten Subjekte nicht vorbeigehen, so muss er ernstnehmen, wie die Betroffenen diese Differenz artikulieren, welchen Sinn sie ihr verleihen und mit welchen Strategien sie diese zu bewältigen suchen.
Es ist wichtig, klarzustellen, dass die Hervorhebung von Differenzen in der sozialen Zeitstrukturierung seitens der Gruppe keineswegs als Beleg für eine grundsätzliche Anpassungsschwierigkeit an die soziale Wirklichkeit des Gastlandes verstanden werden darf. Wir werden gleich sehen, dass, indem die Gruppe wichtige kategoriale Differenzierungen im Hinblick auf die Zeit vornimmt, sie sich nicht ablehnend, sondern *selektiv* zu den in der Aufnahmegesellschaft vorhandenen Umgangsformen mit Zeit verhält.
Nach einer geläufigen Auffassung ist ein besonderes Charakteristikum moderner Industriegesellschaften, dass diese eine klare Linie zwischen der standardisierten Zeit und der interaktiven alltagsweltlichen Zeit ziehen. Dieser Sichtweise zufolge neigen rurale bzw. partiell industrialisierte Gesellschaften dazu, diese Grenze zu verwischen oder zumindest nicht konsequent zu beachten. Bei diesen Gesellschaften, so die Annahme, ist die abstrakte Zeit durch typische Anfänge, Abfolgen, Überlappungen und Schließungen der alltagsweltlichen Kommunikation stark imprägniert.[191]
Man könnte nun vermuten, dass Individuen, die in einer Gesellschaft sozialisiert wurden, in der die Sphäre der formalen Zeit für Einflüsse aus der alltagsweltlichen Interaktion durchlässig ist, Schwierigkeiten haben würden, sich in einer sozialen Welt zurechtzufinden, die auf diese Grenze genau achtet. Dass diese Vermutung, zumindest in dieser Allgemeinheit, nicht zutrifft, zeigt deutlich die Einstellung der untersuchten Gruppe hinsichtlich der standardisierten Zeit in der Produktionssphäre. In mehreren Interviews und informellen Gesprächen, in denen das Thema der Organisation der Arbeit in der Gastgesellschaft berührt wurde, kommt eine Einstellung ans Licht, in der viele Variationen deutlich werden, jedoch ein klares Grundmuster vorherrschend ist: Die Strukturierung der Arbeitszeit nach formalen Vorgaben im Aufnahmeland wird als ein qualitativer Gewinn angesehen. Zu diesem Ergebnis kommt die Gruppe meistens durch

---

191 In diesen Gesellschaften, so Thomas Luckmann, „socially objectivated categories of time are therefore very visibly involved in the 'lived' time of daily life". Ders. (1983), *Remarks on Personal Identity: Inner Social and Historical Time*, in: A. Jacobson-Widding (ed.), Identity: Personal and Socio-Cultural, New York, S. 160.

den Vergleich zwischen der Arbeitsorganisation im Ursprungsland und im Aufnahmeland. Gruppendiskussionen, bei denen das Thema der Arbeit diskutiert wird, weisen oft eine dichotomische Struktur auf. Der Herkunftsgesellschaft werden meistens negative Werte wie desorganisiert, unübersichtlich, aufwendig oder irrational attribuiert. Die Arbeitsorganisation im Aufnahmeland wird hingegen mit positiven Werten wie gut strukturiert, zeitökonomisch und rational beschrieben.

Man muss hier unterstreichen, dass sich der Vergleich keineswegs allein auf den Produktionsprozess bezieht. Es werden auch Situationen des Alltagslebens ins Spiel gebracht, in die die Betroffenen gelegentlich involviert waren oder sind: die Begegnung mit den Angestellten eines Amtes, der Aufenthalt im Krankenhaus, die Erfahrung mit Institutionen wie Schule oder Kindergarten oder die Abwicklung bürokratischer Angelegenheiten. Selbstverständlich sind sich die Befragten darüber im Klaren, dass Situationen der Unübersichtlichkeit, der Verzögerung und der Desorganisation im Herkunftsland nicht immer auf mangelnde Zeitstrukturierung zurückgeführt werden können. Gleichwohl lassen viele Gruppendiskussionen erkennen, dass bei den negativ konnotierten Situationen auch ein bestimmter Umgang mit Zeit im Spiele ist. Probleme treten hier oft als Folge der Tatsache auf, dass die abstrakte Zeit durchlässig für die konkrete Zeit der Alltagswelt ist.

Es gibt nun zwei Möglichkeiten, oder besser zwei Richtungen, eine Grenze zu überschreiten. Wir haben gerade den Fall diskutiert, dass die konkrete, alltagsweltliche Zeit in Sphären des Handelns eindringt, die erwartungsgemäß nach formalen Zeitkriterien strukturiert sein sollten. Es wäre nun aber auch umgekehrt vorstellbar, dass bestimmte Dimensionen des Alltags bzw. des nicht-produktiven Lebens von der abstrakten Zeit okkupiert werden. Letztere ist nun keine rein theoretische Möglichkeit, sondern aus der Perspektive der untersuchten Gruppe im Aufnahmeland greifbare Realität.

In der Wahrnehmung der Gruppe ist die Sphäre der alltäglichen Interaktion, die der Produktionslogik nicht untersteht, ständig der Gefahr ausgesetzt, durch die abstrakte Zeit kolonisiert zu werden. Es handelt sich dabei um eine Erfahrung, die von der Gruppe eindeutig negativ bewertet wird; denn anders als die Strukturierung der Produktions- bzw. Arbeitszeit bietet für sie die Durchstrukturierung der Freizeit keinen Zuwachs an Lebensqualität. Die Einstellung der Gruppe ist hinsichtlich dieser Problematik unmissverständlich. Es gibt zwei Möglichkeiten, dies empirisch zu belegen: die Analyse verbaler Daten als Ergebnis von Gruppendiskussionen

und Einzelinterviews und die Beobachtung der Interaktionsdynamik der Gruppe in den Räumen des Circolo.
Beschränken wir uns im Folgenden zuerst auf die erste Datenquelle und betrachten eine Interviewsequenz, in der die Gruppe Bezug auf das Thema Zeit nimmt.

Antonio: Hier sind wir immer unter Stress. Es ist nicht so, dass ich es will, du bist aber immer in Eile, immer in Eile, immer in Eile. Es kommt dir vor... es kommt dir vor, dass die Zeit dir davonläuft... Dagegen, wenn du im Dorf bist...
Ich denke, ich fühle mich so... ich gehe aus, mache einen Spaziergang, kaufe ein wenig ein und dann bereite ich das Mittagessen vor. Alles mit der Ruhe. Es gibt keine Eile. Hier scheint mir, die Zeit rennt davon.
Giovanni: Hier kommt es mir so vor, dass die Zeit rennt.
Interw.: Auch wenn Sie nicht arbeiten?
Giovanni: Auch wenn ich nicht arbeite ... dagegen unten, bin ich unten, dann bin ich ruhig.
Antonio: Du bist hier an die Pünktlichkeit gewöhnt.
Interw.: Ja?
Giovanni: Ja, vielleicht, vielleicht ist hier eine (unverständlich) Pünktlichkeit ... und immer die Uhr angucken... pass auf, um diese Uhrzeit musst du ...
Antonio: Die Gewohnheit.
Giovanni: Ja, ja.
Interw.: Aber wie gewöhnt sich jemand an diesen Rhythmus?
Luigi: Ja, wir sind es gewöhnt.
Antonio: Ja, nach vielen Jahren.
Interw.: Aber gezwungen!?
Antonio: Wie Roboter.
Luigi: Nein, es kommt automatisch.
Antonio: Schauen Sie, ich habe mich bei der Arbeit niemals fünf Minuten verspätet... nie!... eine halbe Stunde früher schon, aber fünf Minuten später nicht.
Interw.: Wenn Sie nach Sardinien gehen, vermissen sie es aber nicht, oder?
Antonio: Wenn ich im Dorf bin, verspäte ich mich nicht, aber ich beeile mich auch nicht. Ich kontrolliere nicht die Uhr, nichts.
Luigi: Ohne Sorgen.
Antonio: Genau so, ohne Sorgen.
Giovanni: In Sardinien gibt es mehr Gleichgültigkeit.
Antonio: Sie sind entspannter.

Das Thema Zeit wird später im Interview aus der imaginierten Perspektive der Kinder noch einmal aufgegriffen:

Antonio: Auch in den Ferien gehen die Kinder nicht ruhig aus dem Haus hinaus.
Giovanni: Sie haben Termine. Sie sind Uhren (lächelnd).

Antonio: Ja, sie sind Uhren (lächelnd).
Giovanni: Meinem Sohn, wenn er nach Sardinien geht, gefällt es herumzuschnüffeln. Er geht allein zur Großmutter... Er fragt: „Wie lange darf ich bleiben?" „Solange du willst". Und dann geht er wieder hin, nimmt einen anderen Weg...
Antonio: Na ja, in Sardinien gibt es ein ganz anderes Lebenssystem.

Diese letzte Aussage, „ein ganz anderes Lebenssystem", bringt das hier behandelte Problem auf den Punkt. Die heimatliche Welt wird als andersartig und problematisch empfunden, weil hier Arbeitssphäre und Freizeitsphäre im Hinblick auf Zeitstrukturierung keine klare Trennung aufweisen: Sie stehen, wie gesagt, in einem Verhältnis der gegenseitigen Durchdringung. Diese Tatsache ist in einer immer komplexer werdenden Welt, wie die Interviewten erkennen, Ursache für bestimmte Dysfunktionen und Irrationalitäten. Im Gegensatz dazu scheint das Aufnahmeland eine deutliche Trennungslinie zwischen der formellen und informellen Zeit zu ziehen. In Wirklichkeit aber vollzieht sich hier in den Augen der Betroffenen eine Besetzung der informellen durch die formelle Zeit. Dies hat ebenfalls Nachteile. Man kann auch in der Freizeit nicht abschalten, man fühlt sich ständig unter Druck, „die Zeit rennt davon"!
So gesehen ist aus der Gruppenperspektive die Differenzierung der Zeitdimension *in beiden* Gesellschaften, wenn auch auf unterschiedliche, ja gegensätzliche Weise, weniger ausgeprägt, als man denken würde. Eine Konsequenz dieser Situation ist, dass im großstädtischen Milieu des Gastlandes auch informell zur Privatsphäre gehörende menschliche Beziehungen von dieser Dynamik beeinflusst werden. Es ist hier nicht so sehr das Fehlen an Beziehungsintensität, sondern die besondere *temporale Dynamik*, in der diese Beziehungen gepflegt werden, die beklagt wird. Vor allem die Häufigkeit und Länge in der Öffnung der privaten, familialen Sphäre für andere Individuen macht in den Augen der Gruppe die Differenz zwischen heimatlicher und „fremder" Wirklichkeit aus. Die Strukturierung der informellen Zeit im großstädtischen Milieu des Gastlandes erscheint zu rigide und überreglementiert, um die Aktivierung jenes lockeren, unverbindlichen, gleichwohl aber immer verfügbaren Netzes zwischenmenschlicher Interaktion zu ermöglichen, das das Dorfleben in der Heimat charakterisierte.
Während also die Anpassung an den Rhythmus der Arbeitswelt im Gastland im Allgemeinen als eine notwendige und - vor dem Hintergrund von Erfahrungen im Heimatland - als weniger desorganisiert und streßerzeugend angesehen wird, wird die Zeitstrukturierung der informellen Beziehungen in der Privatsphäre als problematisch erfahren.

Wir sprachen von zwei Möglichkeiten, festzustellen, wie die Gruppe ihre Grenze zwischen der standardisierten und der nicht-standardisierten Zeit zieht. Die erste, wie wir sahen, besteht in der Bezugnahme auf verbale Daten, die zweite hingegen in der Beobachtung dessen, was die Gruppe *praktisch* unternimmt. Stellt man sich auf Beobachtung ein, so wird klar, dass die Räume des Circolo eine gute Möglichkeit bieten, eine von den Expansionsbestrebungen der formalen Zeit geschützte Zone aufzubauen.
Es ist gewiss möglich, den Circolo als Ausdruck unterschiedlicher Bedürfnisse anzusehen: Als Ort, an dem Informationen unterschiedlicher Art ausgetauscht werden, als Möglichkeit für den Einzelnen, Angehörige derselben Sprach- und Kulturgemeinschaft zu treffen, oder einfach als Ort des Zeitvertreibs und der Geselligkeit. Sicherlich ist der Circolo all dies und noch mehr.[192] Entscheidend ist hier aber die Frage des spezifischen *Modus*, in dem dies alles vor sich geht. Versucht man nämlich, in wenigen Worten zu beschreiben, welche Art von Interaktion der Circolo seinen Besuchern ermöglicht, so bieten sich hier vor allem Begriffe wie Spontaneität, Flexibilität, Informalität und Unverbindlichkeit an.[193]
Ähnlich wie bei dem Raum, so gilt auch für die Zeit Folgendes: Damit der Beobachter erkennen kann, dass die vom Circolo ermöglichte Interaktionsdynamik dem Versuch der Reaktualisierung einer ursprünglicheren Interaktionsform entspricht, muss dieser die Alltagswirklichkeit des Dorfes, in der die Vereinsbesucher aufgewachsen sind, kennen.
Das typische Dorf stellte, wie wir sahen, mehrere Orte zur Verfügung, an denen soziale Interaktion zum Zweck der Information, Kontaktpflege oder der einfachen Unterhaltung möglich war. Die Häufigkeit sozialer Kontakte besagt selbstverständlich wenig über ihre Qualität. Das Dorf war nicht unbedingt der Ort „authentischer" Beziehungen: Es war in erster Linie ein Ort häufiger und auch unvermeidlicher sozialer Interaktion unter Dorfmitgliedern.
Die Tatsache, an der man hier festhalten soll, ist, dass das Dorf als topologische und soziale Einheit nicht zu einem ökonomischen Umgang mit Zeit zwang. Das Dorf „erzog" nicht zur Zeitdisziplinierung. Die schnelle Erreichbarkeit von Personen und Sachen liess Planung in der informellen Zeitsphäre meistens als überflüssig erscheinen. Diese Situation begünstig-

---

192 Siehe Statistik, Tabellen 22-23.

193 Es gibt gewiss Grenzen für diese Interaktionsdynamik. Es bleibt aber dem Einzelnen überlassen, wann, wie lange und mit welchem persönlichen Engagement er sich dem Interaktionsfluss anschließen möchte.

te Spontaneität, Flexibilität und auch die Neigung zur Unverbindlichkeit. Dies bedeutet nicht, die Möglichkeit von invariablen, immer verfügbaren und anschlussfähigen sozialen Interaktionsmöglichkeiten und Interaktionsmustern zu verneinen.

Wir kommen an folgender Frage nicht vorbei: Warum findet die beschriebene selektive Zeitaneignung statt? Warum akzeptiert und befürwortet die Gruppe eine Anpassung an die abstrakte Zeit der Produktion, lehnt aber die Ausdehnung der standardisierten Zeit auf andere Sphären des Handelns ab? Wir stoßen hier scheinbar auf eine Grenze der Lernfähigkeit der Gruppe. Diese zieht es offensichtlich vor, die Grenze zwischen den zwei Typen von Zeitstrukturierung aufrecht zu erhalten: Arbeitszeit ist nach formalen Zeitkriterien zu gestalten, die nicht-produktive Zeit soll hingegen *freie Zeit* bleiben; zumindest soll die Zeitstrukturierung nicht gewisse Grenzen überschreiten. Werden diese zu Ungunsten der nicht-standardisierten Zeit verwischt - wie eben aus der Perspektive der Gruppe dies im Aufnahmeland der Fall ist -, so entsteht der Eindruck des Verlustes von Spontaneität und Freiheit.
Nicht Zeitstandardisierung schlechthin, sondern die Übertragung dieser Standardisierung auf andere als standardisierungsfrei gedachte Sphären des Handelns ist also für die Gruppe ein Problem.[194] Indem die Gruppe soziale Zeit spontan zum Thema macht und *qua* Gruppe versucht, für sie wichtige, in der Aufnahmegesellschaft nicht verfügbare Umgangsformen mit Zeit zu reaktualisieren, verweist sie auf eine bestimmte Zeitsozialisation in der Heimat. Diese Tatsache veranlasst uns, bei der untersuchten Gruppe von einer spezifischen *Zeitidentität* zu sprechen.[195]

---

194 Man könnte nun einwenden, dass die Praxis, auch jene Zeit streng zu reglementieren, die der Produktionslogik nicht untersteht, nicht nur von der untersuchten Gruppe, sondern auch von den Mitgliedern der Aufnahmegesellschaft als „Druck" empfunden wird. Der entscheidende Punkt scheint hier jedoch darin zu bestehen, dass die untersuchte Gruppe bestrebt ist, einen Raum zu schaffen, der die Reaktualisierung bestimmter, aus der Heimat vertrauter Interaktionsformen ermöglichen kann.

195 A. Strauß hat darauf aufmerksam gemacht, dass Identitäten „nicht nur persönliche, sondern auch soziale Geschichten" implizieren. „Individuen", schreibt Strauss, „besitzen Mitgliedschaften in Gruppen, die ihrerseits selbst Produkte einer Vergangenheit sind" (A. Strauss, 1974, *Spiegel und Masken*, Frankfurt a. M., S. 178). Auch C. Taylor beantwortet die Frage nach personaler Identität unter Bezugnahme auf „soziale Zugehörigkeit" (Ders., 1994,

Dass diese Zeitidentität auch ein Produkt der Raumorganisation im Ursprungsort der untersuchten Gruppe ist, hoffen wir hier überzeugend gezeigt zu haben.

In einer Zeitspanne von zwei Generationen haben in den Dörfern Sardiniens radikalere Veränderungen stattgefunden als in den zwei Jahrhunderten zuvor. Einige der oben beschriebenen sozialen Räume im heimatlichen Dorf gibt es heute kaum mehr (Wasserquelle, gemeinsamer Hof) oder haben sich stark gewandelt (Kirchplatz, Piazza), so dass auch die von ihnen getragenen Funktionen nicht mehr ausgeübt werden können. Wo Bühne, Kulisse, Parkett und Logen verschwinden, da können auch die alten Schauspieler mit ihrem Repertoire und die alten Zuschauer mit ihren Erwartungen nicht mehr auftreten. Vor allem die Umstrukturierung, Differenzierung und Verlagerung des Arbeitsmarktes haben neue Figuren entstehen lassen. Unter diesen befinden sich auch der Pendler und der rückkehrende Migrant. Diese tragen zusammen mit der zunehmenden Motorisierung und der rasanten Verbreitung audiovisueller Kommunikationsformen zur Beschleunigung der ohnehin starken Modernisierungstendenzen im heutigen Dorfleben bei.
Der Auswanderer, der zurückkommt, ist oft eine paradoxe Figur. Er sehnt sich in der Aufnahmegesellschaft nach der vertrauten Welt, die er einst verlassen hat; gleichzeitig trägt er aber zur Veränderung dieser Gesellschaft wesentlich bei. Er ist in der Fremde nicht derselbe geblieben. Er ist möglicherweise ein wenig reicher geworden und möchte mit seinen Er-

---

The Sources of the Self. The making of the Modern Identity, Cambridge. Siehe auch: ders., 1985, *Was ist menschliches Handeln?* In: „Negative Freiheit. Zur Kritik neuzeitlichen Individualismus", Frankfurt a. M., S. 9-51). Es handelt sich allerdings um eine Zugehörigkeit, von der das Individuum, falls es das möchte, auch Abstand nehmen kann. Am deutlichsten hat A. MacIntyre Geschichte und Tradition für das Verständnis einer bestimmten Handlungspraxis, als Ausdruck individueller Identität betont. So ist für MacIntyre nicht nur die Geschichte eines individuellen Lebens, sondern auch die Geschichte einer bestimmten Handlungsweise „im allgemeinen und charakteristischerweise in der umfassenderen und längeren Geschichte der Tradition eingebettet und wird durch die Geschichte der Tradition verständlich gemacht, durch die die Praxis in ihrer jetzigen Form auf uns übertragen wurde" (Ders., 1984, *Der Verlust der Tugend. Zur moralischen Krise der Gegenwart*, Frankfurt a. M., S. 297).

sparnissen den Individualismus ausleben, den er, bewusst oder unbewusst, im anonymen großstädtischen Milieu kennengelernt und verinnerlicht hat. Wenn er zurückkommt, fügt er sich nicht in die alten Dorfstrukturen ein. Sein Ideal ist jetzt das große Einfamilienhaus, und dieses lässt sich aus architektonischen Gründen meistens nur am Dorfrand realisieren. Mit der Verwirklichung dieses Traumes trägt er nicht unwesentlich zur Veränderung eben jener Raumstruktur bei, mit der er mehr oder weniger bewusst viele Vorteile verbindet und die er, wie wir sahen, in der fremden sozialen Wirklichkeit zu rekonstruieren versucht.

Abschließende Bemerkungen

Als Reaktualisierung des heimatlichen Raumes erfüllen die sardischen Vereine das Bedürfnis ihrer Mitglieder, Funktionen zu reaktivieren, welche die Migration radikal in Frage gestellt hatte. Vor allem für die ältere, im kleinen sardischen Dorf aufgewachsene Generation stellen diese Vereine eine Möglichkeit dar, vertraute Formen von Kommunikation, Solidarität und Geselligkeit wieder herzustellen. Dies geschieht nicht in optimaler Weise und auch nicht bewusst. Aber vor allem geschieht dies nicht in Opposition zur Gastgesellschaft. Die Circoli ermöglichen ihren Mitgliedern die Befriedigung von Bedürfnissen, die die Mitglieder der Gastgesellschaft auch haben. Doch die Realisierung dieser Möglichkeiten findet im Verein auf spezifische Weise und unter Observanz bestimmter Rhythmen statt.

Zuletzt seien noch zwei Bemerkungen methodologischer und theoretischer Natur angefügt.

Bei der Beschreibung der räumlichen Struktur der heimatlichen Lebenswelt der Gruppe wurde auf Erfahrungen und Beobachtungen des Autors rekurriert. Bei der Deutung des Circolo als „Rekonstruktionsversuch" dieses Raumes schien hingegen die Berufung allein auf eigene Beobachtung zu wenig. Die Annahme, dass die Räume des Circolo auf etwas Ursprünglicheres verweisen, schien zwar plausibel, sie war aber letztlich als eine Hypothese zu betrachten, die von den Betroffenen selbst bestätigt werden musste oder auch nicht. Diese Sorge wurde zum Anlass, die Ergebnisse der Studie in vereinfachter Form den Mitgliedern der Gruppe vorzulegen und sie um eine Stellungnahme dazu zu bitten. Nicht viele haben sich dazu geäußert, aber das Urteil von denjenigen, die das taten, war durchaus positiv.

Warum aber war der Gruppe, so könnte man fragen, ihre rekonstruktive Leistung nicht bewusst? Karl Mannheim liefert zu dieser Frage eine plau-

sible Antwort. „Man sollte meinen", so der Soziologe, „daß das schöpferische Subjekt sein Werk am ehesten versteht, und dennoch ist ein einmal erschaffenes Werk selbst für den Schöpfer eine interpretative Aufgabe. ... Er ist nicht unbedingt der Kompetenste, wenn es darauf ankommt, die Bedeutung seines Werkes als objektives, an sich daseiendes Gebilde zu beurteilen".[196]
Auch für den „Schöpfer" ist also das erschaffene Werk in seinen Funktionen und Verweisungen nicht ohne weiteres ersichtlich. Die Vereinsmitglieder sind nicht die Kompetentesten, wenn es darauf ankommt, die Bedeutung des eigenen „Werkes" zu beurteilen.[197] Mannheim illustriert dieses Phänomen am Beispiel der griechischen Polis, genauer: am Leitfaden der Unterscheidung von Phänomen und *Begriff* desselben. „Es liegen hier", so Mannheim, „zwei Objektivitäten vor, beide geistiger Art: die *polis* ist eine von den unbewußten geistigen Kräften des Gemeinschaftslebens geschaffene geistige Realität; der Begriff der *Polis* dagegen ist eine konjunktiv und perspektivisch bedingte reflexive Erfahrung über die von derselben Gemeinschaft geschaffenen geistigen Realität".[198] Daraus ergibt sich, dass „aus dem Geiste der Polis heraus zu leben ... etwas anderes (ist), als den Geist der Polis zu erkennen".[199]
Die illustrierte Dialektik von heimatlichem Raum - seinem Verlust durch die Migration, seine partielle Wiederaneignung durch den Verein - gibt Anlass zu einer Bemerkung theoretischen Charakters.
Globalisierungstheoretiker haben an den Phänomenen der Enträumlichung[200] und der Dislozierung[201] wichtige Grundzüge der Moderne und ins-

---

196 K. Mannheim, *Strukturen des Denkens*, op. cit., S. 268.

197 Ebenda, S. 268.

198 Ebenda, S. 252.

199 Ebenda, S. 267. An anderer Stelle schreibt Mannheim: „Der Geist der Gemeinschaft schöpft und gestaltet also seine geistigen Realitäten sozusagen auf einer ganz anderen Stufe als sie in seine eigenen Reflexionen eingehen können; während die geistige Realität etwas Globales ist und (wie eine jede Realität) eine unendliche Fülle in sich enthält, ist ihre Erkenntnis stets nur querschnitthaft, perspektivisch, gesichtspunkt- und standortgebunden", ebenda, S. 253.

200 A. Appadurai (1991), *Global Ethnospaces: Notes and Queries for a Transnational Anthropology*, in: R. Fox (ed.), Recapturating Anthropology. Working in the Present, Santa Fe.

besondere der Spätmoderne erkannt. So tritt Giddens für eine Unterscheidung zwischen den Begriffen von „Ort" und „Raum" auf. Dies begründet er mit dem Hinweis darauf, dass sich mit dem Beginn der Moderne der Raum vom Ort als lokalem Schauplatz, als Umgebungsbedingung gesellschaftlicher Tätigkeit losgelöst habe.[202] In der Moderne, so Giddens, werden „Beziehungen zwischen ‚abwesenden' Anderen begünstigt ..., die von jeder gegebenen Interaktionssituation mit persönlichem Kontakt örtlich weit entfernt sind. Unter Modernitätsbedingungen wird der Ort in immer höherem Maße phantasmagorisch, das heißt: Schauplätze werden von entfernten sozialen Einflüssen gründlich geprägt und gestaltet".[203]
Gegen Giddens' Auffassung, dass es notwendig sei, Ort und Raum zu unterscheiden, ist nichts einzuwenden, solange man freilich die Möglichkeit in Erwägung zieht, dass unter den Bedingungen der Spätmoderne auch Beziehungen zu „Anwesenden" ihre Bedeutung behalten. Es ist zwar nicht zu leugnen, dass in vielen Fällen der Ort von entfernten sozialen Einflüssen geprägt und gestaltet wird, doch ist ebenso evident, dass Menschen oft das Bedürfnis haben, den Ort *im* Raum zu reproduzieren. Die sardischen Vereine sind ein klares Beispiel für dieses Bedürfnis.
In einer veränderten sozialen Situation versucht die untersuchte Gruppe, soweit die Bedingungen es gestatten, das Lokale zu reproduzieren. Diese Rekonstruktion des heimatlichen Raumes entspricht nicht so sehr einer rückgewandten Grundeinstellung, sondern vielmehr dem Bedürfnis, bestimmten alltäglichen Erfordernissen entgegenzukommen. Zur Bewältigung spezifischer Aufgaben in der Gastgesellschaft greifen diese Gruppen auf aus der Heimat bekannte Formen der Interaktion zurück. Sie reaktualisieren durch die Vereine ein Stück Heimat in einer als „komplex" empfundenen Welt, nicht so sehr, weil ihnen dadurch die Möglichkeit gegeben wird, sich besser von der sozialen Umwelt abzugrenzen, sondern weil mit dieser Reaktualisierung die Möglichkeit verbunden ist, Umweltkomplexität besser bearbeiten zu können.
Aus der Beobachtung des Versuches der Reproduktion wichtiger Aspekte der heimatlichen Welt durch den Verein dürfen wir allerdings nicht den Schluss ziehen, dass sich die Funktion dieser in einer Reaktualisierung des

201 A. Giddens (1990), *Konsequenzen der Moderne*, Frankfurt a. M.

202 Ebenda, S. 30.

203 Ebenda.

„Ortes“ erschöpfe.[204] Wir werden in dem nächsten Kapitel sehen, dass jeder Verein ein Element in einem weitgespannten Kommunikationsnetz darstellt, und dass die politische Mobilisierung ein wichtiger Anlass dafür ist, die Kommunikation unter Vereinen auszubauen und zu intensivieren. So betrachtet, ist die Vereinsorganisation Ausdruck und zugleich Antrieb von Globalisierungsprozessen. Dies zumindest, solange wir Globalisierung so auffassen, wie Giddens es vorschlägt: „Definieren läßt sich der Begriff der Globalisierung demnach im Sinne einer Intensivierung weltweiter sozialer Beziehungen, durch die entfernte Orte in solcher Weise miteinander verbunden werden, daß Ereignisse am einen Ort durch Vorgänge geprägt werden, die sich an einem viele Kilometer entfernten Ort abspielen, und umgekehrt.“[205]

---

204 „Ort“ ist an dieser Stelle in dem von Giddens eingeführten Sinn zu verstehen. Ders.: *Konsequenzen der Moderne*, op. cit.

205 Ebenda, S. 85.

V

Kommunikationsdynamiken

Strukturen und Akteure im Kommunikationsnetz

Die vorangegangenen Ausführungen haben sich hauptsächlich mit der Frage der Kommunikation im einzelnen Verein beschäftigt. Es ist jetzt an der Zeit, sich dem Thema des sich auf unterschiedliche Nationen und Kontinente erstreckenden Netzwerk der Vereine zuzuwenden. Bevor dies aber geschieht, ist eine kurze Darstellung der wichtigsten Strukturebenen des *Vereinssystems* angebracht. Mit letzterem Begriff sollen jene Organisationen bezeichnet werden, die an der Kommunikation zwischen Migranten und Herkunftsgesellschaft beteiligt sind.
Auf der „unteren" Ebene des Vereinssystems befinden sich die *einzelnen Circoli*, die den Status von „eingetragenen Vereinen" haben. Hier finden wir neben den einfachen Mitgliedern ein „Direktiv", zusammengesetzt aus einem/er Präsidenten/in, einem/er Vizepräsidenten/in, einem/er Buchhalter/in und einem/er Sekretär/in. Sie werden von den Vereinsmitgliedern in regelmäßigen Zeitabständen neu gewählt.
Auf der zweiten Ebene unterscheiden wir in unterschiedlichen Ländern die *Dachverbände bzw. die Federazioni der Circoli*. Dem einzelnen Dachverband gehören die Vereinspräsidenten eines bestimmten Landes an. Zu den Aufgaben der Dachverbände gehören unter anderem die Verteilung der von der Region Sardinien jährlich zur Verfügung gestellten Finanzmittel unter den einzelnen Vereinen, die Koordination gemeinsamer Initiativen und die Vertretung der Interessen der einzelnen Circoli gegenüber der zentralen Administration auf der Insel.
Auf einer dritten Ebene unterscheiden wir schließlich die *Consulta Regionale dell'emigrazione* (Regionalrat). Sie setzt sich aus einer kleinen Anzahl von Repräsentanten der Circoli[206] aus unterschiedlichen europäischen und aussereuropäischen Ländern, Mitgliedern der so genannten „associazioni di tutela",[207] sowie politischen Akteuren der Region Sardinien zusammen. Zu den Hauptaufgaben der Consulta gehören die Gestaltung des zweijährigen „Programms", die Ausübung einer Monitoringfunktion gegenüber den Vereinen und Federazioni und das Treffen unterschiedlicher Entscheidungen struktureller und strategischer Natur.

---

206 Diese Mitglieder werden von den unterschiedlichen Federazioni gewählt.

207 Bei den „Associazioni di tutela" handelt es sich um auf der Insel tätige Hilfsorganisationen, die sich für unterschiedliche Belange der sardischen Migranten einsetzen. Diese sind meistens parteigebundene Organisationen.

Bereits an dieser knappen Darstellung erkennen wir, dass die *Consulta* einen neuralgischen Knoten darstellt, in dem Interessen der Region und Interessen der sardischen Migrantenwelt zusammentreffen. Wie gestaltet sich der Informationsaustausch auf der Ebene von Vereinen, Federazionen und Consulta?

Der einzelne Verein, wie wir bereits sahen, entspricht unter anderem dem Bedürfnis des ehmaligen Dorfbewohners, auf lokaler Ebene jenes Kommunikationsnetz wieder aufzubauen, das infolge der Auswanderung in das großstädtische Milieu nicht mehr verfügbar ist. In den Räumen der einzelnen Circoli werden auf informelle Art Informationen hinsichtlich Arbeit, Wohnung, Schule, Gesundheit und der Erledigung bürokratischer Angelegenheiten ausgetauscht. Der einzelne Verein stellt, so betrachtet, ein wichtiges Verbindungsglied zur Gastgesellschaft dar; dies, weil die Gruppe sowohl quantitativ als auch qualitativ nützliche Informationen besser „bearbeiten“ kann als das einzelne Individuum. Freilich gilt dies nur in dem Ausmaß, in dem einzelne Gruppenmitglieder verhältnismäßig „gute“ Anschlüsse an die soziale Wirklichkeit des Aufnahmelandes haben. Auch in diesem Fall ist ein sich als Informationsressource manifestierendes Sozialkapital das Ergebnis von kumuliertem Humankapital.

Die Federazioni ermöglichen Kommunikation in einem ganz anderen Sinne als die einzelnen Vereine. Bei den Ersteren steht nicht der Austausch zwischen Gruppe und Gastgesellschaft, sondern die Kommunikation zwischen den Circoli untereinander im Mittelpunkt. Themen dieses Austausches sind nicht den Alltag betreffende Probleme und ihre Lösungsmöglichkeiten, sondern meistens vereinsimmanente Angelegenheiten. Dazu zählen unter anderem die Aufteilung von Finanzressourcen, die Verbesserung von Einrichtungen, die Anschaffung von Geräten und die Organisation von Aktivitäten.

Die von den Federazioni induzierte Kommunikation ist also nicht primär auf Bewältigung der im Aufnahmeland entstehenden Komplexität abgestimmt. Auf dieser Ebene lässt sich eine gewisse Abstraktion von der Alltagswirklichkeit des Aufnahmelandes bemerken.

Diese Abstraktion erreicht ihren Höhepunkt in der Consulta. Dieses Organ ist hauptsächlich dazu bestimmt, das Handeln und die Programme der Akteure der „Region Sardinien“ mit Vertretern der Migrantenwelt abzustimmen. Vor allem hier finden die Interessen regionaler Politiker und Administratoren Eingang in das Kommunikationsnetz der Vereine. Wie das nächste Kapitel zeigen wird, handelt es sich dabei vornehmlich um Interessen wirtschaftlicher und politischer Natur.

Diagramm (A)

Diagramm (A) stellt die Struktur der Vereinsorganisation in unterschiedlichen Gastländern dar und zeigt gleichzeitig Kommunikationsverbindungen zwischen Vereinen und den „Federazioni", sowie zwischen Letzteren und Sardinien (Consulta).

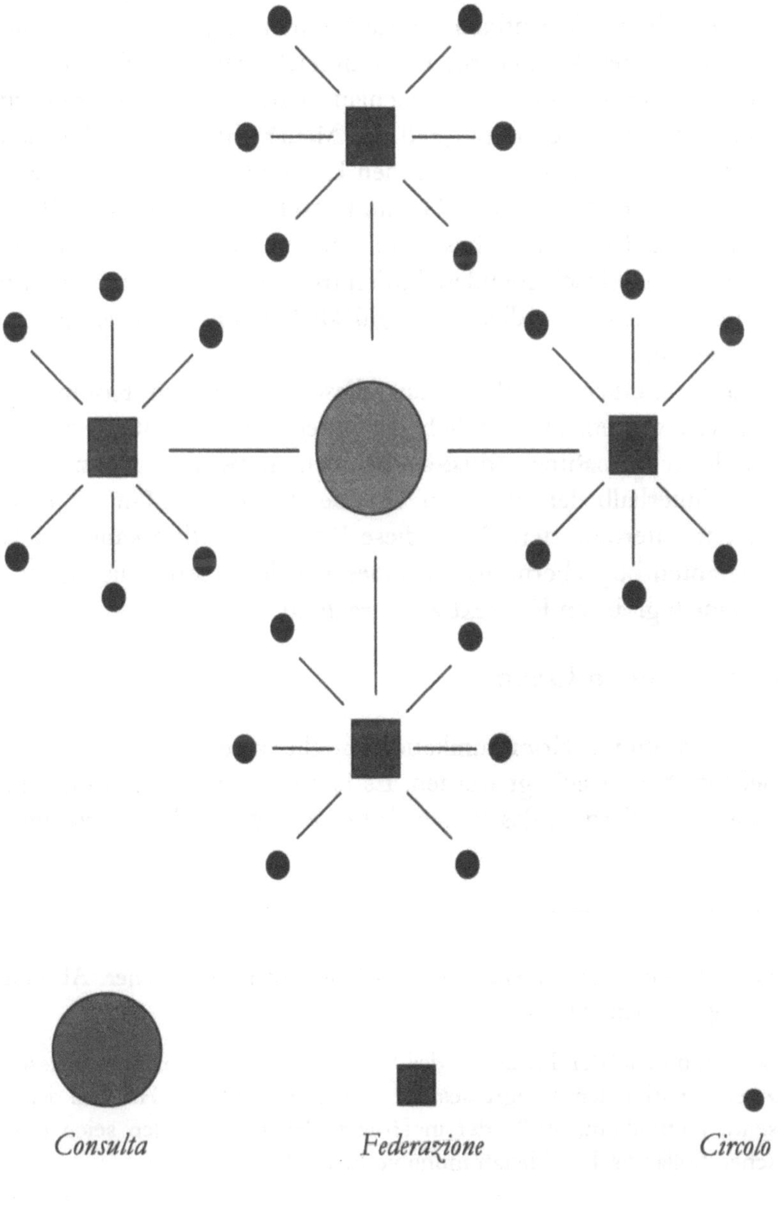

Neben den genannten Kommunikationsprozessen lassen sich noch eine Reihe informeller Kommunikationsmöglichkeiten wie nationale und internationale Tagungen, Kongresse und Feste unterscheiden, bei denen die in unterschiedlichen Ländern lebenden Sarden Erfahrungen und Meinungen austauschen. Bei diesen Gelegenheiten der Kommunikation vergleichen sie die Lebensbedingungen in den unterschiedlichen Aufnahmeländern und nehmen beispielsweise wahr, dass viele in Argentinien lebende Sarden die doppelte Staatsangehörigkeit besitzen, dies aber kein Hindernis für sie ist, sich als „Argentinier mit sardischem Ursprung“ zu definieren.[208] Bei diesen Treffen können die in Frankreich, der Schweiz oder Holland lebenden Sarden von den in Deutschland lebenden Sarden erfahren, dass sich ihre Situation nach dem „Fall der Mauer“ in mancher Hinsicht verschlechtert hat und dass Ehen mit den Einheimischen nicht so häufig wie in Australien, Frankreich oder Holland geschlossen werden.[209] Bei diesen Gelegenheiten des Austausches kann man auch erfahren, dass die auf der italienischen Halbinsel lebenden Sarden trotz der Ähnlichkeit von Sprache und Sitten nicht notwendigerweise glücklicher sind als diejenigen, die im Ausland leben.

Man darf sicherlich die Bedeutung dieser informellen Kommunikation nicht überbewerten. Hinsichtlich des Integrationspotentials der Gruppe im jeweiligen Aufnahmeland ist sie bei weitem nicht so wichtig wie diejenige, die innerhalb der einzelnen Vereine stattfindet. Man sollte sie aber auch nicht unterbewerten. Auch diese Kommunikation kann das Wissen des Migranten bereichern, insofern dieser dadurch lernt, die eigene Situation in einem globalen Kontext zu betrachten.

Mediale Kommunikation

Über die erwähnten Kommunikationsmöglichkeiten hinaus müssen noch drei weitere berücksichtigt werden. Es handelt sich dabei um die Zeitung „Il messaggero Sardo“, das Internet und das Fernsehen. Sie stellen unter-

---

208 Dies resultiert aus mehreren mit Argentiniern sardischer Abstammung durchgeführten Interviews.

209 So verkündete der Präsident der holländischen Federazione anlässlich des zweiten nationalen Kongresses der sardischen Circoli in Holland dem anwesenden Publikum, 90 % der in Holland lebenden Sarden seien mit Menschen holländischer Abstammung verheiratet.

schiedliche und in mancher Hinsicht auch gegensätzliche Möglichkeiten dar, Informationen zu erhalten und zu vermitteln.
Die Zeitung „Il Messaggero Sardo“[210] ist eine Erfindung der „Region Sardinien“. Ihr Konzept sieht vor, den im Ausland lebenden Sarden aktuelle Informationen über die Wirklichkeit Sardiniens und die Situation der sardischen Migrantenwelt zu vermitteln. Die Aufteilung der Zeitung entspricht im Groben folgenden Themenfeldern: Im ersten Teil werden Themen aus dem aktuellen politischen und wirtschaftlichen Geschehen Sardiniens behandelt. Im zweiten Teil hat der Leser Gelegenheit, Einblick in das Leben der sardischen Vereine in drei Kontinenten zu gewinnen: welche(r) Präsident(in) gerade neu gewählt worden ist, welche Themen beim letzten nationalen oder internationalen Treffen zur Diskussion standen oder auch welche Vereine aufgehört haben zu existieren und welche neu gegründet wurden. „Il Messaggero Sardo“ wird von professionellen und halbprofessionellen Journalisten in Sardinien verfasst und auf Anfrage monatlich kostenlos an alle sardischen Migranten verschickt. Wie ist dieses schriftliche Medium zu bewerten? Fangen wir mit einem positiven Zug an.
Durch die Übermittlung aktueller Informationen aus dem Herkunftsland kann der Gefahr entgegengewirkt werden, dass das Bild der Heimat im Bewusstsein des Emigrierten zu einem unbeweglichen anachronistischen Konstrukt erstarrt. „Il Messaggero Sardo“ bietet dem Ausgewanderten das Bild einer heimatlichen Wirklichkeit, die sich in ständigem Wandlungsprozess befindet. Er nimmt wahr, dass auch in der Herkunftsgesellschaft - wenn auch vielleicht mit einem anderen Rhythmus und mit anderen Folgen als im Aufnahmeland - Politik, Wirtschaft, Kultur und Lebensstil Veränderungen, auch radikaler Art, unterworfen sind: Neue Technologien setzen sich durch, viele sardische Dörfer sind von einem rasanten Bevölkerungsrückgang betroffen, Fabriken schließen, die Europäische Union hat neue für die Regionalentwicklung wichtige Bestimmungen erlassen, die neue Gesundheitsreform wurde verabschiedet, die regionale Regierung ist zurückgetreten, etc.[211] Derartige Informationen sind nicht allein deswe-

---

210 Die vollständige Bezeichnung ist: *Il messaggero Sardo. Mensile del fondo sociale della Regione Sarda per gli emigrati.* Sie ist auch im Internet zugänglich: **Fehler! Hyperlink-Referenz ungültig.**.

211 Es muss hier unterstrichen werden, dass sich in Hinblick auf Sachlichkeit und Qualität der gelieferten Informationen „Il Messaggero Sardo“ von anderen Zeitungen dieses Genres deutlich positiv abhebt. Dies mag damit zu-

gen wichtig, weil sie den im Ausland lebenden Sarden über eine *bestimmte* Wirklichkeit informieren; sie sind auch deswegen wichtig, weil sie ihn über allgemeine Probleme und Prozesse informieren, die *mutatis mutandis* heute *jede* soziale Wirklichkeit charakterisieren.[212]

Indem „Il Messaggero Sardo" über die Entwicklung der heimatlichen sozialen Wirklichkeit informiert, bietet er der bei Migranten häufig anzutreffenden Tendenz Einhalt, „Heimat" und Gastgesellschaft als einander ausschließende soziale Wirklichkeiten zu denken: Die Heimat sei eben das, was die Gastgesellschaft nicht ist, das Authentische, das Unveränderliche, das Vertraute. Aber „Il Messaggero" spiegelt nicht nur eine heimatliche Welt in Bewegung, sondern trägt darüber hinaus dazu bei, neue Wirklichkeiten entstehen zu lassen. Zu diesen Wirklichkeiten gehört auch das Bild der sardischen Migranten als transnationaler „Gemeinschaft", die Vorstellung eines „zweiten Sardiniens" außerhalb Sardiniens.[213]

Die medientheoretische Diskussion insbesondere der letzten zwei Jahrzehnte hat die Tatsache hervorgehoben, dass Medien wie Fernsehen und Zeitungen Wirklichkeit nicht abbilden, sondern konstruieren.[214] Wir schließen uns diesem allgemeinen Befund an, jedoch nicht ohne die Zusatzbemerkung, dass die „Konstruktion" der Wirklichkeit nicht aus freien Stücken stattfindet. Die Metapher des Konstruierens setzt etwas voraus, das als Material für die Konstruktion dient. Im Fall des „Messaggero Sardo" besteht das vorhandene Material aus Organisationen, Aktivitäten, Interessen, Erwartungen und nicht zuletzt aus in der Welt verstreuten Subjekten, die unter anderem dies gemeinsam haben: das Bewusstsein, einer

---

sammenhängen, dass viele der darin enthaltenen Beiträge von Berufsjournalisten stammen und deren Artikel für einheimische Zeitungen gedacht sind.

212 Die Relevanz dieser Informationen muss vor dem Hintergrund gesehen werden, dass zumindest von der älteren Generation Zeitungen aus Gastländern selten gelesen werden.

213 Der Ausdruck „das zweite Sardinien" ist eine Formel, auf die die Migranten selbst häufig rekurrieren.

214 Für eine konstruktivistische Perspektive auf das Thema Medien siehe unter anderem die Beiträge in: K. Merten, S. J. S. Weischenberg (Hrsg.) (1994), *Die Wirklichkeit der Medien*, Opladen.

Region anzugehören, die sich geschichtlich, sprachlich, landschaftlich von anderen Regionen unterscheidet.[215]
Indem „Il Messaggero Sardo“ an diese Elemente bewusst anschließt und sie in einem zusammenhängenden Narrativ zusammenschnürt, trägt er dazu bei, das Bewusstsein der Gruppe zu verfestigen, eine transnationale Gemeinschaft zu bilden. Der in Deutschland lebende Sarde beispielsweise nimmt durch die Zeitung nicht einfach nur wahr, dass es in Europa, Australien oder Südamerika andere Sarden gibt, die sich ähnlichen Organisationen angeschlossen haben wie er. Er wird auch über Probleme, Aktivitäten und Pläne informiert, welche die unterschiedlichen Vereine beschäftigen. Der Messaggero ermuntert zur Nachahmung. Indem beispielsweise gezeigt wird, dass manche Vereine Initiativen solidarischen Handelns unternommen oder sich an der Veranstaltung einer „Settimana Sarda“ [216] mit Erfolg beteiligt haben, spornt er andere Vereine an, Ähnliches zu tun. So betrachtet, bietet „Il Messaggero Sardo“ seinen Lesern nicht nur die Möglichkeit, unterschiedliche Facetten jenes Netzwerkes wahrzunehmen, deren Glieder sie selbst sind. Die Zeitung trägt auch dazu bei, dieses Netzwerk zu entfalten und zu konsolidieren.
Ein problematischer Zug dieses Mediums besteht jedoch darin, dass „Il Messaggero Sardo“ eine Zeitung von Nicht-Migranten für Migranten ist. Es sind Journalisten auf der Insel, die die Auswahl der zu behandelnden Themen treffen, die Artikel verfassen und bei Kongressen und anderen Anlässen der Begegnung mit Migranten die Funktion von Korrespondenten übernehmen. Vor allem dieser Umstand vermag zu erklären, warum in der Zeitung Aspekte der Herkunftsgesellschaft und der „Migrantengesellschaft“, *nicht* aber der Gastgesellschaft repräsentiert sind. Dieser blinde Fleck verstärkt eine in der Gruppe bereits vorhandene Tendenz: Probleme werden hauptsächlich in der Herkunftsgesellschaft identifiziert, und vorhandene materielle und geistige Ressourcen werden konsequenterweise für die Lösung eben dieser Probleme in Anspruch genommen. Aber die

---

215 Dies schließt selbstverständlich die Tatsache nicht aus, dass dieses Bewusstsein fähig ist, das wahrzunehmen, was es mit anderen Wirklichkeiten kulturell und historisch verbindet.

216 „La Settimana Sarda“ ist eine von der Region initiierte Veranstaltung, bei der eine Woche lang den Mitgliedern der Gastgesellschaft eine „Mischung“ von Kultur, Produkten und Sehenswürdigkeiten aus Sardinien gezeigt wird. *Programma Annuale 1999*, http://www.regione.Sardegna.it/ital/lavoro/piano-1999.htm (19.05.2000).

Zeitung verstärkt nur eine bereits vorhandene Tendenz, sie ist nicht deren Ursache.
Um die Orientierung unserer Gruppe richtig einzuschätzen, müssen wir den Gebrauch berücksichtigen, den die sardischen Vereinsmitglieder von *ihren* Kommunikationsmöglichkeiten machen. Diese Aufgabe zwingt dazu, die Aufmerksamkeit auf die politischen Ziele der Gruppe zu lenken. Gemäß unserer vorherigen Definition liegt es hier nahe, die Gruppe als „Bund“ zu betrachten.[217]
Während sich die ältere politische Ideologie auf das Gruppenleben fragmentierend auswirkte, weil sie ein Abbild der Parteienkonstellation in der Heimat war, fordert die neue Einstellung Einheitlichkeit in den Zielen und in den Strategien. Die gegenwärtige Aufgabe besteht darin, *ohne die Vermittlung traditioneller Parteien und Instanzen* eine Repräsentanz im sardischen Parlament zu gewinnen. Die Verwirklichung dieses Zieles setzt den koordinierten Einsatz der ganzen „Migrantengemeinschaft“ voraus. Es geht hier mit anderen Worten darum, transnationale Kommunikation zu gestalten und zu optimieren. Betrachten wir im Folgenden kurz einige der Folgen dieser transnationalen Kommunikation:

a) Zum Ersten wirkt sich diese Kommunikation dadurch *vereinheitlichend* aus, dass sich Migranten als vom selben Schicksal betroffen angesprochen sehen. Eine von den Wortführern häufig gebrauchte Formel lautet hier: Die sardischen Migranten haben *qua* Migranten ähnliche Probleme und streben ähnliche Ziele an.

b) Zum Zweiten besitzt diese Kommunikation *politisch emanzipierende* Wirkungen. Die Botschaft lautet hier, dass die Definition der Bedürfnisse und die Wege ihrer Befriedigung in eigene Regie genommen werden müssen. Die dazu passende Formel ist in ihrer Einfachheit bestechend: Die traditionellen Parteien haben Versprechungen gemacht, die nie eingehalten wurden, man sollte also in Zukunft selbst Anwalt der eigenen Interessen werden.

c) Zum Dritten wirkt sich diese Kommunikation *einseitig komplexitätsreduzierend* aus. Das Organisationspotential der Gruppe wird für die Erreichung bestimmter Ziele in der Heimatgesellschaft eingesetzt. Die Gastgesellschaft bleibt dabei meistens außerhalb des Blickfeldes. Legitimiert wird

217 Dieser Begriff wurde im Kapitel III eingeführt.

diese Entscheidung mit der Feststellung, dass Arbeitslosigkeit, soziale Desorganisation, bürokratische Schwerfälligkeit und soziale Ungerechtigkeit Übel darstellen, die nicht so sehr die jeweilige Gastgesellschaft, sondern die Heimat plagen.

Beobachtet man diese Kommunikation unter der Perspektive der Themengenerierung, so fällt auf, dass bestimmte Knoten im Netzwerk aktiver und schöpferischer sind als andere. Dies ist nicht nur bei der Verfassung von schriftlichen Erklärungen und vereinsinternen Zeitungen, sondern auch bei der Nutzung des Internets der Fall. Auch im Falle elektronischer Kommunikationsmöglichkeiten ist eine kurze theoretische Überlegung erforderlich.

Zeitgenössische Kommunikationstheoretiker haben am Internet zwei Züge hervorgehoben:[218] a) anders als bei konventionellen Kommunikationsmedien sei hier Kommunikation nicht an hierarchische Ordnungen gebunden, bei denen von vornherein feststeht, wer Sender und wer Empfänger ist; b) durch das Internet werde Vergemeinschaftung ohne territoriale Bindung möglich.

Was den ersten Zug betrifft, so unterscheide sich das Internet von anderen traditionellen Medien wie Zeitung, Fernsehen und Rundfunk vor allem dadurch, dass es eine gleiche Verteilung der Kommunikationschancen voraussetze. Das Internet sei „demokratisch", weil es keinen Sender privilegiere und sich jeder im Kommunikationsprozess an jeden wenden könne. Kommunikation schaffe hier also eine nicht-hierarchisch strukturierte Ordnung, deren Hauptmerkmal die Offenheit sei: Potentiell könne sich jeder dem Kommunikationsstrom anschließen.[219]

Was den zweiten Zug angeht, so sei durch das Internet Gemeinschaftsbildung nicht auf „fixierte Örtlichkeit" (im Sinne Simmels) angewiesen. Das Internet schaffe einen kulturellen Raum *sui generis*, in dem die aggregierende Kraft nicht mehr von der Zugehörigkeit zu einem gemeinsamen Raum, sondern von der Affinität von Interessen, Problemen und Erwartungen ausgehe.

Die allgemeine Stoßrichtung dieser Beobachtungen ist sicherlich richtig. Der Tendenz nach wirkt sich das Internet in der Kommunikation sowohl demokratisierend und gemeinschaftsbildend als auch deterritorialisierend

218 Siehe dazu P. Lévy (1997), *Cyberculture*, Paris.

219 Ebenda.

aus. Irreführend ist hingegen, von der virtuellen Offenheit des Mediums auf eine demokratische Nutzung desselben zu schließen. Beobachtet man Internetkommunikation genau, so stellt man schnell fest, dass nicht jedes Individuum in gleicher Weise an Problemdefinition bzw. Meinungsbildung beteiligt ist. Dies ist auch im Fall unserer Gruppe zu beobachten.

So stellen wir auch hier fest, dass es immer bestimmte Individuen und Gruppen sind, die mit bestimmten Intentionen spezifische Themen in das Kommunikationsnetz einbringen. Auch im Kommunikationsnetz wiederholt sich die Dialektik von Führer und Geführten, die wir aus der klassischen politischen Soziologie kennen.[220] Auf diese Terminologie zurückzugreifen erscheint auch deswegen angebracht, weil es im Zuge der Reideologisierung der Circoli vor allem politische Inhalte sind, welche die Kommunikation zwischen Gruppen bestimmen.

Schaut man auf die Kommunikationsdynamik unter den sardischen Vereinen, so stellt man fest, dass nur bestimmte Gruppen die vorhandenen medialen Ressourcen mobilisieren. Es bedarf tüchtiger und engagierter Subjekte und Gruppen, um Knoten der Meinungsbildung und Meinungsvermittlung im Netzwerk auf Dauer zu etablieren. Besonders erwähnenswert ist in diesem Zusammenhang die *Associacion Circulo Sardo del Nord O-vest Argentina.* Auf diesen Verein in der Stadt Tucumán geht unter anderem die Initiative der zweisprachigen (italienisch/spanischen) Internet-Zeitung *Oggitalia* zurück. Diese Zeitung reflektiert die Vielfalt und auch die Gegensätzlichkeit der Interessen und Neigungen, die heute viele Circoli in Europa charakterisieren. Neben Artikeln über Migration[221] finden wir hier Informationen von allgemeinem Charakter sowohl über die Herkunfts- als auch über die Aufnahmegesellschaft, Werbung für potentielle Sardinienbesucher, Artikel über die sardische Kultur und nicht zuletzt programmatische Erklärungen zugunsten der Bewegung *Unità Popolo Sardo* (UPS).[222]

---

220 Dazu insbesondere G. Mosca, (1950), *Die herrschende Klasse*, Salzburg.

221 So beispielsweise der Artikel: „L'emigrazione: una costante nella storia dell'umanità" und „Un Commonwealth con i nostri emigrati", In: *Oggitalia*, op. cit.

222 So ist hier auf spanisch Folgendes zu lesen: „La nueva agrupación política se propone de reivindicar los derechos de los emigrados sardos y al mismo tiempo favorecer al desarrollo político social y económico de la isla, aprovechando la experiencia de los sardos en diferentes países tanto europeos como ultramar", *Oggitalia*, *http://www.sardinia.net/nelmondo/tucuman/Welcome.html* (27.02.1999).

Aber wie gesagt, das Internet stellt nur eine Möglichkeit unter anderen dar, Kommunikation in der „Diaspora“ herzustellen. Parallel dazu lassen sich viele andere Kommunikationsformen unterscheiden: nationale und internationale Kongresse, Sitzungen, Feiern, Vereinszeitungen etc. Auch auf dieser Ebene wiederholt sich die Dialektik von „Führern“ und „Geführten“. Es sind immer bestimmte Gruppen, die vorhandene Ressourcen für die Kommunikation mobilisieren oder neue schaffen. Versucht man, diese Kommunikationsdynamik unter Circoli graphisch darzustellen, so gelangt man zu folgendem Bild:

Diagramm (B)

Während die im Diagramm (A) dargestellte Kommunikationsdynamik den Austausch zwischen regionalen Akteuren (Consulta) einerseits und Federazioni/Circoli andererseits hervorhebt, spiegelt Diagramm (B) die „ungleiche" Interaktion zwischen Vereinen untereinander wieder.

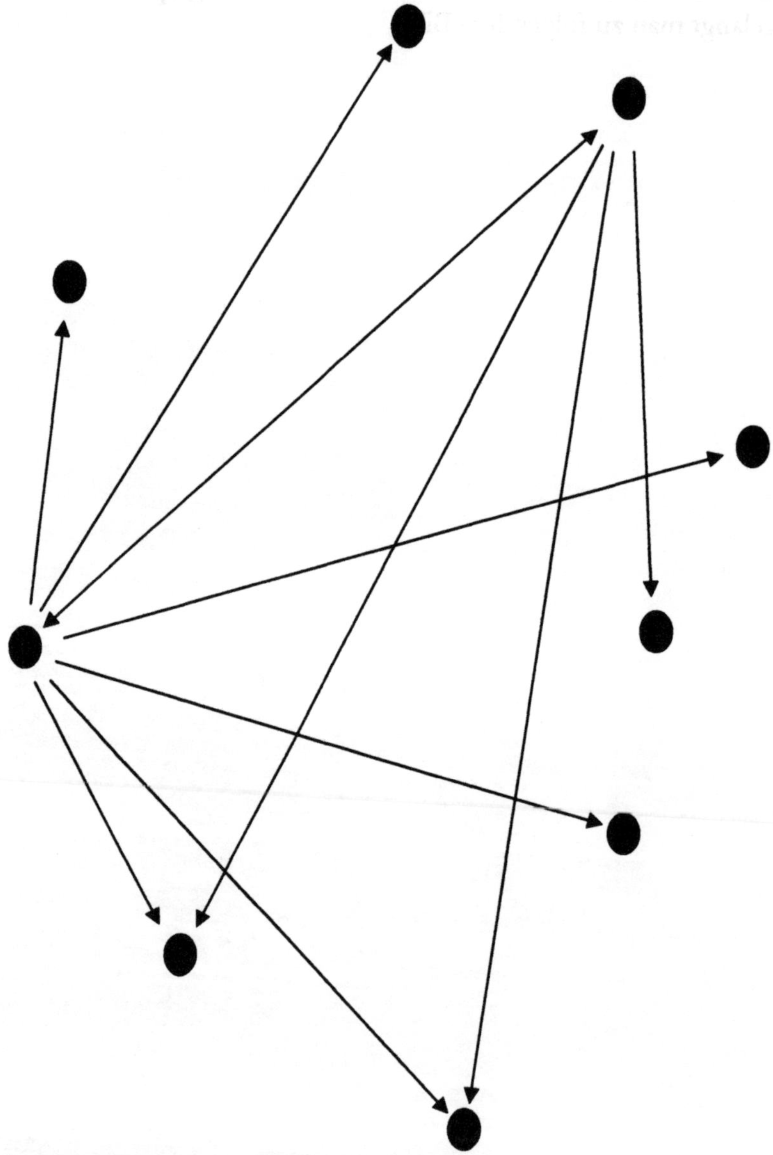

Unter der Prämisse ethnischer Homogenität neigen Migrantengruppen oft dazu, sich der eigenen Muttersprache als Hauptkommunikationsmittel zu bedienen. Diese Präferenz äußert sich oft in der Neigung - sobald die technischen und finanziellen Möglichkeiten gegeben sind - den heimatlichen Radio- bzw. Fernsehsendungen den Vorzug zu geben.[223] Die Gefahr dabei ist, dass man in einen *circulus vitiosus* hineingerät: Man bevorzugt die einheimischen Medien, weil die Rezeption von Information müheloser erscheint. Je mehr sich aber diese Praxis etabliert, um so mehr entschwinden die Chancen eines Anschlusses an die Sprache und an die medialen Angebote der Gastgesellschaft. Dieses Phänomen kann dazu verleiten, die Vereine, in denen dies stattfindet, als „abgeschlossene Welten" zu betrachten. Das Bild eines kommunikativ abgeschlossenen Vereins entspricht jedoch mehr einer Fiktion als der Wirklichkeit.

Beobachtet man genau die in den meisten sardischen Vereinen stattfindende Kommunikation, so stellt man fest, dass oft im selben Kommunikationsraum drei Sprachen gleichzeitig koexistieren: italienisch, deutsch und sardisch. Welche von diesen Sprachen überwiegt, entscheidet sich von Mal zu Mal in der konkreten Situation und in der jeweiligen Gruppenzusammensetzung. Sind beispielsweise Besucher mit Deutsch als Muttersprache oder jüngere, in Deutschland aufgewachsene Menschen präsent, ist vorwiegend Deutsch oder eine Mischung aus Deutsch und Italienisch das Medium der Unterhaltung. Besteht hingegen die Diskussionsgruppe aus älteren Menschen, dominiert das Italienische oder das Sardische. Ähnliches wiederholt sich bei der Nutzung des Fernsehens im Verein: Die Entscheidung über die Programmwahl (italienisch oder deutsch) findet meistens unter Berücksichtigung der Spezifität des Besuchers (alt/jung, Deutscher/Italiener) statt.[224]

Hinsichtlich des Gebrauchs des Mediums Fernsehen im Verein muss man folgende grundsätzliche Frage stellen: Ist der Anschluss an die mediale Wirklichkeit des Herkunftslands in jedem Fall als etwas Negatives für die Integration zu bewerten? Diese Frage lässt unterschiedliche Antworten zu, je nachdem unter welcher Perspektive wir das Medium Fernsehen be-

---

223 Erst Satellitenanschlüsse haben den Migranten die Möglichkeit gegeben, Zugang zu Informationen aus der Heimat zu erhalten. Noch vor fünfzehn Jahren fanden die Circoli auch deswegen einen großen Zulauf, weil sich hier die Möglichkeit für die Besucher anbot, Fernsehsendungen in der Nationalsprache zu empfangen.

224 Ähnliches lässt sich in Holland, Belgien und der Schweiz feststellen.

trachten. Heben wir am Fernsehen die Sprache hervor, so ist klar, dass sich hier die Muttersprache auf Kosten der Sprache des Aufnahmelandes durchsetzt. Hierin besteht sicherlich ein Moment der „Geschlossenheit" der Circoli.

Betrachten wir hingegen das Medium Fernsehen unter der Perspektive seiner „bildenden" Wirkung, so ist als Erstes anzumerken, dass unabhängig von der Nationalität des Senders mehr Mediennutzung zwangsläufig mehr *globale* Information bedeutet.[225] Es ist unleugbar, dass heute das Medium Fernsehen transnational und über alle Schichten hinweg Stereotypen schafft, die sich oft zu kollektiven Vorstellungen verdichten.[226] Dies gilt ungeachtet der Tatsache, dass televisive Informationsvermittlung auch Uniformität, Banalisierung und Verzerrung erzeugt.

So gesehen, müsste man auch im Falle des Fernsehens das wiederholen, was wir von der Zeitung *Il Messaggero Sardo* bereits gesagt haben. Nationalfernsehen bedeutet für viele Migranten nicht nur eine Möglichkeit, der Gefahr vorzubeugen, dass die soziokulturelle Wirklichkeit der Heimat in einem anachronistischen Konstrukt erstarrt.[227] Anschluss ans heimatliche

---

225 Zu diesem Thema siehe: R. Winter, R. Eckert (1990), *Mediengeschichte und kulturelle Differenzierung*, Opladen.

226 So betont J. Meyrowitz, dass „im Vergleich zu den Printmedien... das Fernsehen Menschen aller Altersgruppen, Bildungsschichten, Geschlechter, Berufe, Religionen, Einkommen und ethnischen Gruppen in eine relativ ähnliche Informations-Welt (einschließt)". Ders. (1987), *Die Fernseh-Gesellschaft. Wirklichkeit und Identität im Medienzeitalter*, Weinheim, Basel, S. 76. Auch für S. J. Schmidt werden die „vom Fernsehen erzeugten Topoi und Symbole quer zu sozialen Schichtungen, nationalen und sprachlichen Trennungen verbreitet und wirken sich auf kollektive Selbstbilder aus". Ders. (1994), *Kognitive Autonomie und soziale Orientierung. Konstruktivistische Bemerkungen zum Zusammenhang von Kognition, Kommunikation, Medien und Kultur*, Frankfurt a. M., S. 305. „Das Fernsehen", schreibt U. Beck, „vereinzelt und standardisiert. Es löst die Menschen einerseits aus traditional geprägten und gebundenen Gesprächs-, Erfahrungs- und Lebenszusammenhängen heraus. Zugleich befinden sich aber alle in einer ähnlichen Situation: sie konsumieren institutionell fabrizierte Fernsehprogramme, und zwar von Honolulu bis Moskau und Singapur". Ders. (1986), *Risikogesellschaft. Auf dem Wege in eine andere Moderne*, Frankfurt a. M., S. 213.

227 Selbstverständlich bedeutet das Phänomen der Angleichung bzw. Homogenisierung der Werte durch das Fernsehen keineswegs, dass auch die Realisierungsformen von Werten überall gleich ausfallen. Auf diese Differenz zwi-

Fernsehen ist auch eine Gelegenheit, wahrzunehmen, dass die kulturelle Wirklichkeit der Heimat und diejenige des Aufnahmelandes in vielerlei Hinsicht nicht in einem Verhältnis der Opposition stehen: Skandale, Verbrechen, Diskriminierung, Arbeitslosigkeit, Inflation, Umweltkatastrophen sind Probleme, die jede Nation angehen. Es wird dadurch schwieriger, der Versuchung der Schwarz-Weiß-Malerei nachzugeben. Es wird problematischer, der Idee der Rückkehr nachzuhängen, weil man glaubt, „zu Hause" sei alles besser.

Zurück zum Circolo

Es wurde bereits gesagt, dass in dieser Arbeit das Thema der Integration nicht im Mittelpunkt steht. Gleichwohl darf hier die Frage nicht unberücksichtigt bleiben, inwieweit die Circoli eine geschlossene Einheit zur Gastgesellschaft hin bilden.[228] Diese Frage stellt sich um so dringender, als, wie wir sahen, die sardischen Vereine eine starke Orientierung zur Herkunftsgesellschaft zeigen und infolgedessen vermutet werden kann, dass in der Kommunikation die Aufnahmegesellschaft nicht adäquat repräsentiert wird.

Es muss gleich unter Bezugnahme auf das im vorigen Abschnitt Gesagte unterstrichen werden, dass nicht immer dann, wenn die Aufnahmegesellschaft nicht explizit thematisiert wird, Abschottung bzw. mangelnde Integration zu vermuten sind. Im Allgemeinen gilt, dass die Frage, ob eine bestimmte Gruppe zur Gastgesellschaft hin „offen" oder „geschlossen" ist, nur im Einzelfall empirisch zu beantworten ist. Auf das Untersuchungsobjekt Circoli bezogen, bedeutet dies, dass sich die Analyse nicht auf die üblichen Indikatoren beschränken sollte.

---

schen Werten und ihrer Realisierung hat Hoffmann-Nowotny hingewiesen. H.-J. Hoffmann-Nowotny (Hrsg.) (2001), *Das Fremde in der Schweiz. Ergebnisse soziologischer Forschung*, Zürich, S. 18.

228 Manche Forscher haben an diesem Assoziationstypus die Geschlossenheit betont. In diesem Zusammenhang siehe unter anderem die Studie von M.-A. Hily und M. Poinard über die portugiesischen Vereine in Frankreich. Ders. (1984), *A propos des Associations portugaises en France. Ou l'identité condensée*, in: A. Hettlage-Varjas, R. Hettlage (Hrsg.), Schweizerische Zeitschrift für Soziologie, 2, S. 467. In Bezug auf die sardischen Vereine hebt auch A. Aledda die „chiusura dei sardi nei Circoli, dove possono avere un pezzo della loro terra" hervor. Ders. (1988), *L'emigrazione organizzata in Europa in rapporto all'istituizione Regionale in Sardegna*, Anacleta Migratoria XXIV, Berlino, S. 79.

Wir haben bereits gesehen, dass neben anderen eine Grundfunktion der Circoli darin besteht, die Beschaffung von Informationen über die Gastgesellschaft zu erleichtern. Wer ist ein guter Arzt? Wie stellt man bei den Behörden einen bestimmten Antrag? Wo findet man die passende Wohnung, Kindergarten, Schule, Bank? Bei diesen und ähnlichen Problemen ist der Einzelne vor allem auf die Verfügbarkeit *informeller* und relativ zuverlässiger Informationsquellen angewiesen. Je breiter und vielfältiger das Netz der bekannten Personen, um so größer ist dann die Chance, eine passende Antwort auf die sich stellenden Alltagsprobleme zu erhalten.[229] Der Circolo trägt dazu bei, für seine Mitglieder Probleme zu lösen, die andere konventionelle „Adressen" für die Einheimischen auch lösen. Jedoch, und das macht hier den relevanten Unterschied aus, ist in den untersuchten Vereinen die *Modalität* der Problemlösung eine andere. Informationsaustausch findet in den Räumen der Circoli nicht kontinuierlich und als dominante Aktivität, sondern intermittierend und oft sozusagen als Nebenprodukt anderer Tätigkeiten statt. In der Muttersprache plaudern, die regionale Zeitung lesen, Fernsehprogramme aus der Heimat anschauen, bekannte Spiele spielen, über politische und soziale Ereignisse aus der Heimat diskutieren etc., dies alles ist nicht einfaches „Rauschen" neben dem eigentlichen Informationsaustausch, sondern die unverzichtbare Kulisse und gelegentlich sogar das Vehikel für diesen Austausch. Auch diejenigen, die den Verein hauptsächlich wegen der Möglichkeit der Geselligkeit, des Zeitvertreibs oder des kulturellen Angebotes besuchen, sind *nolens volens* dem Informationsfluss „ausgesetzt".

Wenn die Annahme einer Demarkationslinie zwischen Circolo und Außenwelt Sinn ergibt, dann hat diese weniger mit Werteinstellungen der Menschen als mit Modalitäten der Handlungsverwirklichung zu tun.

Betrachtet man gleichwohl Wertekompatibilität als eine wichtige Voraussetzung für gelungene Integration, so drängt sich die Frage der Wertorientierung unserer Gruppe auf. Von einem kommunikationstheoretischen Gesichtspunkt aus betrachtet, geht es hier um die Frage, wie die Gruppe über Werte kommuniziert. Eine Möglichkeit, dies festzustellen, besteht unter anderem darin, spontane Gesprächssituationen zu beobachten, bei denen die Gruppe Stellung zu Problemen und Themen nimmt, die das Leben grundsätzlich betreffen. Auf diesen Ebenen sind Differenzen zur Gastgesellschft entlang der Unterscheidung traditional/modern bzw. au-

---

229 Dies setzt, wie gesagt, voraus, dass die Vereinsbesucher nicht alle eine gleich schlechte Anbindung zur Gastgesellschaft haben.

toritär/emanzipativ zu vermuten. Die Erziehung der eigenen Kinder bietet sich hier als Prüfstein besonders an, denn in Erziehungsidealen offenbart sich oft, was Menschen am meisten „heilig" ist, was man den künftigen Generationen unbedingt weitergeben möchte.
Im Zentrum der Aufmerksamkeit stehen im Folgenden nicht irgendwelche Wertinhalte, die es zu vermitteln gilt, sondern das, was man im weitesten Sinne des Wortes „Erziehungstechniken" nennen könnte. Auch die Bevorzugung bestimmter Erziehungsformen über andere kann ein guter Indikator für die Wertorientierung von Individuen und Gruppen sein. Betrachten wir also unter dieser Perspektive folgende Interviewsequenz:[230]

Antonio: Dieses Taschengeld, das hasse ich heute noch.
Interv.: Wer gibt das Taschengeld?
Antonio: Meinem Sohn z.B. *muss ich* (betont) jede Woche so und so viel Geld geben.
Interv.: Ach ja? ...
Franco: Die Deutschen tun das.
Roberto: Ist vom Gesetz vorgeschrieben.
Antonio: Das brauche ich nicht, bei mir zu Hause ... (kleine Pause). Es kann sein, dass ich ihm sogar mehr gebe. Diese Gewohnheit darf er nicht annehmen. Mein Sohn hat sie nicht angenommen und wird sie nicht annehmen (lächelnd). „Taschengeld, mein Geld" (auf Deutsch, leicht spöttisch).
Roberto: Ja, ja, ja, aber die Schuld daran trägt die Regierung. Du gibst heute einem Kind eine Ohrfeige, die möglicherweise misslingt, und machst ihm ein blaues Auge. Du musst es dann entschädigen. Es zeigt dich an. Du muss es entschädigen.
Antonio: Selbst dann, wenn du ihm kein blaues Auge machst.
Roberto: Ja, genau so.
Antonio: Er verklagt dich, „mein Vater hat mir eine Ohrfeige gegeben".
Roberto: Das ist für mich ... eine echte Unmöglichkeit, meiner Meinung nach.
Antonio: Das Kind darfst du nicht erziehen, wie du willst.
Roberto: Du darfst es nicht berühren. Und dann wird gesagt, dass die Kriminalität steigt. Das ist logisch, dass mit den hiesigen Gesetzen die Kriminalität steigt. Du bist nicht Herr, deine Söhne zu erziehen, wie du willst, weil das Gesetz es dir nicht gestattet. ... Aber was willst du tun? Praktisch bist du gezwungen, es (das Kind) tun zu lassen, was es will, und am Ende bedankt es sich so ...
Antonio: Ja

---

230 Das Gruppeninterview wurde am 7. und 8. Februar 1993 in den Räumen eines sardischen Vereins in Deutschland durchgeführt.

Roberto: Und dann, was er anrichtet, bezahlst du, weil sie dann zum Vater und nicht zum Sohn gehen.... mhh ... Meiner Meinung nach gibt es zu viele dumme Dinge... Ich finde nicht, dass es gute Bedingungen für das Zusammenleben sind... Ich, wenn ich in der Familie bin und mich davor fürchte... wenn das Kind ungezogen ist, darf ich ihm gar keine Vorwürfe machen, es nicht auf den Hintern schlagen. Wozu habe ich es dann auf die Welt gebracht?
Interv.: Mhh.....
Roberto: Aber es ist so, hier gibt es für jedes Problem ein Gesetz und du darfst dich nicht wehren ... wenn du dich wehrst, musst du bezahlen. (Pause)
Franco: Ja, aber es hat auch Leute gegeben, die ihre Kinder misshandelt haben (leise). (Überschneidung mit Roberto, unten)
Roberto: Diese Leute, diese Leute gibt es überall, nicht nur hier. Diese unseligen Väter und Mütter ...
Franco: Es ist nicht wegen des Schlagens auf den Hintern, nicht, dass es dem Kind schadet. Aber es gab Fälle, wo...-
Antonio: Ja, sie haben sie misshandelt.
Franco: Wie Wilde, nicht wahr. Das macht man nicht.
Roberto: Aber nun, nun, nun (Überschneidung mit Franco, oben) wegen zwei Prozent, die diese Dinge machen, müssen achtundneunzig Prozent darunter leiden. Das akzeptiere ich nicht ... Es gibt auch schlechte Leute, die gibt es überall. Wegen dieser Leute verdammst du, kann man sagen, das ganze Volk. Ich verstehe das nicht. Sie sagen nichts, sie schweigen brav.
Interv.: Wer?
Roberto: Die Deutschen. Sie wollen jene Gesetze ... (Pause).
Eine Familie, die ihr Kind gut erzieht, hat es nicht nötig, ihr Kind anzufassen, zu schlagen ... es geht nur mit der Stimme. ...

Die im deutschen Familienleben übliche Praxis des „Taschengeldes" bildet also das Thema der obigen Interviewsequenz. Die Diskussionsteilnehmer sind gegen eine „automatische" und, wie sie annehmen, institutionell reglementierte Geldvergabe an die eigenen Kinder. Sie stellen eine im Aufnahmeland übliche Praxis der Kinderunterstützung grundsätzlich in Frage, die in ihren Augen unbedingt der elterlichen Entscheidungsmacht untergeordnet bleiben sollte. Darüber hinaus fühlen sie sich auch in der Freiheit eingeschränkt, unter Umständen ihrem Kind eine Ohrfeige geben zu dürfen. Die in diesem Falle vorgesehene Möglichkeit einer Anzeige betrachten Antonio und Roberto als eine unerträgliche Einmischung des Staates in die Autonomie der Familie. Diese Einschränkung wertet Roberto nicht nur als eine radikale Infragestellung der Autorität des traditionellen Familienoberhauptes, sondern auch als Ursache für die gesellschaftliche Degenerierung und das Abdriften der Kinder in die Kriminalität. Diesen Ansichten stimmt auch Antonio zu.

Erst Franco bringt nach einer Weile eine neue Perspektive ins Spiel. Er macht nämlich darauf aufmerksam, dass es in manchen Situationen durchaus sinnvoll ist, den Einsatz von Gewalt seitens der Eltern zu verhindern. Dadurch legitimiert er indirekt eben jene extrafamiliale Instanz, die nach Robertos traditionell-autoritärer Erziehungskonzeption im Widerspruch zur Familienautonomie steht. Roberto erkennt das von Franco angesprochene Problem an, wenn er auch lediglich eine Minderheit für den Missbrauch der elterlichen Gewalt verantwortlich macht. Schließlich ist er bereit einzuräumen, dass eine gute Erziehung keine Schläge nötig hat.

Eine Präzisierung erscheint an dieser Stelle erforderlich: Die Relevanz der obigen Interviewsequenz für unsere Argumentation besteht nicht allein darin, dass sie die Bereitschaft der Diskussionsteilnehmer zu illustrieren vermag, Probleme zu erkennen, die mit einer autoritären Erziehungspraxis verbunden sind. Das Gespräch zeigt auch, dass im Fall einer „kulturell" relativ homogenen Gruppe die Auseinandersetzung mit wichtigen Themen wie Erziehung keinen einheitlichen Bahnen folgt.

Dass Gespräche unter Gruppenmitgliedern keineswegs konfliktreiche Situationen und sogar Streit ausschließen, gilt bei unserer Gruppe nicht nur für das eben diskutierte Thema der Erziehung, sondern, wie die Erfahrung zeigt, auch für andere wichtige Themen: die Stellung der Frau in der Gesellschaft, politische Überzeugungen, religiöse Anschauungen oder auch Einstellungen zum Aufnahmeland. So betrachtet, macht das Gruppengespräch nicht nur auf Ähnlichkeiten, sondern auch auf Unterschiede innerhalb der Gruppe aufmerksam. Auseinandersetzungen wie die eben gezeigte erhöhen unter Umständen die Chancen, wahrzunehmen, dass die einzelnen Gruppenmitglieder keinesfalls Träger eines gemeinsamen Normuniversums sind. Dies gilt selbstverständlich um so mehr dann, wenn die Gruppe die Merkmale eines heterogenen Kollektivs besitzt, in ihr also eine hohe Zahl gemischter Ehen (wenn sie oder er Deutsche/r ist) mit der Präsenz von Menschen mit unterschiedlichen Sozialisationshintergründen und biographischen Verläufen zusammentrifft.[231] Ist dies der

231 Eine auffällige Besonderheit des Circolo ist, wie gesagt, dass seine Besucher nicht nur Repräsentanten des männlichen erwachsenen Geschlechtes, sondern auch Frauen und Kinder sind. Vor allem dadurch unterscheidet sich der Circolo als Ort der öffentlichen zwischenmenschlichen Begegnung von anderen Vereinen ähnlichen Typs. Im Hinblick auf Generation, Geschlecht oder auch soziale Lage ist der Circolo keine uniforme Einheit. Individuen mit einer langen Immigrationsgeschichte kommunizieren hier mit solchen, die keine lange Auslandserfahrung haben. Lernen vollzieht sich hier in der

Fall, so wird die Annahme einer einheitlichen Gemeinschaft als Fiktion evident. In einer solchen Situation wächst die Chance wahrzunehmen, dass das rural-personalistische Weltbild, mit dem sich einige Mitglieder der Gruppe identifizieren, keinesfalls auf die ganze Gruppe übertragbar ist. Für eine „Aufweichung" bzw. Zersetzung dieses Weltbildes sorgen im Verein nicht nur Gespräche unter der Bedingung relativ heterogener Gruppenzusammensetzung. Auch die zur Disposition stehenden Medien wirken sich in eine ähnliche Richtung aus.

Form der Weitergabe von Wissen des Erfahrenen an den weniger Erfahrenen bzw. Unerfahrenen, des kognitiv-symbolisch Sozialisierten an den noch nicht Sozialisierten. Es vollzieht sich aber auch in der Form des Austausches von Meinungen unter unterschiedlich assimilierten Persönlichkeiten.

VI

Ideologie, Interessen und Legitimationen

Auf dem Weg zur politischen Autonomie

In den sechziger Jahren bot die durch die Praxis der „Anwerbung“[232] verstärkt einsetzende Migration aus Südeuropa zu den mitteleuropäischen Industrieregionen den Sozialwissenschaftlern die Möglichkeit, das zu bestätigen, was man aus amerikanischer Quelle bereits wusste: Der „amoralische Familismus“,[233] die Unfähigkeit, kooperative Bindungen mit Subjekten einzugehen, die nicht zum Verwandtschaftskreis gehören, verhindert die Bewältigung sozialer Probleme und wirkt sich langfristig auf das Gruppenleben desintegrierend aus. Anomische Zustände bzw. psychosoziale Desorganisation des Einzelnen sind die Folge.[234]

Angesichts der als desolat eingeschätzten Lage der italienischen Gastarbeiter rufen in diesen Jahren italienische Parteien, Gewerkschaften, christliche Gruppen und das Ministerium für Auswärtige Angelegenheiten Organisationen ins Leben, die sich dieser in vielen Hinsichten bedürftigen Menschen annehmen sollen. Die Unfähigkeit zur Selbstorganisation, so lautet die Devise, muss durch externe Organisationshilfe kompensiert werden.

Es wäre aber auch eine andere Interpretation des beschriebenen Phänomens möglich: Externe Akteure kanalisieren und lenken die damals bereits vorhandenen informellen Organisationen, bzw. sie überlagern diese mit fremden Interessen und Erwartungen. Man könnte zu dieser zweiten Interpretation verschärfend Folgendes hinzufügen: Der paternalistische und interessengeleitete Eifer der italienischen Organisationen beraubt langfristig die Migranten der Möglichkeit, selbst ihr Schicksal in die Hand zu nehmen und nach Möglichkeiten Ausschau zu halten, sich auf akzeptable Weise in der neuen Gesellschaft einzurichten.

Diese letztere Interpretationsmöglichkeit ist von zentraler Bedeutung, um die strukturelle Eigenheit, die ideologische Färbung und die Orientierung

---

232 Mit „Anwerbung“ ist die vertragsmäßige Rekrutierung von Arbeitskräften aus dem Ausland gemeint, um Lücken im Arbeitsmarkt der Gastgesellschaften zu füllen.

233 E. C. Banfield (1958), *The Moral Basis of a Backward Society*, Glencoe.

234 U. Kurz (1965), *Partielle Anpassung und Kulturkonflikt. Gruppenstruktur und Anpassungspositionen in einem italienischen Gastarbeiter-Lager*, in: Kölner Zeitschrift für Soziologie und Sozialpsychologie, 17. Jahrgang, S. 814-832.

(Heimat- *versus* Gastgesellschaft) vieler heutiger Migrantenorganisationen nachzuvollziehen.

Dabei sollte man sich hier freilich vor voreiligen Schlüssen hüten. So wäre beispielsweise die Möglichkeit zu erwägen, ob die Tatsache, dass sich heimatliche Akteure bei den Migranten Resonanz verschaffen konnten, darauf zurückzuführen ist, dass die *Gastgesellschaft* mit eigenen Konzepten nicht aufwarten konnte. Dies suggeriert beispielsweise Barbara Schmitter, wenn sie in Bezug auf die Situation der italienischen Gastarbeiter in der Schweiz anmerkt: „The interaction effects created by the home country organizational efforts and the noninvolvement of host country organisations have helped to create what some conservative Swiss critics have termed 'a state within a state'."[235]

Um diese Neigung zum Segregationismus seitens der ausgewanderten Gruppen zu erklären, bringt Schmitter als dritte Komponente - zusätzlich zur Hilfsbedürftigkeit der italienischen Migranten und zum Engagement der Hilfsorganisationen - das fehlende Engagement bzw. das Desinteresse der Aufnahmegesellschaft ins Spiel. Diese Beobachtung mag für die Schweiz stimmen, trifft aber auf Deutschland nicht ganz zu. Denn wie Schmitter selbst belegt, knüpfen deutsche Organisationen wie *Caritas*, *Diakonisches Werk*, *Arbeiterwohlfahrt* und die *Gewerkschaften* relativ bald Kontakte zu den Gastarbeitern.[236]

Die massive Präsenz im Feld von Hilfsorganisationen kann jedoch nicht verhindern, dass auch in Deutschland viele der bereits existierenden bzw. der damals im Entstehen begriffenen Vereine in vieler Hinsicht den Stempel der Heimatgesellschaft tragen.

So kann einem aufmerksamen Beobachter der Situation während der siebziger und achtziger Jahre die Tatsache nicht entgehen, dass die ideologische Lage von vielen italienischen Migrantenvereinen in unterschiedlichen europäischen Ländern ziemlich genau die italienische politische Landschaft wiederspiegelt. Dabei ist es wichtig, sich zu vergegenwärtigen, dass von den sechziger Jahren bis Mitte der neunziger Jahre diese Landschaft

---

235 B. E. Schmitter (1980), *Immigrants and Associations: Their Role in the Socio-Political Process of Immigrant Worker Integration in West Germany and Switzerland*, in: International Migration Review, Volume 14 N. 2., S. 190. Schmitter spricht hier von „an increasing group of German trained professionals, social workers and trade unionists, who can serve as linkages between the immigrant community and German sociopolitical structures", ebenda, S. 190.

236 Ebenda.

stark polarisiert ist und dass der Kampf zwischen den Fronten mit ideologischen bzw. weltanschaulichen Argumenten ausgetragen wird. Die „Christdemokratische Partei" (DC) ist seit der Nachkriegszeit ununterbrochen Regierungspartei. Ihr Hauptantagonist ist in dieser Zeit eine numerisch fast ebenso starke „Kommunistische Partei" (PCI). In der (strategischen) Mitte befindet sich eine zahlenmäßig schwächere „Sozialistische Partei" (PSI), deren Koalitionsbereitschaft für die Christdemokraten unerlässlich ist, um regieren zu können. Die gewerkschaftlichen Organisationen entsprechen ziemlich genau dieser politischen Aufteilung. Innerhalb aller drei genannten Parteien gibt es selbstverständlich Fraktionen und Gruppierungen, die das Ziehen klarer ideologischer Grenzen schwer machen: So gibt es nicht wenige gläubige Christen, welche die PCI wählen, und noch mehr überzeugte Kommunisten, die auf den westlichen Kapitalismus setzen.
Diese spannungsreiche und nicht immer durchsichtige Situation kennzeichnet in diesen Jahren nicht nur das politische Leben der Italiener in Italien, sondern auch das der italienischen Migranten im Ausland. Vereine, die in dieser Zeit im Ausland entstehen, reproduzieren *mutatis mutandis* die eben beschriebene politische Lage im Herkunftsland. Die Spaltung vieler bereits bestehender Vereine und der konsequente Austritt älterer Mitglieder sind oft auf diese „Ideologisierung" des Gruppenlebens zurückzuführen.

Man muss sich fragen, wie es möglich ist, dass Menschen, die ihre Heimat verlassen haben, auch nach Jahrzehnten den alten Parteien treu bleiben. Diese Frage lässt sich nicht knapp beantworten. Versucht man jedoch, mögliche Faktoren dafür zu benennen, so muss man unter anderen auf folgende hinweisen:
Zu der Zeit der Anwerbung koinzidiert die Intention der Gastarbeiter hinsichtlich der Rückkehr weitgehend mit derjenigen der Anwerbeländer: Der Aufenthalt im Gastland ist als ein temporärer gedacht.[237] Unter diesen Voraussetzungen besteht für die Gastarbeiter keine dringende Notwendigkeit, Kontakte zu Parteien und Gewerkschaften in den Aufnahmelän-

---

237 Siehe dafür die von U. Kurz durchgeführte Befragung in einem deutschen „Gastarbeiter-Lager" Mitte der 60er Jahre. Ders., *Partielle Anpassung und Kulturkonflikt. Gruppenstruktur und Anpassungspositionen in einem italienischen Gastarbeiter-Lager*, op. cit.

dern zu knüpfen.[238] Unter der Perspektive der Rückkehr gibt es im Gegenteil Gründe, die bereits bestehenden Beziehungen zu den relevanten politischen Akteuren in der Heimat nicht aufzugeben. Dies umso mehr, als die politische Stimme funktional zu einem klientelistischen politischen System ist.

Ein zweiter Grund für die politische Bindung an die heimatlichen Parteien ist die starke Neigung italienischer politischer und administrativer Akteure, Ausgewanderte nicht „freizugeben“.[239] Wir haben es bereits angedeutet: Kein anderes europäisches Land hat ein so dichtes Organisationsnetz wie Italien aufgebaut, um seinen Migranten bei der Bewältigung von Alltagsproblemen (Arbeit, Fürsorge, Schule) und der Erledigung mittel- und langfristiger Aufgaben (Rückkehr, Rente) mit Rat und Tat beizustehen. Man muss sich dabei allerdings fragen, inwieweit dies alles einer karitativen bzw. solidarischen Gesinnung entsprach. Vor allem bei den politischen bzw. parteinahen Organisationen ist davon auszugehen, dass eigennützige Interessen eine wichtige Rolle spielten und heute noch spielen. Bekanntlich betrachteten diese Organisationen schon immer die einheimische emigrierte Population als ein nicht zu unterschätzendes Wählerreservoire, aus dem die heimatlichen Parteien Profit ziehen könnten.

Erst ab Ende der achtziger Jahre lässt der Trend zur Ideologisierung der italienischen Vereine zunehmend nach. Man könnte mehrere Gründe für diese Entwicklung anführen. Wir beschränken uns hier auf einige knappe Bemerkungen.

Der größte Teil der Gastarbeiter gibt zwar die Hoffnung nicht auf, in die Heimat zurückzukehren, doch die Realisierung dieser Intention wird notgedrungen immer mehr in eine ferne Zukunft verlegt. Auch für diejenigen, die dazu neigen, Politik als eine Angelegenheit der Gesinnung zu betrachten, wird es schwieriger, den eigenen Idealen treu zu bleiben. International hat der Zerfall des kommunistischen sowjetischen Blocks eine Kettenreaktion ausgelöst, die nicht nur in den sogenannten Satellitenländern zu spüren ist. Die Verwirrung ist nicht nur wirtschaftlicher, sondern

---

238 Dies schließt natürlich nicht aus, dass im Einzelfall solche Kontakte bestanden haben mögen.

239 Auf die politische „Freigabe“ der Migranten als Bedingung einer gelingenden Integration hat, wie gesagt, F. Heckmann hingewiesen. Ders., *Ethnische Kolonien: Schonraum für Integration oder Verstärker der Ausgrenzung?* Op. cit., S. 39.

auch ideologischer Natur. Das „Basteln“ umfassender ideologischer Strategien wird nun problematischer.
Was das eigene Land angeht, so bringen darüber hinaus die flächendeckenden Enthüllungen der italienischen Justiz in den neunziger Jahren das ans Licht, was der „Mann auf der Straße“ schon immer ahnte: Politik kann für Ministerialabgeordnete, Landesvorsitzende oder auch Kommunalpolitiker ein Mittel sein, und bei weitem nicht das uneffektivste, sich persönlich zu bereichern: Politikverdrossenheit ist oft die Folge.
Schließlich haben auf unterschiedliche Weise und in unterschiedlichem Ausmaß auch die Gastgesellschaften zur Abkühlung des politischen Eifers beigetragen. Mit den Jahren haben die Gastarbeiter im Aufnahmeland gelernt, dass Belohnung und Vorwärtskommen nicht notwendigerweise an politische Protektion und Loyalitätsbekenntnis gebunden sind. In den mittel- und nordeuropäischen Ländern nehmen sie wahr, dass die Organisation des gesellschaftlichen Lebens nicht immer gerecht, jedoch durchsichtiger und berechenbarer als zu Hause ist. Neben Diskriminierung erfahren sie auch Schätzung und Belohnung ihrer Fähigkeiten und ihres Einsatzes. In vielen Fällen schließt sie das System politisch aus, aber gleichzeitig integriert es sie sozial, so dass sie und ihre Kinder von Bildungs-, Gesundheits- und Fürsorgeeinrichtungen profitieren können. Anders als zuhause lernt man hier die Vorteile einer tendenziell meritokratischen Gesellschaft kennen und man weiß, wofür man Steuern zahlt.
Gleichwohl hört bei vielen Migranten die heimatzentrierte Politik nicht auf, Thema von Auseinandersetzungen zu sein. Doch bildet sie nicht mehr wie einst das Zentrum des Vereinslebens. In vielen Fällen ist sogar eine Phase der Entpolitisierung eingetreten. Von dem ehemaligen Politisierungsdrang sind heute, wie es insbesondere bei den sardischen *Circoli* evident ist, nur noch die Vereinsnamen geblieben: „Rinascita“, „Enrico Berlinguer“, „Antonio Gramsci“, „Emilio Lussu“. Doch die Genese und die Entwicklung der sardischen Organisationen weicht in einigen wichtigen Punkten von der eben skizzierten Entwicklung der übrigen italienischen Vereine ab.
Ein erster wichtiger Unterschied besteht darin, dass sich bereits Mitte der sechziger Jahre die „Region Sardinien“ in das bestehende Beziehungsgeflecht zwischen Italien und den italienischen Gastarbeitern einschaltet und ein eigenes Verhältnis zu „ihren“ Migranten zu etablieren versucht.
Als im Jahre 1965 die „Region Sardinien“ die Errichtung eines sogenannten Sozialfonds („Fondo Sociale“) zugunsten der sardischen Auswanderer

und anderer bedürftiger Familien auf der Insel beschließt,[240] war Folgendes klar: Zum einen sollte die Hilfeleistung für die außerhalb Sardiniens lebenden Sarden von der Insel aus koordiniert werden; zum anderen sollte diese Koordination eine Angelegenheit von *politischen* Akteuren auf der Insel bleiben. Vorgesehen sind ein Abgeordneter des Ressorts „Arbeit", zwei Vertreter des Ressorts „Finanzen und Entwicklung", verschiedene Bürgermeister der Region und sechs Vertreter der Gewerkschaften. Auffallend ist die Abwesenheit der Migranten. Sie erscheinen nur als Ziel von zu ergreifenden Fürsorgemaßnahmen, die folgendermaßen definiert werden: „materielle, moralische, kulturelle und soziale Unterstützung der sardischen Arbeitnehmer im Allgemeinen und der sardischen Emigrierten und ihrer Familien im Besonderen, die ihren Wohnsitz in Sardinien beibehalten haben".[241]

Dieses Versäumnis bei der Einbeziehung der Migranten wird erst zwölf Jahre später mit dem Regionalgesetz vom 19. August 1977 teilweise aufgehoben. Dieses Gesetz beschließt die Schaffung einer *Consulta Regionale per l'Emigrazione*, die neben einigen der bereits genannten politischen Akteuren dieses Mal auch die Partizipation von Vertretern der Migrantenorganisationen vorsieht. Für die spätere Diskussion ist es wichtig, an dieser Stelle alle zur „Consulta" gehörenden Akteure zu benennen: a) den Regionalminister für Arbeit; b) drei Vertreter der sardischen Emigrierten, die im europäischen Ausland leben; c) drei Vertreter der sardischen Emigrierten, die auf das italienische Festland ausgewandert sind; d) vier Vertreter der sardischen Emigrierten, die in außereuropäische Länder ausgewandert sind und welche die italienische Staatsangehörigkeit besitzen; e) sechs Vertreter der Hilfsorganisationen („Associazioni di Tutela"), die *in Sardinien* tätig sind; f) drei Experten für Migration; und schließlich g) drei Vertreter italienischer Gewerkschaftsorganisationen.

Worauf es hier unter anderem lohnt, die Aufmerksamkeit zu lenken, sind die Punkte e) und g). Hier werden nämlich Organisationen genannt, deren ausdrückliches Ziel es ist, sich den Problemen der sardischen Auswanderer anzunehmen; doch es bleibt offen, auf welche konkrete Weise dies zu geschehen hat. Klar ist, dass die Einbeziehung der unter e) und g) genannten Organisationen als ein klarer Ausdruck der politischen Bevormundung

---

240 Regionalgesetz vom 7. April 1965, *Leggi del Fondo Sociale della Regione Sardegna. Regione Autonoma Della Sardegna* (1983), Assessorato del Lavoro, Formazione Professionale, Cooperazione e Sicurezza Sociale, Fondo Sociale", Cagliari.

241 Artikel 2, § 1 des Regionalgesetzes vom 7. April 1965, N. 10.

der Migranten aufgefasst werden kann. Auch die angesprochenen Hilfsorganisationen spiegeln ziemlich genau die politische Landschaft Italiens in den siebziger und achtziger Jahren wieder: Es gibt Hilfsorganisationen, die sich dem linken und solche, die sich dem Mitte-rechts-Feld des politischen Spektrums zuordnen lassen.[242] Diese Organisationen unterscheiden sich nicht so sehr hinsichtlich ihrer spezifischen Funktion, als durch ihre politische Affiliation. Der Vorteil für diese im Vereinsnetzwerk zu sein, ist ein doppelter: Einerseits nutzen sie die Gelegenheit, politischen Proselytismus zu betreiben, andererseits können sie gelegentlich selbst vom Sozialfond finanziell profitieren. Dies schließt selbstverständlich nicht aus, dass hier auch Raum für ein uneigennütziges Engagement im Dienste „guter Zwecke" bleibt.

Die neue Bewegung und ihre Protagonisten

Die langsame Einbeziehung der sardischen Migranten in die Entscheidungsprozesse der sardischen Administration hatte, langfristig gesehen, eine befreiende Wirkung. Die anhaltende Präsenz von politischen Akteuren, Hilfsorganisationen und Gewerkschaften im Vereinsleben verbietet es zwar, von einer politischen Emanzipation zu sprechen, doch die Vereine gewinnen immer mehr Bewusstsein dafür, eine politische Macht *sui generis* zu repräsentieren.[243]

Damit sich dieses Bewusstein auch organisatorisch und programmatisch artikulieren kann, bedarf es jedoch ausgewählter Akteure. Diese wollen wir „Leader" nennen. Ihre Botschaft ließe sich auf folgende Formel bringen: Die Gemeinschaft aller im Ausland lebenden Sarden hat ähnliche In-

---

242 Es seien hier die wichtigsten in abgekürzter Form genannt: „F.A.E.S.", „A.C.L.I.", „C.R.A.I.E.S.", „U.N.A.I.E.", „A.I.T.E.F.", „A.T.M.", „A.N.-F.E", „F.I.L.E.F." und „Istituto Autonomo Sardo, Fernando Santi"".

243 Trotz des Versuches einer politischen Vereinnahmung seitens der regionalen Akteure sind die Mitglieder der sardischen Vereine bei der Äußerung ihrer politischen Präferenzen in keinerlei Weise limitiert. Die Finanzierung der einzelnen Vereine ist lediglich an die Bedingung geknüpft, dass diese den rechtlichen Status von „eingetragenen Vereinen" haben sollen. Dies heißt unter anderem, dass die Vereine den Rahmen, die Inhalte und die Ziele ihrer Aktivität per Statut regeln und ihre Treue zur italienischen Verfassung und den demokratischen Prinzipien bekunden müssen. Über diese Mindestvoraussetzungen hinaus dürfen die einzelnen Vereinsmitglieder ihren politischen Präferenzen Ausdruck geben, wie sie es für richtig halten.

teressen, welche die üblichen parteipolitischen Differenzen und Antagonismen transzendieren. Das Ziel dieser Gemeinschaft ist die Verbesserung der sozialen, wirtschaftlichen und politischen Lage Sardiniens. Diese Interessen können nicht von den alten heimatlichen Parteien, sondern von den Migranten selbst vertreten werden.

Diese Einstellung hat mehrere Implikationen. Damit wird unterstellt, dass a) alle sardischen Auswanderer, in Absehung von der Nation und dem Kontinent, in denen sie sich befinden, ähnliche Interessen haben; damit wird b) die Emanzipation von den traditionellen Ideologien bekundet, die das Leben der Vereine während der siebziger und achtziger Jahre geprägt hatten; damit wird aber auch klar gemacht, dass c) das Engagement der sardischen Auswanderer nicht so sehr in der jeweiligen Aufnahmegesellschaft, sondern in der Herkunftsgesellschaft Ausdruck finden soll.

Die eben beschriebene Situation gibt zu einigen Fragen Anlass. Beginnen wir mit dem ersten der angesprochenen Probleme: die angenommene Gemeinsamkeit von Interessen unter sardischen Auswanderern. Welche sind diese Interessen?

Man könnte diese Frage beantworten, indem man jene unzähligen Proklamationen, Programme und Erklärungen heranzieht, welche die Leader und andere Aktivisten zum Zwecke der Mobilisierung der Gruppen bei verschiedenen Anlässen verfassen und verbreiten. Hier ist meistens von der Inkompetenz und Kurzsichtigkeit der sardischen Politiker und der sardischen Administration die Rede, [244] es werden die Versäumnisse der

---

244 Nicht nur nationale Treffen, sondern auch internationale Kongresse bieten immer eine gute Gelegenheit, Kritik an den traditionellen politischen Akteuren auf der Insel zu üben. So drückt sich der Präsident der holländischen Federazione anlässlich des II° Congresso Nazionale della Federazione dei Circoli Sardi in Olanda (Arnhem 12 Dezember 1998), folgendermaßen aus: „La politica regionale ed il malgoverno negli ultimi 50 anni, non ha risolto il problema occupazionale ... in questo senso la nostra isola sta vivendo una fase estremamente delicata, sia sul piano della sicurezza pubblica che nel vivere civile... Per uscire da questa situazione bisogna seguire un nuovo ordine politico ed economico. Un ordine che richiederá un altro modo di fare politica, richiederá la collaborazione e la forza di tutti i sardi nel mondo e una sincera volontá per mettere in campo grandi progetti di cooperazione tra la Sardegna con il resto dell'Italia, con l'Europa e con tutto il mondo". Auch unsere Daten belegen, dass eine große Anzahl von im Ausland lebenden Sarden ein dringendes Interesse daran hat, die soziale und wirtchaftliche Situation in Sardinien zu verändern, und für das Erreichen dieses Zieles eine

sardischen Regierung aufgezählt und kritisiert und es wird auf die Bedeutung des Beitrages aufmerksam gemacht, den die Gruppe der Ausgewanderten für die Entwicklung Sardiniens liefern könnte.[245] Es wird also unterstellt, dass *alle* im Ausland lebenden Sarden ein dringendes Interesse daran haben, eine auf der Insel unzumutbare Situation zu verändern. Es wird zweitens davon ausgegangen, dass die Migranten bzw. ein Teil derselben einen wichtigen Beitrag in diesem Sinne leisten können.

Es wäre hier zuerst anzumerken, dass die Kritik von Leader und Aktivisten an den Verhältnissen auf Sardinien eine objektive Grundlage hat. So zeigen die Statistiken eine im nationalen Vergleich überdurchschnittliche Arbeitslosigkeit auf der Insel.[246] Die sardische Administration selbst räumt gravierende Mängel im Bereich von Dienstleistung, Ausbildung und Gesundheitsfürsorge ein.

Leader und Aktivisten wissen also, dass ihre Botschaft auf fruchtbaren Boden fallen wird. Worauf es nun für sie ankommt, ist, zu ermöglichen, dass die in drei Kontinenten verstreuten sardischen Emigrierten mit einer Stimme sprechen, dass sie sich als „Bund" organisieren.[247] Die Formel „ein Volk, unterschiedliche Länder, ähnliche Ziele" ist hier ausschlaggebend, um Interessen zu bündeln, die ansonsten diffus und zersplittert bleiben würden. Zur Organisation dieser Interessen bietet die Struktur der sardischen Vereine geradezu eine ideale Möglichkeit.

Wie wir bereits sahen, vermag diese Struktur kommunikativ Subjekte zusammenzuführen, die in unterschiedlichen räumlichen Abständen leben.

---

grundsätzliche Veränderung im Bereich des Politischen und Administrativen für erforderlich hält. Die Tabellen 28-29 unserer Statistik zeigen, dass die Mehrheit der Sarden eine Veränderung der sozialen Situation in Politik, Wirtschaft und sozialen Leistungen in Sardinien für erforderlich hält.

245 So wird im „Documento Programmatico" zu den Wahlen von 1999 folgendes besonders hervorgehoben: „Altrettanto rilevante è il contributo che i sardi residenti fuori Sardegna possono apportare sulla base delle esperienze e della professionalità acquisita in lunghi anni di lavoro nell'Italia continentale e all'estero". Ähnlich verkündet der Sekretär der neuen Bewegung UPS: „La componente politica non ha saputo valutare e considerare la grande risorsa dell'emigrazione correndo il rischio di perderla, o quantomeno di ghettizzarla come massa amorfa fuori dall'isola", *Speciale elezioni 1999*.

246 So variiert die durchschnittliche Arbeitslosigkeit auf Sardinien von 1997 bis 2000 zwischen 20,2 und 21,4 %.

247 Für eine Definition von Bund siehe Kapitel III.

Auf lokaler Ebene stellt der Circolo einen Anziehungspunkt für Menschen dar, die in unterschiedlicher Entfernung von ihm wohnen.[248] Die Dachverbände (*Federazioni*) geben den sardischen Migranten in einem bestimmten Land Gelegenheit, periodisch Meinungen auszutauschen und gemeinsame Aktionen zu planen. Es gibt darüber hinaus, wie wir sahen, auch viele andere Anlässe und Möglichkeiten, miteinander zu kommunizieren: Internet, internationale Treffs, Kongresse, Feste etc. Es handelt sich um Kommunikationsmöglichkeiten, die sowohl quer als auch parallel zu jenen verlaufen, die das Netzwerk der Circoli vorsieht. Wenn also die politische Formel „ein Volk, unterschiedliche Länder, ähnliche Ziele" dem politischen Aktionismus der Leader eine Legitimationsgrundlage liefert, so sorgt das international gespannte Netzwerk dafür, dass diese Botschaft transnational propagiert wird.

Als sich die Migrantenbewegung UPS („Unione Popolo Sardo") bei den Regionalwahlen vom Juni 1999 das erste Mal mit einer eigenen Kandidatenliste präsentierte, erlitt sie eine deutliche Niederlage.[249] Viele der im Ausland lebenden Sarden hatten mit der Stimme von Verwandten und Freunden auf der Insel gerechnet, doch diese Hoffnung wurde enttäuscht: Die Loyalität zu den alten Parteien war hier stärker als man erwartet hatte. Die Niederlage wurde von den Leadern teilweise mit dem Hinweis auf die Neuheit des politischen Subjekts UPS auf der politischen Szene erklärt. Zum anderen wurde das Argument ins Spiel gebracht, dass nur ein minimaler Anteil der im Ausland lebenden Sarden von der Möglichkeit Gebrauch machen konnte, zu wählen.[250]

Man darf die mögliche politische Sprengkraft dieses Programms nicht unterschätzen. Auf Sardinien leben 1,6 Millionen Menschen, und man rechnet, dass sich die Zahl der im Ausland lebenden Sarden, die Wahlbefugnis in der Heimat haben, ungefähr auf 400.000 beläuft. Sollte es den Leadern langfristig gelingen, einen Teil ihrer Adressaten von der Plausibilität ihrer

248 Siehe Statistik, Tabelle 20.

249 Die UPS trat in den Regionalwahlen vom 13. Juni 1999 zusammen mit der Partei der Grünen an und erhielt lediglich 1,84 % der Stimmen.

250 Die italienische Verfassung sah zu diesem Zeitpunkt keine Möglichkeit der Briefwahl vor. Diese wurde mit einem vom italienischen Senat am 29. September 1999 verabschiedeten Gesetz (Art. 48) für National- und Volksabstimmungen eingeführt. Bei Regionalwahlen ist die Briefwahl weiterhin keine Option.

„Formel“ zu überzeugen, so hätte dies sicherlich wichtige Konsequenzen für das politische Leben auf der Insel.[251]

Warum, so fragen wir erneut, ist es wichtig, sich für eine Wirklichkeit einzusetzen, mit der man höchstens einmal im Jahr konfrontiert ist?[252] Mehrere Antwortmöglichkeiten können hier in Erwägung gezogen werden.
Als Erstes ist zu sagen, dass das besondere Engagement der im Ausland lebenden Sarden für einen Ort, an dem sie ihre Jugend verbracht haben, und zu dem sie eines Tages zurückzukehren beabsichtigen,[253] nichts Erstaunliches an sich hat. Man hat normalerweise ein Interesse daran, dass an dem Ort, an dem man beabsichtigt, als Rentner das Alter zu verbringen, die Steuerabgaben nicht überdurchschnittlich hoch sind, eine akzeptable Gesundheitsfürsorge garantiert wird, die Beamten ihre Arbeit effektiv erledigen und Politiker kompetent und nicht korrupt sind.
Insbesondere die in europäischen Ländern ansässigen Sarden besuchen mindestens einmal im Jahr ihre Insel. Bei dieser Gelegenheit stellen sie markante Unterschiede zwischen dem Ursprungsland und dem Aufnahmeland fest. Der beispielsweise in Deutschland, der Schweiz oder Holland lebende Sarde ist „daheim“ immer wieder mit „unzumutbaren“ Situationen konfrontiert. Er hat in der Aufnahmegesellschaft Standards von Effizienz und materiellem Wohlstand verinnerlicht, die er auch zu Hause erwartet. Angesichts dieser Situation, ist es durchaus verständlich, dass die Mehrheit der befragten Sarden eine Verbesserung der Situation in der Herkunftsgesellschaft und nicht in der Aufnahmegesellschaft für dringlich hält.
Bemerkenswert an unserer politisch engagierten transnationalen Gruppe ist nun, dass sie sich selbst als Motor der Erneuerung in der Heimat versteht. Die Begründungen, die dafür angeführt werden, entbehren nicht einer gewissen Plausibilität. Die im Ausland lebenden Sarden, so die Argu-

---

251 Auch wenn unsere statistischen Daten eine Konvergenz der Interessen unter den sardischen Migranten hinsichtlich der Notwendigkeit von Veränderungen auf der Insel zeigen (siehe Statistik, Tabellen: 28-29), so kann daraus keineswegs der Schluss gezogen werden, für sie alle müssten diese Veränderungen mittels der gleichen politischen Strategie realisiert werden.

252 78,7 % der Befragten besuchten Sardinien einmal und 14,2 % zweimal im Jahr. Siehe Statistik, Tabelle 25.

253 69,4 % der Befragten behaupteten, eines Tages nach Sardinien zurückkehren zu wollen. Siehe Statistik, Tabelle 26.

mentation, haben in den jeweiligen Aufnahmegesellschaften Fachkenntnisse und Kompetenzen erworben, von denen die Herkunftsgesellschaft viel profitieren könnte. Diese Auffassung wird auch von den Politikern und Administratoren in Sardinien geteilt. So können wir auf der ersten Seite des Programms der „Region Sardinien" aus dem Jahre 1999 Folgendes lesen: „Unter den außerhalb der Insel lebenden Sarden sind Ressourcen und Intelligenzen vorhanden, die, wenn angemessen eingesetzt, sich zum Vorteil Sardiniens auswirken könnten. Dies sowohl in wirtschaftlicher als auch in soziokultureller Hinsicht."[254]

Es ist schwer zu sagen, ob Politiker und Administratoren auf Sardinien eine Perspektive übernommen haben, welche die im Ausland lebenden Sarden propagieren, oder umgekehrt Letztere von Ersteren eine Formel aufgegriffen haben, die sie bei jeder passenden Gelegenheit wiederholen.[255] Die Theorie vom Wachstum durch rückkehrende Migranten wird heute immer wieder bestätigt.[256] Problematisch wird diese Theorie allerdings dann, wenn die Ausgewanderten *undifferenziert* als Vehikel der Übertragung von Know-how angesehen werden. Das Bild des Migranten als Vermittler von wertvollem Fachwissen ist kritisch zu hinterfragen, insofern es vom Land absieht, in dem dieser lebt.[257] Es sind große Zweifel hinsichtlich der Annahme anzumelden, dass der nach Argentinien, Brasilien oder Peru Ausgewanderte über ähnliche berufliche Qualifikationen und Ressourcen

---

254 Das Programm ist im Internet unter folgender Adresse abrufbar: *http://www.regione.sardegna.it/ital/lavoro/piano-1999.html* (18.5.2000).

255 So war anlässlich des Kongresses der Federazione der sardischen Vereine in Holland bei dem Vortrag des Präsidenten Folgendes zu hören: „I sardi che vennero qui in Olanda, praticavano solo lavoro manuale, più tardi subentravano nel mondo del lavoro i loro figli, non più come manovali, ma come professionisti, imprenditori, tecnici e professori". Daraus wird dann der Schluss gezogen, dass Sardinien auf die „potenzialità degli emigrati, tanto umane quanto materiali" rechnen könne und müsse, II° Congresso Nazionale della federazione dei Circoli Sardi in Olanda, Arnhem, 12. Dezember 1998. Ähnliches wird auch in Deutschland, in der Schweiz, in Australien und in Argentinien verkündet.

256 Für eine Diskussion dieses Problems siehe Kapitel VII und VIII.

257 Sowohl die „Region Sardinien" als auch die Gruppe der Migranten sprechen undifferenziert vom Beitrag der „im Ausland" lebenden Sarden zur Entwicklung Sardiniens.

verfügt wie derjenige, der nach Kanada bzw. Zentraleuropa emigriert ist.[258]

Auch wenn man den Blick auf Europa richtet, ist eine differenzierte Betrachtung notwendig. Insbesondere die statistischen Daten hinsichtlich der beruflichen Qualifikation der sardischen Auswanderer in Deutschland, liefern ein ernüchterndes Bild.[259] Die Daten der jüngeren, in Deutschland aufgewachsenen Generation, verbessern dieses Bild zwar, verändern es jedoch nicht wesentlich.[260] In Deutschland scheint die Gruppe der Sarden dem negativen Trend zu folgen, der für die Italiener im Allgemeinen gilt.[261] Warum halten dann beide, Region und Migranten, an einer Überzeugung fest, die kein empirisches Fundament hat?

Man könnte entgegnen, dass dieser Sachverhalt noch nicht in das Bewusstsein beider Akteure, der „Region Sardinien" und der Auswanderer, eingedrungen ist. Richtiger wäre es jedoch, davon auszugehen, dass es spezifische Interessen dafür gibt, gegen jede empirische Evidenz an einer bestimmten Meinung festzuhalten.

Auf der Seite der Auswanderer lassen sich diese Interessen relativ leicht benennen. Wir haben bereits gesehen, dass eine angeblich hohe berufliche Qualifikation von den Migranten als ein wichtiges Argument für die politische Mitbestimmung auf der Insel ins Feld geführt wird. Wenn die For-

---

258 Diese Feststellung besagt jedoch nichts über die konkrete Lage einzelner Auswanderer. Viele der in weniger „entwickelte" Länder Ausgewanderten finden hier möglicherweise einen günstigen Boden, um ihre soziale Situation zu verbessern. Andererseits stimmt auch, dass Menschen, die in wirtschaftlich „entwickelte" Länder emigrieren, sich dort einer Situation der Konkurrenz ausgesetzt finden, die ihren Drang nach oben bremst.

259 Nach unseren Daten zählen 41,2 % der Befragten zur Kategorie „un- bzw. angelernt", 20,3 % zur Kategorie „Facharbeiter" und 5,3 % zur Kategorie „Angestellter". Siehe Statistik, Tabelle 8.

260 So zeigt unsere Statistik für die jüngere Generation folgende Aufteilung: Für das erste Kind: 69,2 % Facharbeiter, 11,5 % Un- bzw. Angelernte, 15,4 % Angestellte. Für das zweite Kind: 58 % Facharbeiter, 18% Un- bzw. Angelernte und 18,8 % Angestellte. Siehe Statistik, Tabelle 13 und 14.

261 Dieser negative Trend ist allerdings, wie Dietrich Thränhardt zeigt, in vielen Hinsichten interpretationsbedürftig. Ders. (1999), *Integrationsprozesse in der Bundesrepublik Deutschland. Institutionelle und soziale Rahmenbedingungen*, in: Integration und Integrationsförderung in der Einwanderungsgesellschaft", Gesprächskreis Arbeit und Soziales, Bonn.

mel „gleiches Schicksal, gleiche Interessen“ als Legitimation dafür dient, ideologische Differenzen unter Migranten zu überwinden, so liefert die Formel „Sardinien braucht die Professionalität der im Ausland lebenden Sarden“ eine Legitimationsbasis für die aktive Einbeziehung der sardischen Migranten in das politische Geschehen der Insel.
Komplexer fällt die Aufgabe aus, die Interessen zu benennen, welche die sardischen Politiker und Administratoren dazu veranlassen, die im Ausland lebenden Sarden undifferenziert als für die regionale Entwicklung wichtig anzusehen. Wir müssen hier ein wenig weiter ausholen.
Im Zuge der Politisierung des Vereinslebens während der siebziger und achtziger Jahre schlug Sardinien, wie wir sahen, einen eigenen Weg ein. Man stellte nicht nur Akteure mit beratender und verwaltender Funktion, sondern auch Finanzmittel für den Unterhalt der Vereine und ihre Aktivitäten zur Verfügung. Der finanzielle Aufwand für die sardischen Vereine und ihre Satellitenorganisationen ist von Jahr zu Jahr gestiegen und umfasst heute ein jährliches Gesamtvolumen von ca. 6,0 Millionen €,[262] keine geringe Summe für eine Region wie Sardinien. Wie lässt sich dieser Aufwand erklären?
Als Erstes muss feststgestellt werden, dass aus der Perspektive der Politiker auf der Insel, bei aller Verschiedenheit ihrer Ausrichtung, seit jeher das Interesse bestand, die sardischen Auswanderer als Teil der eigenen „Bürgergemeinschaft“ zu betrachten. Schon immer ist bekannt, dass die im Ausland lebenden Sarden ein Stimmenpotential darstellen, das nicht vernachlässigt werden darf.
Neben den politischen gibt es aber auch wirtschaftliche Gründe, die das Engagement Sardiniens für die eigenen Migranten erklären können. In den letzten Jahren ist bei den regionalen Akteuren verstärkt die Frage aufgetaucht, „was von den Migranten hinsichtlich der wirtschaftlichen Entwicklung der Insel erwartet werden kann“.[263] Versuche, die sardischen Migranten in den Entwicklungsplan der Insel einzubeziehen, sind nicht neu. Bereits im Jahr 1989 sprechen die Wirtschaftsexperten von der Notwendigkeit eines „coinvolgimento dell'emigrazione sarda nell'economia regio-

262 Dabei ist hier die dunkle Summe des Verwaltungsaufwands in der regionalen Administration nicht berücksichtigt.

263 So heißt es wortwörtlich im „Programma annuale 1999“, _http://www.regione.Sardegna.it/ital/lavoro/piano-999.html,_ S. 1 (18.5.2000).

nale".[264] Man ist zwar bis heute nicht in der Lage, den spezifischen finanziellen Beitrag der sardischen Migranten für Sardinien zu quantifizieren, doch gibt es Zeichen, die darauf hindeuten, dass es sich dabei keineswegs um eine unbedeutende Summe handelt. Als Angehörige bzw. Verwandte von Personen, die auf der Insel leben, tragen die Migranten dazu bei, manche Situationen wirtschaftlicher Not zu lindern; als periodische Besucher transferieren sie in den Aufnahmegesellschaften verdientes Kapital in die heimatliche Region; als zukünftige Rentner haben viele bereits für eine komfortable Unterkunft gesorgt. Meistens fließen die Ersparnisse eines ganzen Lebens in den Kauf einer Eigentumswohnung oder in den Bau eines Hauses.[265]

Ein anderes Phänomen, das wir im Auge behalten sollten, ist die demographische Lage Sardiniens. Zusammen mit dem Piemont, der Lombardei und Sizilien gehört Sardinien zu den territorial größten Regionen Italiens, jedoch ist die Insel zugleich auch eines der am wenigsten bevölkerten Gebiete der Nation. Während beispielsweise die Bevölkerungsdichte der Lombardei 375, die des Piemont 172 und die von Sizilien 202 Menschen pro Quadratkilometer beträgt, weist Sardinien lediglich 69 Einwohner pro Quadratkilometer auf. Im Zentrum der Insel hat der Bevölkerungsrückgang in den letzten 10 Jahren dramatische Ausmaße angenommen. Hier beträgt die Bevölkerungsdichte lediglich 39 Einwohner pro Quadratkilometer. Angesichts dieser Situation ist es verständlich, dass jede Initiative, die danach strebt, Menschen und Kapital nach Sardinien zu dirigieren, willkommen ist.

---

264 Man hatte hier vor allem Migranten im Auge, die im Ausland „esperienze professionali e imprenditoriali" gewonnen haben und durch welche es möglich sein wird, „capitali e tecnologie disponibili nei paesi europei e nelle regioni italiane in cui l'emigrazione sarda è presente" nach Sardinien zu leiten. Emilio Fontela (1989), *Rapporto sul progetto PR. EM. SA. - CEE (Progetto emigrati Sardi - CEE)*, In: "Convenzione Programmatica dell'Emigrazione, Atti e Documenti, Regione Autonoma Della Sardegna", Quartu S. Elena 11. Marzo, S. 65-66. Man erwog darüber hinaus, angesichts der prekären Lage der Kreditmöglichkeiten auf der Insel, eine Potenzierung des Kreditwesens durch die Bildung eines Fonds seitens Repräsentanten der Industrie und der Migranten. Ebenda, S. 81.

265 Die Mehrheit der Sarden in Europa hat die Beziehungen zu ihrer Heimat aufrechterhalten und beabsichtigt, eines Tages dorthin zurückzukehren. Siehe Statistik, Tabelle 26.

Die Botschaft von Politikern und Administratoren an die im Ausland lebenden Sarden, den Kontakt zu Sardinien aufrecht zu erhalten, richtet sich nicht nur an die Emigrierten der ersten Generation, sondern auch an deren Kinder. Diese sind in den letzten Jahren zu einem immer wichtigeren Gesprächspartner der regionalen Akteure geworden. In diesem Zusammenhang spielen die Circoli eine wichtige Rolle. Man hat erkannt, dass das Ende der Vereine auch das Ende eines Aggregationsmechanismus bedeutet, der in der Lage ist, aus verstreuten Individuen eine koordinierte und schnell erreichbare Gruppe zu machen.
Für die Interessen der Region an dem Erhalt und der Verstärkung der Kontakte zu den im Ausland lebenden Sarden gibt es aber auch andere Gründe.
Mit der Zeit entwickelte sich die Einsicht, dass es vernünftig wäre, von der „Ressource Migration" dort zu profitieren, wo sich diese normalerweise befindet, nämlich in den jeweiligen Aufnahmeländern. Die neue Strategie der Wertschätzung sieht jetzt vor, Migranten als Promotoren und Vermittler von sardischen Gütern und natürlichen Ressourcen im Ausland einzusetzen. Die hierfür gebrauchte Formel heißt: *La Settimana Sarda*. Sieben Tage lang öffnen die Circoli den Angehörigen der Gastgesellschaft ihre Türen und diese werden in Form von Vorträgen, Filmen, Folkloretänzen und nicht zuletzt kulinarischen Spezialitäten mit unterschiedlichen Aspekten der Insel bekannt gemacht. Man erhofft sich dadurch, Touristen zu gewinnen und den Markt für sardische Produkte zu erweitern.
Die „Sardische Woche" ist heute auf der italienischen Halbinsel eine teilweise erfolgreiche Formel. Die regionalen Akteure bemühen sich zur Zeit auch um ihre Institutionalisierung in anderen europäischen und außereuropäischen Ländern. Medien wie „Il Messaggero Sardo" schenken diesem Phänomen viel Aufmerksamkeit. Es gibt mittlerweile keine Ausgabe, in der nicht berichtet wird, welche Vereine mit welchem Erfolg eine „Settimana Sarda" veranstaltet haben. Die Neugründung von „Zentren" in London, Berlin und New York ist als Teil dieses Programms des Imageaufbaus, der Werbung und der Vermarktung zu verstehen.
Wie ist das Phänomen der „Settimana Sarda" zu bewerten? Zunächst einmal fügt sich diese Initiative in den regionalen Entwicklungsplan gut ein. Dieser Plan gibt nämlich der Verstärkung des touristischen Sektors und dem Export landwirtschaftlicher Produkte von höherer Qualität Priorität. Die landwirtschaftliche Produktion macht heute zwar nur 5, 3 % des gesamten jährlichen Bruttosozialprodukts aus, aber es handelt sich um einen Sektor mit starker Wachstumstendenz.

Das Hauptproblem bei der Umsetzung der „Settimana sarda“ besteht heute vor allem in der Rekrutierung von qualifiziertem Personal, das imstande wäre, diese Konzepte in die Praxis umzusetzen. Hauptadressat und Hoffnungsträger der Region sind hier vor allem die Kinder der Migranten. Von der jüngeren Generation hängt ab, ob Sardinien auch in Zukunft einen privilegierten Ansprechpartner im Ausland haben wird oder nicht. Sollte sich diese Generation nicht mehr daran interessiert zeigen, das Vereinswesen fortzuführen, das ihre Väter begonnen haben, so werden die Circoli früher oder später aufhören zu existieren. In diesem Fall wird es den regionalen Akteuren ungleich schwerer fallen, den Kontakt zur sardischen „Diaspora“ aufrechtzuerhalten.

Es gibt bereits heute klare Anzeichen dafür, dass viele Angehörige der jüngeren Generation den „Identitätsdiskurs“ der Väter nicht fortsetzen möchten. Für diese, in den jeweiligen „Gast“-Ländern sozialisierten Menschen, haben die Circoli eine andere Bedeutung und erfüllen andere Funktionen als für ihre Väter. Die Appelle an die jüngere Generation von beiden Seiten, den Vätern und den Akteuren der Region, sich auf gemeinsame kulturelle Wurzeln zu besinnen, stoßen kaum auf Resonanz.[266] Freilich besuchen manche jungen Menschen die Vereine und führen bei festlichen Gelegenheiten traditionelle Tänze in Trachtenkleidung auf.[267] Doch sie tun das mit dem Bewusstsein, dass es sich dabei um eine kulturelle Inszenierung oder besser: eine Inszenierung von Kultur handelt.

Der relativen Distanz der Jüngeren gegenüber bedeutungsträchtigen Begriffen wie Identität, Tradition und Kultur versuchen die regionalen Akteure pragmatisch zu begegnen. Sie sehen im Moment ihre Aufgabe darin,

---

266 So wird im „Programma Annuale 1999“ unterstrichen, dass eine Bedingung für die finanzielle Förderung der Vereine unter anderem folgende ist: „Promuovere i valori della cultura e della società sarda“. In: *Programma Annuale*, op. cit.

267 Diese Art der Inszenierung von Tradition kommt besonders bei den in Deutschland lebenden Gruppen vor. Dazu G. Cappai (2000), *L'emigrazione sarda in Germania e il problema dell'associazionismo. Un'analisi tipologica della "seconda generazione"*. In: Interkulturell. Forum für interkulturelle Kommunikation, Erziehung und Beratung. Forschungsstelle Migration und Integration. Pädagogische Hochschule Freiburg. Sonderheft September, S. 5-28.

nach motivierten jüngeren Menschen Ausschau zu halten, die in Zukunft die Interessen Sardiniens im Ausland vertreten werden.[268]
Die Umfunktionalisierung der sardischen Vereine zu Auslandsvertretungen („Ambasciate") und Werbezentren bleibt, alles in allem, eine unsichere Operation.[269] Es ist schwierig vorauszusagen, ob der Versuch, die jungen Vereinsmitglieder für Sardinien zu sensibilisieren und zu mobilisieren, gelingen wird. Sollten die Vereine in ihrer traditionellen Form verschwinden oder sich auf eine zu vernachlässigende Größe reduzieren, wird die „Organisations- und Verwaltungsmaschine" auf der Insel, wenn auch im Leerlauf, wahrscheinlich weiter bestehen. Es war bereits von der Tendenz des Vereinssystems die Rede, über die Erfüllung seiner Zwecke hinaus, und manchmal sogar an diesen vorbei, weiter zu existieren.[270]
Die „Selbstläufigkeit" des Systems deutet sich bereits in der Verteilung der Finanzressourcen an. Berücksichtigt man die Aufteilung des in den Jahren 1998, 1999 und 2000 verfügbaren Gesamtetats für die Circoli, so stellt man fest, dass fast die Hälfte der Gesamtsumme Sardinien nicht verlässt.[271] Es sind Gelder, die für die Finanzierung von Hilfsorganisationen,

---

268 Wie das „Programma annuale 1999" unterstreicht, geht es um die „selezione di giovani dirigenti o potenziali animatori, effettuata capillarmente dalle federazioni dei Circoli, nonchè la predisposizione di seminari di formazione ed aggiornamento per quadri dirigenti, vertenti su materie attinenti i processi migratori, l'organizzazione regionale e la gestione delle organizzazioni degli emigrati", *http://www.regione.sardegna.it/ital/lavoro/piano-1999.htm,* S. 11 (18.05.2000).

269 Wie angedeutet, geht die Region Sardinien davon aus, dass die heutige Migrationswelt nicht mehr die von vor dreißig Jahren ist. Diese Welt habe sich radikal verändert, demzufolge sei eine Politik des „assistenzialismo" gegenüber den sardischen Vereinen, so wie sie in früheren Zeiten betrieben wurde, obsolet geworden. *Programma annuale 1999. Interventi a favore dell'emigrazione*, *http://www.regione.sardegna.it/ital/lavoro/piano-1999.htm,* S. 1 (18.05.2000).

270 Systemtheoretikern ist dieses Phänomen vertraut: „as individuals develop their personalities, personal habits, and beliefs over time, organizations develop world views and ideologies. Members come and go, and leadership changes, but organizations' memories preserve certain behaviors, mental maps, norms and values over time". B. Hedberg (1981), *How organizations learn and unlearn*, in: P. Nystrom and W. Starbuck (ed.), Handbook of organizational design, 1, Oxford, S. 6.

271 Siehe Anlage 2.

Verwaltungsarbeit und vor allem für die Information („Il Messaggero Sardo“) aufgewendet werden. Würden die Personalkosten für Angestellte und Beamte dazu gerechnet, so würde deutlich, dass die in Sardinien aufgewendeten Finanzmittel die Summe, welche die Vereine insgesamt beanspruchen, weit übersteigt. Bezeichnend ist auch, dass die progressive Reduktion des Gesamtetats zwischen den Jahren 1998 und 2000 mehr zu Lasten der Vereine als der in Sardinien operierenden Kräfte geht. Trotz dieses Ungleichgewichts bleibt die Tatsache bestehen, dass die Vereine und die Verwaltungsmaschine in Sardinien letztlich eine Symbiose bilden: Wenn die Vereine Sardinien brauchen, so brauchen die in Sardinien tätigen Akteure die Vereine. In beiden Fällen geht es um eine Existenzfrage.

VII

Grenzüberschreitungen

Vom Transnationalismus überhaupt

In der vorangegangenen Diskussion über die sardischen Vereine wurden unterschiedliche Aktivitäten und Strategien beleuchtet, die nationale Grenzen und „Logiken" transzendieren. Zu diesen gehören in erster Linie sowohl die internationale und interkontinentale kommunikative Vernetzung der verschiedenen Vereine untereinander als auch ihre Interaktion mit politischen und administrativen Akteuren im Herkunftsland. Hervorgehoben wurde auch die Tatsache, dass das Kommunikationssystem der sardischen Vereine für die politischen Akteure auf der Insel eine gute Gelegenheit darstellt, eigene Interessen politischer und wirtschaftlicher Natur durchzusetzen.

Aus dieser Perspektive scheinen die „Circoli" eine gute Illustration für das Phänomen zu liefern, das man in der zeitgenössischen migrationstheoretischen Diskussion *Transnationalismus* nennt. Ob es nun aber tatsächlich möglich ist, die „Circoli" in das transnationale Paradigma einzuordnen, hängt davon ab, wie dieser Begriff genau definiert wird.

In der gegenwärtigen sozialwissenschaftlichen Debatte bezeichnet der Terminus „Transnationalismus" eine zentrale Dimension jenes Phänomens, das uns als Globalisierung bekannt ist.[272] Zusammen mit Prozessen wie der Intensivierung und Beschleunigung von Kommunikation, der daraus resultierenden, den Globus umfassenden Raum- und Zeitkompression, der Emergenz und Vernetzung globaler Akteure und Strukturen, der tendenziell weltweiten Dominanz bestimmter Denkmodelle und Orientierungsmuster weist auch der Transnationalismus auf ein neuartiges und folgenträchtiges Phänomen im Konzert globaler Trends hin.

Es können *grosso modo* zwei Auffassungen von Transnationalismus unterschieden werden. In einer ersten Version, die man als die „starke" bezeichnen könnte, besagt der Begriff, dass in der Spätmoderne nationale Grenzen so sehr an Bedeutung verloren haben, dass die Kategorien von nationaler Ökonomie, nationaler Kultur und nationaler Politik obsolet geworden sind. Für diese Auffassung kann der „politische Raum" nicht

---

272 Aus der umfangreichen Literatur über Globalisierung seien folgende Werke genannt: R. Robertson (1992), *Globalisation: Social Theory and Global Culture*, London; D. Held, A. McGrew, D. Goldblatt, J. Perraton (1999), *Global Transformations*, Cambridge, Oxford; U. Beck (1998), *Perspektiven der Weltgesellschaft*, Frankfurt a. M.

mehr als koextensiv mit staatlicher Territorialität und Souveränität betrachtet werden, denn nationale Regierungen vermögen nicht über das politische, wirtschaftliche und kulturelle Schicksal ihrer Bürger zu entscheiden. Der obligatorische Hauptbezugspunkt jeder makrosoziologischen Analyse sei heute also nicht der Nationalstaat, sondern die Weltgesellschaft.[273]

Bei der zweiten Version des Begriffes von Transnationalismus, die wir als die „schwächere" bezeichnen können, wird hingegen daran festgehalten, dass trotz der evidenten Zeichen einer Aufweichung politischer, wirtschaftlicher und kultureller Grenzen der Staat weiterhin der bedeutendste Ausdruck der Konzentration politischer Gewalt bleibt. Souveränität und Autonomie des Staates werden im Kontext globaler Organisationen und Strukturen nicht aufgehoben, sondern lediglich neu positioniert.[274]

Trotz ihrer unterschiedlichen Einschätzung des Phänomens Transnationalismus stimmen diese beiden Positionen darin überein, dass das klassische Bild eines legitime Gewalt und nationale Kultur verwaltenden Container-Staates - falls dies überhaupt jemals zutraf – heute nicht mehr taugt, zeitgenössische Gesellschaften zu beschreiben. Transnationale und globale Akteure, Institutionen und Netzwerke durchdringen, beeinflussen und verändern in einem ständigen Prozess die politische und soziale Wirklichkeit, die wir Staat nennen. Beide Positionen berufen sich dabei gerne sowohl auf international agierende Organisationen (NGO), religiöse Gemeinschaften[275] und internationale sowie supranationale Institutionen wie die WTO, die IMF und die World Bank, die eine Art *governance without government* anstreben und verwirklichen. Auch Migranten werden neuerdings in der Liste transnational agierender Akteure aufgeführt. Anders als der

273 N. Luhmann (1982), *Die Weltgesellschaft*, in: Soziologische Aufklärung 2, Opladen; R. Stichweh (2000), *Die Weltgesellschaft. Soziologische Analysen*, Frankfurt a. M.

274 E.-O. Czempiel (1969), *Die anachronistische Souveränität*, Politische Vierteljahrschrift, Vol. 1, Opladen; P. Evans (October 1997), *The Eclipse of the State? Reflections on Stateness in an Era of Globalisation*, in: World Politics 50, S. 62-87.

275 Man denke hier etwa an die Römisch-Katholische Kirche oder an „The Organization of The Islamic Conference" (OIC), http://www.oic-oci.org/.

Transnationalismus „from above" der gerade erwähnten Organisationen realisieren Migranten einen Transnationalismus „from below".[276]

Migration und Transnationalismus

Die Kritik am Container-Modell des Staates erhält eine besondere Schärfe, wenn Migration und Migrationspolitik zur Debatte stehen. Auf das Phänomen der Migration bezogen, steht der Begriff von Transnationalismus nicht nur für die Tatsache, dass heute das Leben von Migranten immer stärker von Aktivitäten geprägt ist, welche die territorialen, politischen und kulturellen Grenzen der Aufnahmegesellschaft transzendieren, sondern auch dafür, dass diese Aktivitäten auf einen alternativen Integrationsmodus hinweisen.[277] Insbesondere Assimilation sei heute kein geeigneter Begriff mehr, die Art der Inkorporierung vieler Migranten in die jeweiligen Aufnahmegesellschaften zu beschreiben. Vor allem dann nicht, wenn mit Assimilation die Vorstellung verbunden ist, dass der Migrant um so weniger am politischen, wirtschaftlichen und sozialen Geschehen in der Herkunftsgesellschaft beteiligt sein wird, je länger dieser in der Aufnahmegesellschaft sozialisiert wurde.[278] So unterstreicht der transnationale An-

---

276 Vgl. A. Portes, *Globalization from Below. The Rise of Transnational Communities*, Princeton University, WPTC-98 01, http://www.transcomm.ox.ac.uk/working%20papers/portes.pdf (14.09.1997); M. P. Smith & L. Guarnizo, *Transnationalism from Below: Comparative Urban and Community Research*, op. cit.

277 So stellt A. Portes fest: „(immigrant communities) become a novel path of adaptation quite different from those found among immigrants at the turn of the century", ders. (1999), *Immigration Theory for a New Century: Some Problems and Opportunities*, in: C. Hirschman, P. Kasinitz, J. De Wind (Ed.), "The Handbook of International Migration: The American Experience", New York, S. 29.

278 Kritisch gegenüber herkömmlichen Sichtweisen äußern sich Portes *et al.*: „In keeping with the assumption that labour stays local, the immigration literature has generally assumed that, once newcomers arrive, they settle in the host society and undergo a gradual but inevitable process of assimilation…This literature makes allowance for a flow of returnees to their home countries, but not for sizeable back-and-forth movements and regular exchanges of tangible and intangible goods between places of origin and destination", A. Portes, L. Guarnizo and P. Landolt (1999), *The study of transnationalism: pitfalls and promise of an emergent research field*, in: Ethnic and Racial Studies, Vol. 22 Number 2, S. 288.

satz, dass Migranten auch nach langer Migrationserfahrung keineswegs ihre Bindungen zur Ursprungsgesellschaft aufgeben oder als irrelevant für ihr Leben erachten. Das Gegenteil sei vielmehr der Fall: Unter der Bedingung zunehmend deregulierter Märkte, der wirtschaftlichen und technischen Optimierung von Transport- und medialen Kommunikationsmöglichkeiten und der internationalen Gewährleistung bürgerschaftlicher Garantien und politischer Rechte nutzen Migranten vorhandene Bindungen zur Herkunftsgesellschaft, um ebendort kollektive und individuelle Interessen zu verwirklichen.[279]

Würde sich nun die Botschaft des transnationalen Ansatzes darin erschöpfen, die Beschränktheit von Assimilation als analytischen Begriff, als normative Vorstellung oder als Prognose zu verkünden, so wäre dies ein denkbar magerer Ertrag. Denn wie wir wissen, sind die Schwächen des Assimilationsmodells bereits innerhalb des „klassischen" migrationstheoretischen Paradigmas erkannt und kritisiert worden.[280] Darüber hinaus lässt sich feststellen, dass liberale Gesellschaften als Bedingung für politische und soziale Integration von Migranten nicht unbedingt verlangen, dass sie die vielfältigen Bindungen zur Ursprungsgesellschaft aufgeben. Diese Gesellschaften beanspruchen nicht so sehr Loyalität zu einer be-

---

279 Im Übrigen beginnt man heute zu erkennen, dass „incorporation and transnational connections are not contradictory processes", P. Levitt, N. Glick, *Transnational Perspectives on Migration: Conceptualizing Simultaneity*. The Center for Migration and Development, Working Paper Series, Princeton University, CMD Working Paper 03-09j, S. 2, http://cmd.princeton. ed/ papers/development.html (14.05.2004).

280 Es gilt hier allerdings zu betonen, dass die Assimilation der Zuwanderer für Aufnahmegesellschaften ein erwünschtes Ziel bleibt, das seitens vieler Migranten verwirklicht wird. Unter den Bedingungen von Transnationalismus versucht man heute, Assimilation neu zu definieren. Siehe unter anderen: R. Alba (Oktober 1996), *How Relevant is Assimilation*, IMIS-Beiträge, Heft 4; D. A. Gerber (2000), *Theories and Lives. Transnationalism and the Conceptualisation of international Migration to the United States*, IMIS-Beiträge Heft 15; R. Alber & V. Nee, (2003), *Remaking the American Mainstream. Assimilation and Contemporary Immigration*, Cambridge, London; G. P. Freeman, *Incorporating Immigrants in Liberal Democracies*, The Center For Migration CMD working Paper 03-09d, http://cmd.princeton.ed/papers/development. shtml (12.03.2004); H. Esser, *Does the „New" Immigration Require a „New" Theory of integrational Integration?* The center for Migration, CMD Working Paper 03-09 K, Princeton, http://cmd.princeton.edu/papers/development.shtml (03.05.03).

stimmten „Kultur", sondern zu einer bestimmten Verfassung, und dies bedeutet keineswegs die Verleugnung der eigenen kulturellen Identität seitens der unterschiedlichen Migrantengruppen.[281]
Zur richtigen Einschätzung der theoretischen und analytischen Vorzüge des transnationalen Ansatzes muss nicht etwa eine alte Debatte neu aufgerollt werden. Es empfiehlt sich hier vielmehr, die Aufmerksamkeit auf jene Aspekte zu lenken, die - angesichts der weltweiten Veränderungen in Bezug auf Arbeitschancen, Mobilitäts- und Kommunikationsstrukturen, sowie Einstellungen und Erwartungen von Migranten und Herkunftsgesellschaften - Migration in ein neues Licht rücken lassen. Es geht dabei hauptsächlich um drei Problemfelder.
Zum Ersten steht in der transnationalen Perspektive nicht mehr die Frage im Vordergrund, was Aufnahme- und Sendegesellschaften mit ihren Migranten „anstellen", sondern vielmehr, wie Migranten mit den Möglichkeiten, die ihnen Aufnahmeland und Ursprungsland bieten, umgehen. Der Akzent liegt hier also darauf, dass Migranten keine passive Masse im Spielfeld unterschiedlicher nationaler Interessen sind. Sie stellen vielmehr aktive Subjekte dar, die in der Lage sind, Chancen rational zu nutzen, unabhängig davon, in welchem nationalen Kontext sich diese präsentieren.[282]
Zum Zweiten unterstreicht der transnationale Ansatz das verstärkte Engagement von Migranten in der jeweiligen Herkunftsgesellschaft. Migranten identifizieren nicht mehr ausschließlich die Aufnahmegesellschaft als den Ort, an dem sie ihre Chancen wahrnehmen und ihre Interessen durchsetzen. Ob als Kleinunternehmer, als engagierter Bürger oder als Mitglied einer religiösen Gruppe - dem Migranten steht immer auch die Herkunftsgesellschaft als Feld möglichen Engagements offen. Zum Dritten macht der transnationale Ansatz darauf aufmerksam, dass das Engagement der Migranten in ihren Herkunftsländern, was die Intensität und

---

281 Vgl. A. Schulte (2002), *Integrations- und Antidiskriminierungspolitik in Einwanderungsgesellschaften: zwischen Ideal und Wirklichkeit der Demokratie*, in: Gesprächskreis Migration und Integration, Bonn.

282 C. Leggewie betont dabei die klassen- und milieutranszendierende Tragweite des Transnationalismus: „Border crossing mobility is not limited to the upper levels of the labor markets; even unskilled workers with precarious residence status have meanwhile become highly mobile and multicultural", ders. (2001), *Transnational Citizenship: Cultural Concerns.* In: "International Encyclopedia of the Social & Behavioral Sciences", Vol. 23, Elsevier, S. 15859.

langfristigen Wirkungen betrifft, heute einen neuen Charakter gewinnt.[283] Migranten, ob als wirtschaftliche, politische oder kulturelle Subjekte, können über nationalstaatliche Grenzen hinweg ihre Herkunftsgesellschaften stark beeinflussen. Dies ist beispielsweise nicht nur dann der Fall, wenn sie ihre Remisen in heimatliche Kanäle lenken, sondern auch wenn sie politische Mitbestimmung in heimischen Parlamenten anstreben oder wenn sie sich unternehmerisch in die Ökonomie des Herkunftslandes einschalten.

Notwendige Differenzierung

Die Tatsache, dass sich Migranten heute - teilweise auf Umwälzungen reagierend, die in Wirtschaft, Politik und Kommunikation stattfinden - in unterschiedlichen Handlungsdimensionen transnational engagieren, ist nicht von der Hand zu weisen. Es gibt unzählige Beispiele, die dieses Faktum empirisch dokumentieren.[284] Nicht so sehr die Sammlung weiterer „Fälle",[285] sondern die Beantwortung wichtiger noch offen gebliebener Fragen

---

283 Vgl. S. Vertovec, *Migrant Transnationalism and Modes of Transformation*, The Center For Migration and Development, Princeton, Working Paper 03-09m, http://cmd.princeton.edu/Papers pages/developments.htm (25.05.2003). In der Literatur werden mit Recht auch die demokratisierenden Wirkungen des Transnationalismus betont: „The experience of living under a democratic system with an effective and autonomuos judical system socializes immigrants into a new political outlook and increases their expectation for change in their own countries", so Portes (March 1999), *Conclusion: toword a new world- the origins and effects of transnational activities,* in: Ethnic and Racial Studies, Vol. 22 Number 2, S. 474; S. R. Curan and F. F. Wherry, *Do Transnational Organisations Promote Civil and Political Liberties*? The Center For Migration and Development, Princeton, Working Paper.

284 Beispiele dafür liefern unter anderen die Diskussionen im Kontext des „Transnational Communities Programme" der Universität Oxford (www.Transcomm.ox.ac.uk) und am „Center for Migration and Development" der Universität Princenton (http://cmd.princenton.edu /papers.shtml).

285 Damit soll manchen "case studies" ein wissenschaftlicher Wert nicht abgesprochen werden, vgl. P. Levitt (2001), *The Transnational Villagers*, Berkley, Los Angeles, London.

ist heute das dringende Forschungsdesiderat.[286] Im Folgenden sollen, ohne Anspruch auf Vollständigkeit, drei Fragenkomplexe genannt werden.

Als Erstes wäre das Ausmaß des transnationalen Phänomens zu erwähnen. Wir verfügen heute über viele Beispiele von Gruppen, die sich transnational engagieren, wir erfahren aber noch zu wenig über diejenigen, die das nicht tun. Insbesondere fehlt es an systematischen Vergleichen zwischen dem amerikanischen und anderen Kontinenten, welche die Forscher in die Lage versetzen könnten, die Dimension des transnationalen Phänomens besser einzuschätzen. Instruktiv wäre es beispielsweise, die Lage von Migranten aus dem südamerikanischen Raum in den USA, für die es bereits einige interessante Belege gibt, mit der Lage von Migranten aus dem südeuropäischen Raum in Zentraleuropa zu vergleichen, für die wir hingegen kaum Beispiele haben.[287]

Ein zweiter Fragenkomplex betrifft die Modalitäten der Verwirklichung transnationalen Handelns. Genauer gesagt, geht es hier um die Frage der unterschiedlichen Handlungssphären und der ihnen zuzuordnenden Handlungsformen. Die Klärung des Zusammenhangs zwischen Handlungssphäre und Handlungsform ist deswegen wichtig, weil dadurch ein realistisches Bild dessen möglich wird, was es eigentlich für Migranten heißt, sich transnational zu engagieren. Die Diskussion über den Transnationalismus hat bereits einige interessante typologische Beschreibungen hervorgebracht, es fehlt aber immer noch an einer Typologie, die es vermag, die spezifischen Sphären transnationaler Praktiken mit den zu diesen Sphären passenden Handlungstypen zu verbinden. Mit anderen Worten: Welche ist die typische Mobilität in den Handlungssphären der Wirtschaft, der Politik und der Kultur? Diese Frage ist hinsichtlich der Einschätzung der Dimension und der Intensität des Transnationalismus von zentraler Bedeutung.

---

286 Noch vor wenigen Jahren haben prominente Vertreter des Transnationalismusansatzes zugestanden, dass „Transnational migration studies form a highly fragmented, emergent field which still lacks both a well-defined theoretical framework and analytical rigour", A. Portes, L. Guarnizo, P. Landolt, *The study of transnationalism: pitfalls and promise of an emergent research field*, op. cit., S. 218.

287 Zum europäischen Raum siehe: A. Rogers, *A European Space for Transnationalism*? School of Geography, Oxford University, WPTC- 2K-07,

Ein dritter Fragenkomplex bezieht sich auf die Rolle von Herkunfts- und Aufnahmegesellschaft bei der Gestaltung transnationalen Handelns von Migranten. Die Tatsache, dass die Transnationalismustheoretiker transnationales Handeln hauptsächlich als ein emergentes Phänomen „from below" thematisiert haben, hat zur Vernachlässigung der Frage geführt, inwieweit Nationalstaaten langfristig Transnationalismus beeinflussen, indem sie den Migrationsströmen bestimmte Schranken setzen. Dass Transnationalismus „from below" und „from above" im Verhältnis der gegenseitigen Beeinflussung betrachtet werden müssen, ergibt sich schon aus dem Umstand, dass heute Nationalstaaten, gleichgültig ob Sende- oder Aufnahmestaaten, immer mehr unter den Druck geraten, Migration zu strukturieren.

Im Folgenden werde ich vor allem auf die zwei letzten Fragenkomplexe eingehen, allerdings sollen zuerst am transnationalen Diskurs einige Unklarheiten erörtert werden. Bei diesen Unklarheiten handelt es sich um unterschiedliche Ausdrucksformen desselben Problems, das ich „falsche Verallgemeinerung" nennen möchte. Im Folgenden werden drei Typen unterschieden.

Die erste Form falscher Verallgemeinerung besteht darin, dass die Feststellung transnationalen Engagements einiger Migrantengruppen zum Anlass für die Behauptung genommen wird, Transnationalismus sei ein Phänomen, das heute in mehr oder weniger ausgeprägter Form viele, wenn nicht die meisten Migranten betrifft. Vor allem in seinen anfänglichen Formulierungen neigte der transnationale Ansatz zu dieser empirisch nicht getragenen Extension des Begriffes. Erst allmählich, im Zuge weiterer Analysen, wurde diese pauschale Sichtweise korrigiert. Heute wird nicht nur besser erkannt, dass sich verschiedene Gruppen an transnationalen Praktiken in unterschiedlichem Ausmaß beteiligen, sondern auch, dass die Migrationsmotive, die Erwartungen und der Migrationskontext von entscheidender Bedeutung, sowohl für das Vorkommen als auch für die Intensität des transnationalen Engagements sind. [288] Der zögerliche Über-

---

[288] So Guarnizo *et al.* kritisch hinsichtlich der Literatur über den politischen Transnationalismus: „this literature leaves little doubt about the existence of the phenomenon of political transnationalism and its transformative potential, but it says little about the actual numbers involved or their characteristics and motivations", L. E. Guarnizo, A. Portes, W. Haller (May 2003), *Assimilation and Transnationalism: Determinants of Transnational Political Action among Contemporary Migrants*, AJS, Volume 108 Number 6, S. 1215.

gang von Analysen, die auf die Untersuchung des Einzelfalls („case studies“) zentriert sind, zur komparativen Analyse zwischen Fällen markiert hier einen wichtigen Durchbruch in Richtung auf eine feinere Differenzierung und bessere Konturierung des transnationalen Phänomens.[289]

Eine zweite Spielart der falschen Verallgemeinerung ist dann gegeben, wenn aus der Beobachtung, dass sich bestimmte Mitglieder einer Migrantengruppe transnational engagieren, geschlossen wird, dass dieses Engagement für die ganze Gruppe gilt. Diese *pars-pro-toto* Annahme wurde freilich nie in dieser Schlichtheit formuliert. Viele der in der Literatur vorfindbaren Beispiele suggerieren jedoch, indem sie sich auf einzelne ethnische Gemeinschaften beziehen, dass eine bestimmte Migrantengruppe *qua* Gemeinschaft in transnationalen Praktiken involviert ist.[290] Entgegen der Annahme eines umfassenden Involviertseins in transnationalen Praktiken, gilt es die Differenzierung von Migrantengruppen vor allem nach Geschlecht, Bildung und Generation als die die transnationale Praxis konditionierenden Merkmale hervorzuheben.

Dass Männer, vor allem in der politischen Handlungssphäre, die Chance transnationalen Engagements stärker als Frauen wahrnehmen, wurde be-

---

289 Siehe unter anderen A. Portes, L. E. Guarnizo, W. J. Haller (April 2002), *Transnational Entrepreneurs: An Alternative Form of Immigrant Economic Adaptation*, American Sociological Review, Vol. 67, N. 2.

290 Zu Missverständnissen hat auch der Begriff „community“ beigetragen. So neuerdings auch L. E. Guarnizo *et al.*: “The unintended result is to exagerate the scope of the Phenomenon by giving the impression that everyone in the studied communities is involved”, L. E. Guarnizo, A. Portes, W. Haller, *Assimilation and Transnationalism: Determinants of Transnational Political Action among Contemporary Migrants*, op. cit., S. 1213. Glick Schiller zeigt sich zwar kritisch gegenüber dem Gemeinschaftsbegriff, aber ihre Kritik gilt hauptsächlich der räumlichen Konnotation und nicht der Extension des Begriffes: „ ... by evoking an imagery of transnational community, researchers foster the false impression that immigrants create their own autonomous cultural space outside of either sending or receiving states”, in: N. Glick Schiller, N., Basch, L. and C. Black Szanton (ed.) (1992), *Towards a Transnational Perspective on Migration: Race, Class, Ethnicity and Nationalism reconsidered*, New York, S. 29. Für die Relevanz des Community-Begriffs in der Debatte über den Zusammenhang von Transnationalismus und Migration siehe vor allem die im Kontext des „Transnational Communities“ Programms der Universität Oxford verfassten Studien

reits im Kontext des amerikanischen Kontinents beobachtet.[291] Beansprucht der transnationale Ansatz eine nationale und regionale Kontexte transzendierende Gültigkeit, so ist es notwendig, neben der Variable Geschlecht auch die Variable Religion einzubeziehen. Die naheliegende Vermutung ist hier nämlich, dass Religion (insbesondere die moslemische) das Verhalten beider Geschlechter auf unterschiedliche Weise beeinflusst. Auch Bildung als zweiter konditionierender Faktor gestattet, das irrige Bild einer als homogen angenommenen community zu korrigieren. Die Einsicht, dass Bildung einen begünstigenden Faktor hinsichtlich transnationalen Engagements darstellt, ist eigentlich eine späte Errungenschaft einer alten Debatte.[292] Die wirkungsgeschichtlich erfolgreiche jedoch undifferenzierte Formel „Transnationalism from below" hatte möglicherweise den Blick für die Tatsache versperrt, dass transnationales Engagement eher die Prärogative eines bestimmten Migrantentypus ist. Die Dichotomie „from above/from below" stand nämlich nicht nur für den Unterschied zwischen dem stark formalisierten Handeln internationaler und supranationaler Organisationen einerseits und den eher informellen Aktivitäten von Migranten andererseits, sondern auch für den Unterschied zwischen mächtigen „global players", die Spielregeln festsetzen, und einer relativ undifferenzierten Klasse von definitionsschwachen Akteuren, die Handlungsspielräume im bereits definierten Feld nutzen.

Eine dritte Variante der homogenisierenden Einstellung ist schließlich, wie gesagt, auf die Ausblendung der Kategorie der Generation zurückzuführen. Es ist besonders bedauerlich, dass die Theoretiker des Trans-

---

291 M. Jones-Correa (1998), *Different Path: Gender, Immigration and political Participation*, in: International Migration Review, 32 (2), S. 326-49. Über die Gründe für die Differenz im Engagement zwischen Männern und Frauen gibt es allerdings keine Einigkeit. So deutet Jones-Correa das stärkere politische Engagement der Männer als eine notwendige Kompensation für den Statusverlust, den sie im Zuge der Migration erleiden müssten. Dass diese Kompensation ausgerechnet auf dem Wege politischen Engagements stattfindet, sei nicht zufällig, denn auch daheim konstituiere Politik eine typische Männerdomäne, ebenda.

292 So beispielsweise Portes: "the some studies indicate that is the better educated and more legally secured…. who are most likely to involve themselves in transnational activities, economic or politics". A. Portes, *Sociology in the Hemisphere: Past Convergencies and a New Conceptual Agenda*, The Center for Migration and Development, Princeton University, Working Paper 01-04, http://cmd.princeton.edu/papers/developments.html (29.12.2003).

nationalismus lange Zeit den Faktor der Generation vernachlässigt haben. Denn es war voraussehbar, dass die Kritiker des transnationalen Ansatzes gerade darin einen wunden Punkt des Theoriegebäudes finden würden.[293] An der Generationenfrage, genauer: an der Frage, ob die transnationale Handlungsorientierung von einer Generation an die nächste weitergegeben wird, entscheidet sich nämlich, ob der Transnationalismus eine zwar interessante aber kontingente Erscheinung ohne besondere Implikationen für die Migrationstheorie darstellt, oder vielmehr ein bleibendes Phänomen bezeichnet, das eine stringentere theoretische Fundamentierung verdient als ihm bisher zuteil wurde.

Die dritte Form der falschen Verallgemeinerung betrifft die Dimensionen bzw. die Sphären, in denen transnationales Handeln stattfindet. Ein Blick auf die einschlägige Literatur über den Zusammenhang von Migration und Transnationalismus zeigt, dass der größte Teil der Untersuchungen darauf gerichtet ist, diesen Zusammenhang einseitig zu erörtern. Man konzentriert sich hier in der Regel auf Formen transnationalen Engagements entweder in der wirtschaftlichen oder in der politischen oder in der kulturellen bzw. religiösen Handlungssphäre.[294] Gegen diese Vorgehensweise ist nichts einzuwenden, solange der in einer Handlungsdimension erbrachte Beleg für transnationales Engagement nicht dazu dient, mehr oder weniger bewusst auf andere Dimensionen zu extrapolieren. Gerade diese Art von Fehlschluss findet aber oft statt. Symptomatisch dafür ist der in der Literatur häufig anzutreffende Begriff von *dual lives*.[295] Bei die-

---

293 R. Alber & V. Nees, *Remaking the American Mainstream. Assimilation and Contemporary Immigration*, op. cit.

294 Siehe dafür vor allem die im Kontext des „Transnational Communities"-Programms der Universität Oxford vorgelegten Studien: www.Transcomm.ox.ac.uk.

295 So Glick Schiller: „In transnational migration, persons literally live their lives across international borders." Ders., *Transmigrants and Nation-States: Something Old and Something New in the U. S. Immigrant Experience*, in: C. Hirschman, P. Kasinitz, J. De Wind (Ed.), The Handbook of International Migration: The American Experience, op. cit., S. 96. L. Basch, N. Glick Schiller und C. Black-Szanton, gehen ebenso von einer „Multiplicity of involvements that transmigrants sustain in both home and host society", in: *Nation Unbound: Transnational Projects, Post – Colonial Predicaments and De-Territorialized Nation-States*, op cit., S. 6. Ähnlich auch Portes: „Transnational communities are dense networks across political borders created by immigrants in their quest

sem Terminus wird suggeriert, dass sich Migranten gleichzeitig in mehreren Handlungsdimensionen transnational engagieren.

Entgegen der Annahme eines umfassenden und gleichzeitigen Involviertseins in unterschiedlichen Handlungssphären gilt es zu betonen, dass der Transnationalismus meistens ein Phänomen darstellt, das nicht die Totalität, sondern zumeist bestimmte Segmente des sozialen Lebens von Individuen und von Gruppen betrifft.

Die Hervorhebung dieser Schwächen und Einseitigkeiten wird hier nicht zum Anlass genommen, die Relevanz des transnationalen Ansatzes für die Migrationsforschung in Frage zu stellen. Schwächen und Einseitigkeiten verweisen vielmehr auf einen Bedarf an Reflexionssteigerung und zusätzlicher empirischer Forschung. Was vor allem vermißt wird, ist ein theoretischer Rahmen, welcher der Mannigfaltigkeit der bislang vorgelegten empirischen Befunde Konsistenz und Einheitlichkeit zu verleihen vermag. Der Versuch, dieses Defizit auszugleichen, schließt vor allem folgende Aufgaben ein: a) die Identifizierung von Modalitäten der Verwirklichung transnationalen Handelns, b) die Klärung der Rolle von Aufnahme- und Ursprungsgesellschaft bei der Gestaltung transnationaler Ströme und damit verbunden c) die Auseinandersetzung mit der Problematik des zeitlichen Kontingenzcharakters des Transnationalismus.

Was in den nächsten Abschnitten folgt, versteht sich nicht als ein Versuch, Mängel und Unstimmigkeiten, mit denen der transnationale Ansatz behaftet ist, aufzuheben. Unter Bezugnahme auf das Beispiel der sardischen „Circoli“ soll es im Folgenden darum gehen, einige wichtige Bedingungen aufzuzeigen, denen ein mit analytischem und theoretischem Anspruch auftretender transnationaler Ansatz zu genügen hätte.

Welche Typologie des Transnationalismus?

Wir müssen die Beobachtung von Saskia Sassen ernst nehmen, nach der unter den Bedingungen insbesondere wirtschaftlicher Globalisierung die Motivation vieler Migranten steigt, sich transnational zu engagieren. Dies trifft zu, weil Globalisierung in der ökonomischen Sphäre Hand in Hand mit einem deregulierten Arbeitsmarkt geht, der Migranten verletzlicher

for economic advancement and social recognition. Through these networks, an increasing number of people are able to lead dual lives". Ders.: *Immigration Theory for a New Century: Some Problems and Opportunities*, in: C. Hirschman, P. Kasinitz, J. De Wind (ed.), The Handbook of International Migration: The American Experience, op. cit., S. 29.

denn je macht.[296] Doch aus der Einsicht, dass unter den Bedingungen einer veränderten Arbeitsmarktsituation die Rolle des „Selbstbeschäftigten" immer mehr zu einer Notwendigkeit wird, folgt noch lange nicht, dass alle Migranten in der Lage sind, diese Aufgabe zu verwirklichen. Zu gewichtig sind die durch Geschlecht, Bildung und Alter - um nur die wichtigsten zu nennen - gestellten Konditionierungen, um aus dem Gebot ein „Transmigrant" zu sein, auch seine Einlösung herleiten zu können. Ähnliches gilt *mutatis mutandis* für die Sphäre der Politik und der Kultur. Auch in Bezug darauf müssen wir mit unterschiedlichen Dispositionen und Ressourcen rechnen, die die vorhandenen Chancen für transnationales Handeln in unterschiedlicher Weise übersetzen.

Mit der Berücksichtigung von Geschlecht, Bildung und Alter ist allerdings die erforderliche Differenzierungsarbeit noch lange nicht zu Ende, denn, wie gesagt, die Unterscheidung unterschiedlicher Handlungsfelder und der ihnen zuzuordnenden Handlungsmodalitäten stellt eine dringende Aufgabe dar. Erst die Angabe dieser zwei Größen vermag die Intensität transnationalen Handelns zu bestimmen. Zusammen mit Geschlecht, Alter und Bildung erlauben die Angabe der spezifischen Handlungssphäre und der ihr entsprechenden Handlungsmodalität eine realistische Einschätzung der Dimension transnationalen Handelns. Diese Aufgabe verweist auf eine neue typologische Charakterisierung transnationalen Handelns.

Wie bei anderen typologischen Charakterisierungen sind auch im Falle des Transnationalismus zwei Fragen zentral: Welche Aspekte am untersuchten Phänomen werden hervorgehoben und welche bleiben hingegen im Dunkeln? Welche Anschlussmöglichkeiten bieten dann die hervorgehobenen Aspekte für die Weiterführung der Analyse?[297]

---

296 S. Sassen (1998), *Globalisation and its Discontent*, New York. Ähnlich dazu Portes: „Transnational economic enterprise offers opportunities to immigrants of modest origins to escape dead-end menial jobs and find their way into the middle class", A. Portes, *Conclusion: toward a new world*, op. cit., S. 471.

297 Sozialwissenschaftliche Typologien sind Versuche, die charakteristischen Züge eines sozialen Phänomens zu benennen. Sie spiegeln nicht die Wirklichkeit wider, sondern ordnen diese nach bestimmten Kriterien. Damit Typologien als gelungen gelten können, müssen sie in optimaler Weise Ausführlichkeit und Synthese kombinieren und gleichzeitig das Kriterium der Angemessenheit erfüllen. Die Angemessenheit einer Typologie bemisst sich an ihrer Fähigkeit, das fragliche Phänomen, ohne Auslassung wichtiger typischer Merkmale, zu charakterisieren.

Ich möchte diese Frage unter Bezugnahme auf zwei typologische Charakterisierungen des Transnationalismus kurz diskutieren. Es handelt sich um die raum- und funktionenzentrierte Typologie von Faist[298] und um die aktivitäten- und intentionenzentrierte Typologie von Portes *et al.*[299] Meine Absicht ist, diesen zwei Typologien eine dritte entgegenzusetzen, die nach Handlungsfeldern und Handlungsmodalitäten unterscheidet. Das Ziel besteht darin, durch diese letzte Typologie wichtige Züge des Transnationalismus aufzuzeigen, die eine bessere Einschätzung sowohl der Dimension des Phänomens als auch der darin involvierten Akteure gestattet.

In Faists typologischer Unterscheidung wird Transnationalismus als „transnationaler sozialer Raum" thematisiert. Davon unterscheidet Faist, je nach Art der involvierten Gruppe, der Integrationsweise und der erfüllten Funktion, drei Typen. Transnationale soziale Räume, die verwandtschaftlich konstituiert sind und auf dem Prinzip der Reziprozität basieren, sorgen unter anderem für den Fluss von Ressourcen (Remisen). Transnationale soziale Räume, die auf netzwerkartigen Interessengemeinschaften gründen und durch das Prinzip des Austausches integriert sind, sorgen für die Erfüllung wechselseitiger Pflichten und Erwartungen vor allem im wirtschaftlichen Bereich. Schließlich sorgen transnationale soziale Räume, die durch ethnische bzw. kulturelle Gemeinschaften konstituiert sind und deren Integrationsmechanismus Solidarität ist, für die Erzeugung bzw. Aufrechterhaltung geteilter Werte und Überzeugungen. An dieser Typologie des Transnationalismus muss positiv hervorgehoben werden, dass sie involvierte Gruppen, Integrationsmodus und Ziele bzw. Funktionen in einer Einheit zu verbinden vermag.

Die von Portes *et al.* vorgeschlagene Typologie stellt, wie gesagt, Aktivitäten, Akteure und Intentionen in den Mittelpunkt. Sie hat gegenüber der Typologie von Faist den Vorteil, dass sie sowohl Migranten als auch Mitglieder der Herkunftsgesellschaft als transnational agierende Akteure einbezieht. Initiativen der beiden Gruppen unterscheiden sich nach Portes *et al.* nach dem Grad ihrer Institutionalisierung: Während der von staatlichen Akteuren induzierte Transnationalismus ein hohes Institutionalisierungs-

298 T. Faist (2002), *Transnationalisation in International Migration: Implications for the Study of Citizenship and Culture*, in: Ethnic and Racial Studies, 23 (2), S. 189-222.

299 A. Portes, L. E. Guarnizo, P. Landolt: *The study of transnationalism: pitfalls and promise of an emergent research field*, op. cit.

niveau aufweist, bleibt der Institutionalisierungsgrad des von Migranten realisierten Transnationalismus relativ niedrig.

Dementsprechend unterscheiden Portes *et al.* drei Formen von Aktivitäten, denen unterschiedliche Typen von Akteuren und Zielen zugeordnet werden: a) ökonomische Aktivitäten transnational handelnder Unternehmer zum Zweck der Beschaffung von Kapital und der Erschließung neuer Märkte; b) politische Aktivitäten sowohl von Funktionären der Herkunftsgesellschaft als auch von Vertretern der Migrantengruppen auf der Suche nach politischem Einfluss und Macht; schließlich c) soziokulturelle Aktivitäten von Migranten und Repräsentanten der Herkunftsgesellschaft, deren Ziel es ist, nationale Identität zu verstärken oder einfach kulturelle Angebote wahrzunehmen.

Sowohl die Typologie von Faist als auch jene von Portes *et al.* sind so konstruiert, dass sie, wenn auch auf unterschiedlicher Weise, Akteure, Handlungsfelder und Tätigkeiten in Verbindung miteinander bringen. Was dabei allerdings aus dem Blick gerät, ist die *Modalität,* mit der die Akteure in den spezifischen Handlungsfeldern ihre Ziele verwirklichen. Modalität ist insofern eine wichtige Kategorie, als sie den Handlungsmodus angibt, der in einem bestimmten Handlungsfeld erforderlich ist, damit das spezifische Ziel erreicht werden kann. Durch sie wird mit anderen Worten die Intensität der Mobilität sichtbar, die Migranten je nach Handlungsfeld realisieren müssen. Erst dadurch wird es möglich, ein realistisches Bild dessen zu gewinnen, was es für Migranten heißt, transnational aktiv zu sein. Ich möchte die Vorteile des Zusammenhangs zwischen Handlungsfeld, Handlungsmodalität und Handlungsintention als relevante Unterscheidungskriterien für eine Typologie des Transnationalismus im Folgenden illustrieren.

Ich unterscheide drei Sphären bzw. Dimensionen transnationalen Engagements von Migranten, nämlich Politik, Wirtschaft und Kultur/Religion und den ihnen entsprechenden Modalitäten der Zielverwirklichung: a) die intermittierende Präsenz im Herkunftsland; b) das Pendeln zwischen nationalen Grenzen und c) die Vernetzung als kommunikative Verbindung zwischen Akteuren in unterschiedlichen Ländern. Betrachten wir im Folgenden diese Modalitäten und ihre entsprechenden Dimensionen genauer.

Die Modalität der *intermittierenden Präsenz* besagt, dass Migranten sowohl in der Ursprungsgesellschaft als auch in der Aufnahmegesellschaft bestimmte Interessen verfolgen. Sie besagt aber auch, dass ihr Engagement in der Herkunftsgesellschaft zeitlich limitiert ist. Dieses Sowohl-als-auch-Modell steht im Gegensatz zum Ausschließlichkeitsprinzip des klassischen Paradigmas, nach dem allein die Gastgesellschaft der Ort sein kann, in dem sich Langzeitmigranten sinnvoll betätigen können. Beispiele für diese Spielart des Transnationalismus lassen sich vor allem im politischen, rechtlichen und kulturellen Bereich finden. So ist es nicht ungewöhnlich, dass sich Migranten in unterschiedlichen nationalen Kontexten zum Zweck der Erkämpfung, der Erhaltung und der Erweiterung politischer und bürgerlicher Rechte engagieren.[300] Intermittierende Präsenz bedeutet aber, wie gesagt, dass die Mobilität von Menschen über nationale Grenzen hinweg nur begrenzt stattfindet, denn die Vertretung politischer Interessen kann delegiert werden, und Wahlen und Kundgebungen in der Heimat sind bekanntlich eine eher seltene Angelegenheit. Die Verwirklichung dieser Modalität verlangt allerdings ein gewisses Maß an Information und Organisation. Mit anderen Worten: Intermittierende Präsenz in der gerade definierten Form setzt *Vernetzung* voraus. Dazu später mehr.

In den Kapiteln V und VI hatten wir Gelegenheit, zu sehen, wie die Circoli ihre politischen und kulturellen Interessen verwirklichen. Wenn auch nicht in homogener Weise, gestattet das Netzwerk der Circoli die Bildung und die Kondensierung politischer Interessen über Nationen hinweg. In diesem Zusammenhang ist hervorzuheben, dass es bei den sardischen Migranten nicht so sehr um die Durchsetzung üblicher Ansprüche wie Bürger- bzw. politischer Rechte geht. Zur Debatte steht hier vielmehr die Konstitution einer politischen Macht zum Zweck der Mitbestimmung bei politischen Entscheidungen in der Herkunftsgesellschaft.

Die Modalität des *Pendelns* bringt im Vergleich zum vorherigen Fall mehr Dynamik ins Spiel. Sie besagt nicht nur, dass sich Migranten in zwei unterschiedlichen nationalen Kontexten engagieren, sondern darüber hinaus auch, dass dieses Engagement durch ein konstantes Pendeln charakterisiert ist. Beispiele für diese Modalität lassen sich vor allem im Bereich der Wirtschaft finden. So stellen wir hier fest, dass Migranten oft das Wirtschaftsgefälle bzw. das Bestehen von Marktlücken und Entwicklungsdifferentialen zwischen Ursprungs- und Aufnahmegesellschaft nutzen. Die Verwirklichung dieser Modalität transnationalen Handelns kann selten delegiert werden. Eine zentrale Annahme des Transnationalismus „from below" besteht ja darin, dass es die einzelnen Migranten sind, die *prima personae* ökonomische Chancen in unterschiedlichen nationalen Kontexten wahrnehmen. Dass diese Modalität von der untersuchten Gruppe kaum verwirklicht wird, hat vor allem damit zu tun, dass sie in die Produktionssphäre relativ gut integriert ist.

---

300 C. Leggewie, *Transnational Citizenship, Cultural Concerns*, op. cit.

Die Modalität der *Vernetzung* schließlich bezieht sich auf Akteure, die zwischen zwei oder mehreren nationalen Kontexten kommunizieren. Schnelle Erreichbarkeit der am Netzwerk Angeschlossenen, Koordination der Ziele und Zusammenhalt der Gruppe sind hier notwendige Bedingungen für erfolgreiches Handeln im Hinblick auf die anvisierten Ziele. Politische, kulturelle und religiöse Interessen sind typische Betätigungsfelder, die diese Netzwerke generieren und perpetuieren. Unter modernen technischen Bedingungen setzt Vernetzung nicht unbedingt Bewegung über nationale Grenzen hinweg voraus. Kommunikationsmittel wie Telefon, Fax, Zeitung und Internet reichen hier aus.
Vernetzung ist mit Sicherheit jene Modalität, die am effektivsten von unserer Gruppe verwirklicht wird. Dies geschieht, wie wir sahen, hauptsächlich auf zwei Ebenen. Auf lokaler Ebene sorgen die einzelnen Circoli für den Austausch von Information und für die Sicherung von Solidarität. Auf internationaler Ebene erfüllt das Netzwerk der Vereine eine wichtige Funktion als Vehikel politischer Inhalte. Aber auch Akteure der Herkunftsgesellschaft nutzen dieses Netzwerk für die Propagierung eigener Interessen.
Wir erkennen im Anschluss an unsere Typologie, dass Handeln in der wirtschaftlichen, politischen, rechtlichen und kulturellen Dimension an jeweils spezifischen Modalitäten gekoppelt ist. Unternehmerische Tätigkeiten über nationale Grenzen hinweg brauchen nicht unbedingt die Anbindung an ein Netzwerk, wohl aber die Bereitschaft seitens einzelner Individuen, zwischen Nationen zu pendeln. Wie das Beispiel der sardischen Migranten zeigt, sind diejenigen, die sich zwecks Erkämpfung bestimmter politischer Rechte in der Heimat engagieren möchten, auf netzwerkartig organisierte Mitstreitende angewiesen. Diese Individuen müssen aber nicht unbedingt zwischen Nationen pendeln. Wollte sich ein Migrant in allen genannten Handlungssphären transnational engagieren, so müsste dieser unterschiedliche Handlungsmodalitäten gleichzeitig aktivieren: die der intermittierenden Präsenz, die des Pendelns und die der Vernetzung. Dies ist aber eher die Prärogative einer begrenzten Anzahl von Migranten.

Ein mögliches Zukunftsszenario

Wenn das klassische Migrationsparadigma die Aufmerksamkeit hauptsächlich auf das Verhältnis zwischen Migranten und Aufnahmegesellschaft gelenkt hat, so besteht, wie wir sahen, ein Vorzug des transnationalen Ansatzes darin, dass dieser die Beziehung zwischen Migranten und Herkunftsgesellschaft ins Zentrum der Aufmerksamkeit rückt. Im Folgenden

soll plausibel gemacht werden, warum im migratorischen Dreieck auch die Beziehung zwischen *Aufnahmegesellschaft* und *Sendegesellschaft* stärker thematisiert werden muß, als dies heute der Fall ist.
Da unsere Gruppe innerhalb der EU volle Freizügigkeit genießt, trifft das im Folgenden skizzierte Szenario nicht auf sie zu. Gleichwohl erscheint nützlich, auf diese wahrscheinlichen Entwicklungen eingehen zu müssen, denn sie schärfen das Auge für die Bedeutung des Verhältnisses zwischen Aufnahme- und Herkunftsgesellschaft, das in der Forschung sträflich vernachlässigt worden ist. Klärende „Gespräche" und Koordinationsarbeit zwischen Aufnahme- und Herkunftsgesellschaft stellen auch innerhalb der EU ein dringendes Desiderat dar. Es genügt hier, auf das Problem der politischen „Freigabe" der Migranten seitens der Herkunftsgesellschaft als Bedingung einer erfolgreichen Integration und auf die typische Blindheit von Herkunftsländern gegenüber der sozialen Situation „ihrer" Migranten in den unterschiedlichen Aufnahmeländern hinzuweisen.
Einwanderungsländer haben ein ausgesprochenes Interesse daran, Migration unter Kontrolle zu bringen.[301] Zu dieser Aufgabe gehört sowohl die Bewältigung des Problems der illegalen Migration[302] als auch jenes der Selektion potentieller Einwanderer. Was insbesondere die letztere Aufgabe angeht, so können wir *grosso modo* zwei Selektionsmodelle unterscheiden: jenes der *einfachen Selektion* und jenes der *Selektion-plus-Rotation*. Beim ersten Modell geht es darum, aus der möglichen Migrantenpopulation diejenigen Individuen zu selektieren, die in die Ökonomie eines Landes funktional einbezogen werden können: Nationalökonomische Interessen bestimmen hier also, wer ein geeigneter Kandidat für die Einwanderung sein kann.[303] Hat die Selektion stattgefunden, so bleibt dem Einzelnen die Entscheidung überlassen, ob er die Aufnahmegesellschaft zu seiner definitiven

---

301 Zum Problem der Kontrolle siehe auch: W. A. Cornelius, P. S. Martin, J. H. Hollifield (ed.) (1994), *Controlling Immigration. A Global Perspective*, California; G. Brochmann and T. Hammer (ed.) (1999), *Mechanism of Immigration Control: A Comparative Analysis of European Regulation Policies*, Oxford, New York.

302 Siehe dazu: *Unauthorized Migration. An Economic Development Response.* Report of the Commission for the Study of International Migration and Cooperative Economic Development, July 1990; D. Cinar, A. Gächter, H. Waldrauch (ed.) (2000), *Irregular Migration: Dynamics, Impact, policy options*, European Centre, Eurosocial Report, Vienna.

303 Vgl. T. Straubhaar (2000), *Why we Need a General Agreement on Movemenets of People (GAMP)*, Hamburgisches Welt-Wirtschaftsarchiv (HWWA).

Heimat macht oder nicht. Bei dem Selektion-plus-Rotationsmodell ist es nun gerade diese Option, die nicht zur Verfügung steht. Der Aufenthalt im Aufnahmeland sollte nur von beschränkter Dauer sein: Nach Erlöschen des Arbeitsvertrages verpflichtet sich der Migrant, in das Herkunftsland zurückzukehren. Während das erste Modell bereits allgemeine Praxis in vielen klassischen Einwanderungsländern wie Kanada, Australien und teilweise auch den USA ist,[304] stellt das zweite Modell ein wahrscheinliches Szenario für die Zukunft dar.[305]

Das Selektion-plus-Rotationsmodell ist unter anderem auch aus der Einsicht in die nachteiligen Wirkungen erwachsen, die die Praxis der einfachen Selektion für typische Auswanderungsgesellschaften hat. Man hat erkannt, dass, wenn einerseits die einfache Selektion dem Interesse der Sendeländer, den Fluss wertvoller Remisen nicht zu unterbrechen, entgegenkommt, sie doch andererseits das Problem des „brain drains" und des Schwunds von wertvollem Sozialkapital verschärft. Im Gegensatz dazu sieht das Selektion-plus-Rotationsmodell die Reintegration im Herkunftsland jener Arbeitskräfte vor, die das Land temporär verlassen hatten.[306] Der Vorteil für die Sendeländer wäre dabei ein doppelter: Einerseits würden die Remisen im kontinuierlichen Strom weiterfließen und andererseits würden die mit neuen Erfahrungen und Fertigkeiten bereicherten Rückkehrenden einen wichtigen Beitrag für die Entwicklung ihres Landes leis-

---

304 In einigen europäischen Ländern wie Deutschland hat dieses Modell bereits Anwendung gefunden bzw. es wird von diesen Ländern als zukünftige Strategie in Erwägung gezogen.

305 Für eine Illustration des Modells verweise ich auf H. Brücker, G. S. Epstein, B. McCormick, G. Saint-Paul, A. Venturini and K. F. Zimmermann (2002), *Managing Migration in the European Welfare State*, in: T. Boeri, G. Hanson, B. McCormick (ed.), Immigration Policy and the Welfare System, Oxford. Zu diesem Thema siehe auch: *Towards a Migration Managment Strategy*. European committee on Migration, http://www.coe.int/T/E/Social_Cohesion/Migration/Ministerial_Conferences/Towards%20a%20Migration%20Management%20Strategy%20-20English%20version.pdf (28.08.2001).

306 Vgl. T. Straubhaar (2000), *International Mobility of the Highly Skilled: Brain Drain or Brain Exange*, HWWA, Discussion Paper 88, Hamburg, Institute of International Economics; U. Hunger zeigt die positiven Auswirkungen von Migration von Hochqualifizierten auf Herkunfts- und Aufnahmeländer. Ders. (2003), *Vom Brain Drain zum Brain Gain*, in: Gesprächskreis Migration und Integration, Bonn.

ten.[307] Welche wären langfristig die Folgen der unterschiedlichen Modelle im Hinblick auf die vorhin unterschiedenen Modalitäten der intermittierenden Präsenz, des Pendelns und der Vernetzung?
Die einfache Selektion wäre das Modell mit den geringsten Nebenfolgen hinsichtlich der Modalitäten der intermittierenden Präsenz und der Vernetzung. Nur das Pendeln als Modus der Verwirklichung wirtschaftlicher Ziele würde eine deutliche Einschränkung erfahren. Für Migranten, die auf Grund spezifischer Fertigkeiten auf Nachfrage der Aufnahmeländer emigrieren, stellt sich das Problem der Arbeitssuche in der Regel nicht. Mit anderen Worten Migranten sehen sich in diesem Fall nicht mit dem Problem konfrontiert, Chancen zu nutzen, die sich aus Wirtschaftsdifferentialen zwischen Nationen ergeben, es sei denn, gravierende Veränderungen in der Ökonomie des Aufnahmelandes zwingen sie dazu, vom vorgezeichneten Weg abzuweichen.
Selektion-plus-Rotation wäre hingegen ein Modell mit schwerwiegenderen Folgen hinsichtlich transnationalen Handelns. Es ist vorauszusehen, dass seine konsequente Realisierung den Charakter sowohl der Migration als auch der Erwartungen der betroffenen Subjekte radikal verändern würde. Dies wird klar, wenn wir noch einmal einen Blick auf die unterschiedlichen Modalitäten und Dimensionen transnationalen Handelns werfen. Wie im einfachen Selektionsmodell, so findet auch im Selektion-plus-Rotationsmodell das Pendeln als die zentrale Modalität transnationalen Handelns in der Wirtschaftssphäre keinen Platz. Aber auch intermittierende Präsenz als der typische Modus politischen und kulturellen Engagements in zwei Gesellschaften stellt hier keine gültige Option dar. Welche Vorteile hätte beispielsweise die Erlangung der doppelten Staatsbürgerschaft angesichts eines relativ kurzen Aufenthaltes im Aufnahmeland? Schließlich würde im Selektion-plus-Rotationsmodell auch die Modalität der Vernetzung nicht ausreichend zum Tragen kommen. Die Perspektive einer relativ baldigen Rückkehr würde sich hinsichtlich der Bildung und Nutzung bereits vorhandener netzwerkartiger transnationaler Organisationen eher demotivierend auswirken. Sollte sich in Zukunft in der EU das Selektion-

[307] Hier wäre allerdings anzumerken, dass dieses Modell nur in dem Maße realisierbar ist, in dem es den Aufnahmegesellschaften gelingen wird, die Sendegesellschaften in ein Gespräch einzubeziehen und sie von den Vorteilen einer „verwalteten“ Migration zu überzeugen. Dies setzt unter anderem die Möglichkeit voraus, unterschiedliche Interessen hinsichtlich Remisen, Know How, Brain Drain, Menschen- und Bürgerrechten zu koordinieren.

plus-Rotationsmodell durchsetzen, würden transnationale Aktivitäten *von* Migranten immer mehr zugunsten internationaler Regelungen *für* Migranten ersetzt werden.

Die Rolle von Nationalstaaten bei der Implementierung transnationalen Handelns

Die gerade dargestellte Perspektive legt es nahe, Migration als ein komplexes Phänomen anzusehen, bei dem Sende- und Aufnahmegesellschaft eine entscheidende Rolle bei der Strukturierung des Migrationsflusses und des Migrantenlebens spielen. Beide, Sende- und Aufnahmegesellschaft, setzen hier den institutionellen Rahmen fest, in dem sich transnationales Handeln seitens der Migranten entfalten kann. Für die beinahe ungebrochene Definitionsmacht von Nationalstaaten im Kontext globaler Veränderungen spricht aber heute auch ein anderer Umstand.

Vor allem die stärkere Version des Transnationalismus neigt dazu, die Vitalität zeitgenössischer Nationalstaaten zu unterschätzen. Wir können heute beobachten, dass Länder der „Peripherie“[308] auf die Herausforderungen der Globalisierung mit einer Neubewertung ihrer ausgewanderten Bevölkerung reagieren. Dies ist unter anderem an der Veränderung der Semantik sichtbar. Auswanderer sind heute nicht mehr wie noch vor einigen Jahrzehnten „Verräter der Nation“ oder durch eine Art „natürliche“ Auslese Exkludierte.[309] Sie stellen vielmehr, wie es oft heißt, wertvolles Humankapital und eine „echte Chance“ für die Länder der Peripherie dar, Anschluss an das „Zentrum“ zu finden. Aus dieser Perspektive betrachtet, ist es nur konsequent, wenn diese Staaten Bürgerschaft neu definieren und auch auf die ausgewanderten Gruppen ausdehnen.

Die Neuartigkeit dieser Entwicklung darf nicht überschätzt werden, denn viele Züge des gerade beschriebenen Phänomens sind aus der Migrationsforschung längst bekannt. Staaten, die ausgewanderte Bürger politisch und

---

308 „Peripherie“ ist eine Metapher, mit der man die Lage jener Staaten beschreiben kann, die über eine schwache Entscheidungsmacht bei der Gestaltung globaler Prozesse verfügen.

309 Vgl.: S. Castles, *The factors that Make and Unmake Migration Policies*, Center for Migration Studies, Working paper 03-09a, http://cmd.princeton.edu/papers/development.shtml, S. 5 (02.11.03).

wirtschaftlich nicht „freigeben", gab es schon immer.[310] Die Identitäts- und „Community"-Rhetorik vieler Auswanderungsländer kann die schlichte Tatsache nicht verschleiern, dass diese ein starkes Interesse daran haben, „ihren" Migranten eine Rolle als treue Remisenlieferanten *ad infinitum* zuzuschreiben. Damit dies gelingt, dürfen Migranten weder gänzlich in die Aufnahmegesellschaft assimiliert noch in die Ursprungsgesellschaft gänzlich re-integriert werden.[311]

Ungeachtet dieser alten Neigung zur Instrumentalisierung seitens der Herkunftsländer bleibt die Tatsache bestehen, dass in der aktuellen Phase der globalen Umstrukturierung des Kapitalismus die wirtschaftlich schwachen Länder alle ihnen zur Verfügung stehenden Ressourcen mobilisieren müssen. Es ist also teilweise verständlich, wenn heute im Ressourceninventar dieser Länder immer häufiger auch die „eigenen" Migranten angeführt werden.[312]

---

310 Paradebeispiel ist hier Italien. Siehe B. Schmitter (1984), *Sending States and Immigrant Minorities - the Case of Italy*, in: Society for Comparative Study of Society and History, Vol. 26, S. 325- 334.

311 In dem Maße, in dem die Einwanderungsländer ihren Migranten keine echten Integrationsangebote machen, d.h. diese in einer Situation wirtschaftlicher und sozialer Randständigkeit verharren, wird die von den Auswanderungsländern betätigte Rhetorik auf fruchtbaren Boden fallen.

312 So Portes zu diesem Thema: „The mobilization of Third World governments in persuit of the economic and political benefits of transnationalism has taken several forms that range from the creation of a specialized ministry or government department in Haiti and Mexico, the granting of dual citizenship and the right to vote in national elections in Colombia, and new legislation allowing the election of representatives of the diaspora to the national legislature in Colombia and Domenican Republic". A. Portes, *Conclusion: Toward a new world - The origins and effects of transnational activities*, op. cit., S. 467. Es sind freilich nicht nur „periphäre" Staaten, die heute versuchen, die Ressource Migration zu nutzen. Dass hier der Katalog ziemlich bunt ist, zeigen AnnaLee Saxenian *et al.* am Beispiel der Migranten im High-Tech-Zentrum Silicon Valley: „Local governments can play an important role in building bridges between both mainstream and ethnic professional networks as well as between the different ethnic associations in their jurisdictions. There are associations representing Japanese, Vietnamese, Iranian, Irish, Israeli, and French professionals in Silicon Valley (In addition to the Chinese, Indian, and Corean associations discussed in this report) ..." A. Saxenian, Y. Motoyama, X. Quan (2002), *Local and Global Networks of Immigrant Profes-*

Es gibt für heutige Nationalstaaten unterschiedliche Möglichkeiten, die Ressource Migration zu nutzen. Diese Möglichkeiten stellen ein Kontinuum zwischen einerseits umsichtigen, langfristig konzipierten und auf Hilfe von Spezialisten zurückgreifenden Strategien und andererseits dilettantischem Aktionismus dar. Mit einiger Plausibilität kann behauptet werden, dass sich heute Indien, China und Taiwan der positiven, Italien hingegen der negativen Seite des Kontinuums annähern. Ich gehe im Folgenden kurz auf diese Beispiele ein.
Die Bemühungen des indischen Staates gegenüber den eigenen Migranten sind größtenteils darauf zurückzuführen, dass die so genannten „Non Residence Indians" (NRI) vor allem im IT-Sektor der USA eine nicht zu vernachlässigende wirtschaftliche Kraft darstellen. Die Feststellung, dass ungefähr 30% aller Softwareunternehmen in Indien auf die Initiative bzw. die fachliche und wirtschaftliche Unterstützung von NRI zurückgehen, wurde für die indische Regierung zum Anlass umfangreicher inlandspolitischer Maßnahmen mit dem Ziel, die Ressource Migration besser zu nutzen: In den letzten zwei Jahrzehnten wurden Steuerbefreiungen eingeführt, neue Infrastrukturen geschaffen und nicht zuletzt das Bildungssystem des Landes reformiert. Darüber hinaus bemühte sich die indische Regierung, die eher informell vorhandenen Netzwerke, welche die im Ausland lebenden Inder mit wirtschaftlich relevanten Akteuren in der Heimat verbinden, zu formalisieren.[313] Wichtig in unserem Zusammenhang ist auch die Tatsache, dass in den letzten Jahren die indische Re-

sionals in Silicon Valley, Public Policy Institute of California (auch als Internetdatei vorhanden), S. 54. Dazu siehe auch: S. Prashantham (August 2004), *Ethnic Social Capital and Small Firm Internationalisation: The Case of India Software Industry*, University of Strathclyde, Strathclyde, in: International Business unit, Working Paper.

313 So P. Chakravartty: „Domestic and transnational firms have responded with unprecedented levels of investment, while the State has formalized networks of labor and capital between regional high-tech growth areas like Bangalore, Chennai, Hyderabad and Mumbai with their global counterparts in Hong Kong, Tokyo, New Jersey and Silicon Valley". Ders.: *The Emigration of High Skilled Indian Workers to the United States: Flexible Citizenship and India's Information Economy*, CCIS, Working Paper N. 19, S. 4, http://www.ccis-ucsd.org/PUBLICATIONS/wrkg19.PDF (27.08.2000).

gierung eine gezielte Politik der temporären Auswanderung zum Zweck der Erhörung des inländischen Humankapitals vorangetrieben hat.[314]
Eine ähnliche Entwicklung können wir heute in China und Taiwan beobachten. Auch der chinesische Staat hat längst verstanden, dass die ca. 60 Millionen „Overseas Chinese“ für China eine wirtschaftliche Ressource darstellen, die man nicht ignorieren darf. Die Tatsache, dass 60 bis 65 % aller Auslandsinvestitionen in China auf die Initiative von ehemaligen Auswanderern zurückgehen, hat die chinesische Regierung dazu ermuntert, die Investitionsbedingungen für im Ausland lebende Chinesen zu erleichtern. Auch in diesem Fall verbirgt sich hinter den Bemühungen staatlicher Akteure die Erfolgsgeschichte einer Gruppe im Ausland. Man schätzt, dass etwa 20% der Unternehmensgründungen im kalifornischen High-Tech-Zentrum Silicon Valley auf die Initiative chinesischer und taiwanesischer Spezialisten, teilweise ehemalige Studenten, zurückgeht.[315] Es ist also verständlich, dass angesichts dieses Erfolges die Regierungsakteure in China und Taiwan ein starkes Interesse daran haben, sich in die bereits existierenden Netzwerke, die als Brücken zwischen Herkunfts- und Aufnahmegesellschaft dienen, einzuschalten.
Anders als die gerade erwähnten Beispiele neigt Italien, wie gesagt, zum negativen Ende des Kontinuums, worunter sich die Bemühungen unterschiedlicher Regierungen einordnen lassen, die Ressource Migration zu verwerten.
Seit einigen Jahren bemüht sich das italienische Außenministerium verstärkt um die Einbeziehung der im Ausland lebenden „Mitbürger“ in die Ökonomie des Landes. Vor allem entwicklungsschwachen Regionen des Südens des Landes wie Campanien, Apulien, Calabrien, Sizilien und Sardinien (die sog. Wirkungsgebiet 1) soll durch den Ausbau von Partner-

---

314 Ich lasse erneut Paula Chakravartty zu Wort kommen, die sich ihrerseits auf einen Artikel der “Financial Times” (April 24, 2000) bezieht: „The Indian postcolonial State today encourages emigration of high-tech workers with the assumption that when graduates return from countries like the US ‘they bring money, they bring a tested education, and above all they come back bitten by the ‘entrepreneurship bug’. These entrepreneurial efforts are seen as important in improving Indo-US relations as well as increasing American investor confidence and trade with India. Ders.: *The Emigration of High Skilled Indian Workers to the United States: Flexible Citizenship and India's Information Economy*, op cit., S. 24.

315 Siehe dazu auch U. Hunger, *Vom Brain Drain zum Brain Gain*, op. cit.

schaftsbeziehungen mit „erfolgreich" im Ausland lebenden Mitbürgern langfristig ein wirtschaftlicher Vorteil erwachsen. Zu diesem Zweck hat das italienische Außenministerium ein Projekt ins Leben gerufen, das den Ausbau der Beziehungen zwischen lokalen Akteuren und im Ausland ansässigen „Mitbürgern" vorsieht.[316] Von „lokaler Entwicklung", „Capacity and Institutional building"[317] sowie „Internationalisierung" der italienischen Unternehmen durch die Schaffung transnationaler Netzwerke ist hier die Rede. Es wird die Notwendigkeit neuer Entwicklungsstrategien unterstrichen, die „langfristig das Land in der internationalen Arena wettbewerbsfähig machen sollen".[318] Vor allem zwei Dinge sind hier kritisch zu bewerten: die Prämissen des Projektes und die Art seiner Realisierung. Das Projekt beruht auf der höchst fragwürdigen Annahme, dass es sich bei den Ansprechpartnern im Ausland um „erfolgreiche Mitbürger" handelt, die in der Lage sein sollen, einen entscheidenden Beitrag zur Entwicklung des Landes zu leisten. Dabei argumentiert das italienische Außenministerium nicht auf der Basis zuverlässiger Daten, die imstande wären, der Ressource Migration ein klares Profil zu geben, sondern auf der Grundlage von Vermutungen. Diese Vagheit und Uninformiertheit hat Konsequenzen für die Art der Verwirklichung des Projekts PPTIE. Fragt man nämlich nach den Resultaten der Bemühungen der italienischen Re-

316 Das Programm („Programma di partenariato Territoriale con gli Italiani all'Estero", in der Folge: PPTIE) wird vom europäischen Sozialfond, der internationalen Organisation für Arbeit (ILO) und der UNO (Sektion Arbeit) finanziert. Das Programm ist im Internet unter: www.PPTIE.org/ zugänglich.

317 Wir entnehmen aus einer offiziellen Erklärung des Außenministers, dass „Institutional Building" nicht „die Schaffung neuer instrumenteller und finanzieller Ressourcen" bedeutet. Damit ist vielmehr eine neue Modalität der Integration dieser Ressourcen, ihre Optimierung und ihre Verwendung gemeint (Eröffnungsrede anlässlich des ersten internationalen Kongresses für die Partnerschaft zwischen süditalienischen Regionen und den italienischen „Gemeinschaften" im Ausland, Rom, 16.02.2004).

318 Diese und die folgenden Sätze sind aus der Rede des Außenministers anlässlich des ersten internationalen Kongresses über Partnerschaften zwischen süditalienischen Regionen und den italienischen „Gemeinschaften" im Ausland (Rom, 16.02.2004) entnommen. Siehe: www.PPTIE.org.

gierungsakteure, so gewinnt man ein relativ klares Bild einer insgesamt wirren Situation.[319]

Am italienischen so wie an anderen Beispielen sind aber nicht so sehr die Ergebnisse, sondern die Intentionen von besonderem Interesse. Angesichts der Herausforderungen der Globalisierung setzen Nationalstaaten und Regionen der „Peripherie" zunehmend auf die „Ressource Migration". Dies geschieht vor allem dadurch, dass die Bildung neuer und die Verstärkung bereits vorhandener transnationaler Netzwerke vorangetrieben werden. Dies geht Hand in Hand mit einem ausgeweiteten Begriff von Bürgerschaft.

Wie wir sahen, aktivieren die sardischen Migranten vor allem zwei Modalitäten transnationalen Engagements, nämlich die der intermittierenden Präsenz in der politischen und rechtlichen Sphäre und, teilweise als Mittel für die Durchsetzung dieser Interessen, die der Vernetzung. Das Pendeln als Modalität der Verwirklichung wirtschaftlichen Handelns spielt bei der untersuchten Gruppe so gut wie keine Rolle. Zumindest dann nicht, wenn mit dieser Modalität gemeint ist, dass Individuen ihre materielle Existenz durch wirtschaftlichen Einsatz in unterschiedlichen Ländern zu sichern versuchen. Dies bedeutet allerdings nicht, dass bei den „Circoli" der wirtschaftlichen Dimension lediglich eine marginale Bedeutung zukommen würde. Wir sahen nämlich, dass aus der Perspektive der regionalen Akteure die Circoli strategische Orte für die Propagierung bzw. die Vermarktung sardischer Produkte und Ressourcen im Ausland darstellen. In den Augen dieser Akteure bietet das netzwerkartige System der Circoli für eine wirtschaftlich und geographisch randständige Region wie Sardinien eine ausgezeichnete Möglichkeit, Anschluss an wichtige internationale Märkte

319 Es ist hier von recht disparaten Dingen die Rede: die Förderung sizilianischer Mandeln in Brasilien, den Vereinbarungen zwischen dem Hafen von Neapel und jenem von Miami (Florida), der Förderung der Klein- und mittleren Industrie im Rahmen einer Partnerschaft zwischen Sizilien und den sizilianischen Vereinen in Australien, den Vereinbarungen zwischen Calabrien und der Universität von Mendoza in Argentinien zum Zweck der Nutzung der therapeutischen Eigenschaften der Bergamotten, der Förderung des Tourismus durch die sardischen Vereine im Ausland etc. Siehe: www. PPTIE. org.

zu finden.[320] Ähnliche Bemühungen können wir heute auch in anderen Ländern des südlichen Mittelmeers beobachten.[321]
Im Falle der sardischen Circoli hat neben der Modalität der intermittierenden Präsenz jene der nationalen und transnationalen Vernetzung eine besondere Bedeutung, weil letztere eine Bedingung für die Verwirklichung der ersten ist: Ohne die Möglichkeit eines strukturierten kommunikativen Austauschs bliebe die Vertretung politischer Interessen und somit die Schlagkraft kollektiven Handelns aus. Die Modalität der Vernetzung ist also hier Mittel zum Zweck: Bliebe das Bedürfnis der Verwirklichung politischer Interessen in der Herkunfsgesellschaft aus, so würde die Kommunikationsintensität im Netzwerk merklich schrumpfen.

Wir wollen abschließend versuchen, die sardischen Circoli als transnationale, netzwerkartige Organisationen anhand von drei zentralen Kategorien der Netzwerktheorie kurz zu charakterisieren. Es handelt sich dabei um die Begriffe „Dichte", „Segmentierung" und „Zentralisierung".
Betrachten wir die Circoli als transnationales Kommunikationssystem, so ist hier eine hauptsächlich durch politische Inhalte und Ziele induzierte Dichte vorhanden. Die Koordination politischen Handelns erfordert die Optimierung und Verdichtung von Kommunikation unter den Einheiten bzw. Knoten des Netzwerkes, das sich auf mehrere Nationen und Kontinente erstreckt. Freilich ist in diesem transnationalen Netzwerk nicht überall dieselbe Dichte vorhanden. Wie wir im Kapitel „Kommunikationsdynamiken" bereits sehen konnten, gibt es im Netzwerk besondere Zentren der Produktion und Vermittlung von „Themen". Der politische Aktivismus bleibt im globalen Netzwerk letztlich eine Prärogative von wenigen Individuen und Gruppen. Es sind bestimmte Circoli, die aufgrund der vorhandenen Humanressourcen zum Handlungsantrieb für andere werden. Diese Beobachtung leitet zur zweiten Strukturkategorie von Netzwerken über, der der Segmentierung.
Damit ein Netzwerk politisch transnational aktiv werden kann, muss eine Elite vorhanden sein, die in der Lage ist, sowohl Interessen zu wecken

---

320 Es handelt sich dabei um eine Perspektive, die von vielen sardischen Vereinen übernommen worden ist.

321 Siehe dazu: *La Fondation Hassan II pour les Marocains Résidant à l'étranger*, http://www.alwatan.ma/index.asp (23.01.2004).

und zu bündeln, als auch die notwendigen Aktionen zu koordinieren.[322] Wiederum hängt es, unter anderem, auch von den Interessen dieser Elite ab, in welche Richtung sich die Potenzialität des Netzwerkes entfalten wird. Drei Optionen stehen hier zur Auswahl: die Aufnahmegesellschaft, die Ursprungsgesellschaft oder beide.

Segmentierung im globalen Netzwerk findet allerdings nicht nur entlang der Unterscheidung „Führende/Geführte“, sondern auch in Bezug auf die nationale bzw. kontinentale Verortung statt. Je nachdem, ob die am Netzwerk angeschlossenen sardischen Migranten in einer Gesellschaft sozialisiert worden sind, in der Effizienz, Meritokratie und soziale Gerechtigkeit in den allgemeinen kulturellen Code eingeschrieben sind oder nicht, sind sie in einem unterschiedlichen Ausmaß am Plan der Veränderung der Missstände in der Heimat beteiligt.

Segmentierung ist in unserem Fall aber auch eine Folge des ungleichen Zugangs zu Information im Netzwerk. Ist beispielsweise ein Teil der Individuen im Netzwerk vom Informationsfluss schwer erreichbar, so gibt es Abweichungen von der allgemeinen Gruppenorientierung. Dieses Phänomen lässt sich besonders gut bei der Abspaltung von Vereinen beobachten. Findet eine solche Abspaltung statt, dann ist der Anschluss an bestimmte Diskurse im Netzwerk nicht mehr garantiert. Die abgespaltenen Circoli, so war in unserer Untersuchung zu beobachten, nahmen nicht mit derselben Intensität an der Debatte über die politische „Eroberung“ Sardiniens teil wie die vernetzte Circoli.

Wir kommen schließlich zum Begriff der Zentralisierung. Unabhängig davon, ob Netzwerke „in eigener Regie“ aufgebaut und verwaltet werden oder nicht, bieten sie eine ausgezeichnete Adresse für alle möglichen externen Akteure. Als „fixierte Örtlichkeit“ im Sinne Simmels[323] sorgen sie für die Bündelung einer ansonsten zerstreuten Menge von Individuen. Dies trifft auch auf das von uns in den vorherigen Kapiteln analysierte Netzwerk der Circoli zu. Wie wir sahen, erlaubt dieses Netzwerk nicht nur Migranten, sich „daheim“ zu engagieren, es gestattet auch Akteuren der Sendegesellschaft, sich in den jeweiligen Aufnahmeländern „ihrer“ Mi-

---

322 Dieser Aspekt bleibt in der Literatur über den Transnationalismus meistens unterbelichtet.

323 Für eine Definition von „fixierter Örtlichkeit“ verweise ich auf das Kapitel III in dieser Arbeit.

granten wirtschaftlich zu betätigen.[324] Diese Akteure sind darüber hinaus bemüht, das Netz zu erweitern bzw. an bestimmten strategischen Orten zu ergänzen. Ihre Position im Netz verstehen sie nicht als Knoten unter anderen Knoten, sondern als Zentrum.

Abschließende Bemerkungen

Unter der Bedingung globaler Veränderungen, vor allem in den Sphären der Kommunikation, der Wirtschaft, des Rechts und der Politik, engagieren sich heute Migranten verstärkt in transnationalen Aktivitäten. Eine Folge dessen ist, dass das klassische Integrationsmodell, welches eine progressive Abkoppelung vom Herkunftsland bei gleichzeitiger Assimilation an das Aufnahmeland postuliert, nicht mehr uneingeschränkt gilt. Die Diskussion über das Ausmaß und die Folgen des Transnationalismus ist heute noch offen. Außer Zweifel steht jedoch, dass der transnationale Ansatz, trotz seiner blinden Flecken, uns auf Phänomene aufmerksam macht, die das klassische Migrationsparadigma und sein Container-Modell vom Staat nicht angemessen beschreiben kann. Der Vorzug dieses Ansatzes liegt nicht nur in einer besseren Beschreibungskapazität der Dynamik, die

---

324 Die Behauptung von N. Glick Schiller, nach der „transmigrants are people who claim and are claimed by two or more nation-states, into which they are incorporated as social actors, one of which is widely acknowledged to be their state of origin" ist nur auf dem Hintergrund dieser Tatsache verständlich. Ders.: *Transmigrants and Nation-States: Something Old and Something New in the U. S. Immigrant Experience,* op. cit., S. 96.

heute viele Migrantengruppen erfasst hat, sondern auch in der Entschlossenheit, mit der manche wichtigen Fragen gestellt werden. Zu diesen gehört sicherlich auch folgende: Wie soll man heute die Inkorporierung von Migranten in die Aufnahmegesellschaft angesichts der Untauglichkeit klassischer Assimilationsvorstellungen neu definieren?[325]

325 Siehe dazu unter anderem: R. Alba, *How Relevant is Assimilation*, op. cit.; D. A. Gerber (2000), *Theories and Lives. Transnationalism and the Conceptualisation of international Migration to the United States*, in: IMIS-Beiträge, Heft 15; Gary P. Freeman, *Incorporating Immigrants in Liberal Democracies*, The Center For Migration CMD Working Paper, 03-09d,

VIII

Perspektiven im migratorischen Dreieck

In der vorangegangenen Auseinandersetzung mit den sardischen Vereinen wurden diese als ein Knotenpunkt für die Artikulation der Interessen unterschiedlicher Gruppen beschrieben: Gastgesellschaft, Migranten und Ursprungsgesellschaft. Betrachten wir noch einmal im Folgenden mit kritischem Blick, wie diese ihre Interessen artikulieren.

Die Perspektive der Migranten

Wie wir sehen konnten, tragen in einer sozialen Umwelt, die in vielen Hinsichten als „problematisch" erfahren wird, die sardischen Vereine dazu bei, gesellschaftliche Komplexität zu bewältigen. Dies geschieht vor allem durch den Austausch nützlicher, auf die Bedürfnisse der Gruppe abgestimmter Informationen. Man muss allerdings gleich hinzufügen, dass diese Art von Komplexitätsreduktion vor allem von der älteren und kaum von der an die Erfordernisse ihrer sozialen Umwelt ungleich besser angepassten jüngeren Generation beansprucht wird.
Diese originär informative Funktion der Vereine wird durch eine zweite mehr und mehr überlagert: die politische bzw. die aktivistische. Wie aufgezeigt würde, versuchen die sardischen Vereinsmitglieder das Kommunikationspotential einer netzwerkartig über mehrere Nationen und Kontinente weit gespannten Struktur zur Koordination und Durchführung politischen Handelns zu nutzen. Ein auffälliger Zug dieses Handelns besteht darin, dass die Ziele des politischen Engagements nicht in der jeweiligen Aufnahmegesellschaft, sondern in der Herkunftsgesellschaft identifiziert werden. Diese Orientierung ist aus der Perspektive der Gruppe damit zu rechtfertigen, dass nicht so sehr in der Aufnahme-, als vielmehr in der *Herkunftsgesellschaft* ein dringender Bedarf an Verbesserung in der politischen und wirtschaftlichen Sphäre besteht.[326]
Man könnte mit einem gewissen Recht diese Gruppeneinstellung als einen Indikator für mangelnde bzw. fehlende Integration in die Aufnahmegesellschaft interpretieren. Die Orientierung an der Herkunftsgesellschaft könnte als Flucht vor einer Realität interpretiert werden, die man auch nach Jahrzehnten als eine „fremde" betrachtet und insofern nicht unbedingt für verbesserungsbedürftig hält. Eine vorsichtigere Deutung dieses Sachverhaltes verlangt jedoch, dass wir die *Definition der Situation* durch die Betroffenen genau berücksichtigen.

---

326 Siehe Statistik, Tabelle 28-29.

Definieren die Betroffenen Migration nicht als ein unvermeidliches Naturereignis, sondern als ein durch menschliches Versagen hervorgerufenes Phänomen, dann erscheint der Wille zum politischen Einsatz in der Herkunftsgesellschaft in einem neuen Licht. Werden falsch getroffene bzw. nicht getroffene Entscheidungen der politischen Akteure in der Heimat als Ursache für die Migration angesehen, so erhält der politische Aktivismus gegenüber der Herkunftsgesellschaft eine plausible Begründung. Die Themen und Argumente, auf die die politischen Führer der Vereinsorganisationen zurückgreifen, um die Gruppe zu mobilisieren, lassen diese Einstellung deutlich erkennen.[327]

Das Bewusstsein der Notwendigkeit einer Verbesserung der Situation in der Ursprungsgesellschaft war nicht „schon immer" vorhanden. Es ist größtenteils als das Resultat eines langen Prozesses der Akkulturation im Gastland anzusehen. Durch jahrzehntelange Sozialisation in den jeweiligen Aufnahmeländern, insbesondere Mitteleuropas, haben die sardischen Migranten Denkschemata, Verhaltensmuster und Erwartungen verinnerlicht, die sich zu einem Vergleichskriterium gebildet haben, an dem sie andere soziale, politische und wirtschaftliche Wirklichkeiten messen. Der Blick aus der Ferne auf die Heimat ist für viele dieser Migranten nicht allein durch Sehnsucht und Emotionen, sondern auch durch Distanz, Kritik oder gar Ablehnung charakterisiert.

Von dieser Perspektive aus betrachtet wird es problematisch, ein an der Herkunftsgesellschaft orientiertes politisches Engagement der Gruppe *tout court* als Zeichen für eine defektive Integration zu interpretieren. Wer würde diesen Menschen das Recht absprechen wollen, sich in eben jener sozialen Wirklichkeit politisch zu engagieren, der sie entstammen, mit der sie sich auf vielen Ebenen noch verbunden fühlen und in die sie eines Tages, im Rentenalter vielleicht, zurückkehren möchten?

Ist die Absicht der Verbesserung der rechtlichen, politischen oder wirtschaftlichen Situation „daheim" ein echtes Bedürfnis der Migranten, so sollten demokratische Aufnahmegesellschaften nicht zögern, es zu unterstützen. Wäre man bereit, in den „demokratischen Code" außer den üblichen Kriterien auch die der klaren Ächtung und Sanktionierung von Korruption, der kompetenten, nicht-klientelistischen Verwaltung der *res publica*, der Reduktion sozialer und politischer Exklusion, der Institutionalisierung von Kontroll- und Evaluationsmechanismen im politischen

[327] Diese Einstellung wird sowohl in den Antworten der Fragebögen als auch in vielen informellen Gesprächen und in politischen Manifesten dokumentiert.

und administrativen Handeln mit einzubeziehen, dann hätte Migration aus vielen halb-industrialisierten Regionen des Mittelmeerraumes nicht die Dimension, die sie hatte und heute noch hat. Dies ist auch der Grund dafür, dass sich viele Migranten nicht mehr mit einer minimalistischen Definition von Demokratie begnügen. Migranten, die für die Verwirklichung eines *erweiterten* demokratischen Codes eintreten, üben eine wichtige Funktion bei der Demokratisierung ihrer jeweiligen Herkunftsgesellschaft aus.
In diesem Zusammenhang ist zu unterstreichen, dass die Liste der Aspekte, die zum erweiterten demokratischen Code gehören, nicht in einer Auseinandersetzung der Migranten mit demokratietheoretischen Argumenten zustande kommt. Sie ist das Ergebnis des sowohl bewusst als auch unbewusst, sowohl systematisch als auch spontan, sowohl in kritischer als auch unkritischer Absicht durch die Jahrzehnte praktizierten Vergleichs zwischen „Heimat" und Aufnahmegesellschaft. Versucht man in wenigen Worten die in biographischen Erzählungen, Gruppendiskussionen sowie spontanen Gesprächen artikulierte Kritik der Migranten an der Ursprungsgesellschaft zusammenzufassen, so lautet die Botschaft folgendermaßen: „Läßt sich Migration auf menschliches Versagen zurückführen, so ist sie ein Skandal, und als solcher ist sie unannehmbar".
Definiert man die Situation in dieser Weise, dann wäre für die Betroffenen Nicht-Handeln keine verantwortungsvolle Option. Organisiertes Handeln über nationale Grenzen hinweg erscheint aus dieser Perspektive nicht so sehr als ein Indikator für schlechte Integration in der jeweiligen Aufnahmegesellschaft, sondern als Ausdruck des Engagements politisch bewusster Bürger.

Die Perspektive regionaler Akteure

Auch bei der Thematisierung der Funktionen und Interessen der Sendegesellschaft besteht Differenzierungsbedarf. Es wurde gezeigt, dass neben den zwei „klassischen" Gründen für die Aufrechterhaltung und Intensivierung der Beziehungen zu den „eigenen" Migranten, nämlich der Lenkung von im Ausland erwirtschaftetem Kapital (Remisen) in die Heimat und der Sicherung politischer Stimmen für die heimischen Parlamente, noch ein drittes Motiv zu unterscheiden ist: die Möglichkeit des Anschlusses an für die Wirtschaft der Region wichtige internationale Märkte. In der langfristigen Entwicklungsstrategie der Insel kommt dem „System Circoli" als Ort der Werbung und Vermarktung heimischer Produkte und touristischer Sehenswürdigkeiten im Ausland eine wichtige Rolle zu. Neben der

Vermarktungsstrategie erscheint auch das politische Interesse legitimationsbedürftig.

Wir hatten bereits Gelegenheit zu sehen, dass sich von Anbeginn an die italienischen Migrantenvereine durch einen hohen Grad an Politisierung auszeichnen. Die parteipolitische Fraktionierung des politischen Lebens in der Herkunftsgesellschaft spiegelte sich in der Zersplitterung des Vereinslebens in den jeweiligen Aufnahmegesellschaften wieder. Die bei italienischen Vereinen ohnehin ausgeprägte Neigung zum *regionalen* Separatismus wurde durch politische bzw. ideologische Grenzziehungen überlagert. Es bildeten sich beispielsweise nicht einfach sardische oder sizilianische, sondern linke oder rechte sardische und sizilianische Vereine. Weil die traditionellen Parteien daheim in den Vereinen ein Stimmenreservoire sahen, das nicht vernachlässigt werden durfte, setzten sie viel daran, vorhandene Abhängigkeiten aufrecht zu erhalten und zu verstärken.

Problematisch an der Politisierung der Vereine war nicht so sehr, dass die Migranten einer Ideologie auch unter der Bedingung der Auswanderung treu blieben, sondern vielmehr, dass das politische, nach der Herkunftsgesellschaft orientierte Engagement der Vereine, den instrumentellen Absichten heimatlicher Akteure sehr entgegenkam. Dieses Engagement drohte das aktivistische Potential der Gruppe ganz zu absorbieren.

Die von Parteien, Gewerkschaften und anderen politischen Akteuren forcierte Politisierung der Vereine hemmte ihr Problemlösungspotential dadurch beträchtlich, dass vorhandene Energien auf Ziele gelenkt wurden, die mit der Alltagsbewältigung und Planung in der Aufnahmegesellschaft kaum etwas zu tun hatten. Die langfristige negative Wirkung dieses Fremdeinflusses war in den Augen aufmerksamer Beobachter nicht zu verkennen: "Collectively, they reinforce ethnic ties by providing expatriates with a voice in home country affairs while decreasing their need to make demands on the social and political institutions of the host society."[328]

Die reale Dimension und die langfristigen Folgen des Eingreifens der Herkunftsgesellschaft in das Leben der italienischen Migranten wurden jedoch erst recht dann ersichtlich, als die Migrationsforscher begannen, unterschiedliche Migrantengruppen miteinander zu vergleichen.[329] Erst

---

328 B. Schmitter (1984), *Sending States and Immigrant Minorities - the Case of Italy*, in: Society for Comparative Study of Society and History, Vol. 26, S. 325-334.

329 J. Puskeppeleit/ D. Thränhardt, *Vom betreuten Ausländer zum gleichberechtigten Bürger*, op. cit.; D. Thränhardt (1989), *Patterns of Organization among Different Ethnic Minorities*, in: New German Critique, N. 46, S. 10-26.

der komparative Ansatz, der griechische, italienische, jugoslawische, spanische und türkische Organisationen gegenüberstellte, vermochte sowohl gemeinsame Züge als auch Besonderheiten, sowohl Vorzüge als auch Nachteile der unterschiedlichen Migrantenvereine herauszustellen.[330]
Erst im Kontext eines komparativen Ansatzes gewinnt die von früheren Forschern unterstrichene „Anomalie" der italienischen Vereine klare Konturen: „Die finanzielle Unterstützung der Betreuung und Beratung von Zweigorganisationen italienischer Parteien, kirchlicher Gruppen und Gewerkschaften in der Bundesrepublik durch den italienischen Staat", so der nüchterne Befund der Analyse von Puskeppeleit und Thränhardt, „hat maßgeblich dazu beigetragen, daß diese älteste Migrantengruppe kaum integrative Organisationsstrukturen aufbaute."[331]
Von besonderem Interesse ist dabei die Tatsache, dass der vergleichende Ansatz auch die konkreten *Folgen* der Bevormundung und Instrumentalisierung der Migranten seitens unterschiedlicher Akteure in der Herkunftsgesellschaft zu zeigen vermag. Es ist wiederum das Verdienst von Thränhardt gewesen, unter Bezugnahme auf die Situation der italienischen Migrantenkinder in der Schule und in der beruflichen Ausbildung auf den kausalen Nexus zwischen einer autonomen und gut funktionierenden Vereinsorganisation und einer erfolgreichen Integration mit aller Deutlichkeit hingewiesen zu haben. Finden nämlich, wie bei der italienischen Gruppe in Deutschland, autonome Organisation und Interessenartikulierung kaum statt, so bleibt die Fähigkeit zur Mobilisierung gruppeneigener Ressourcen aus.[332] Dies erklärt teilweise, warum die politisch instrumentalisierte und in Richtung Herkunftsgesellschaft stark „abgelenkte" Gruppe der Italiener unfähig erscheint, *als Gruppe* über die verheerende Bildungslage der eigenen Kinder zu reflektieren und dagegen zu handeln. Das positive Gegenbeispiel liefern die besser organisierten Spanier, die, als die Notwendigkeit einer Verbesserung der Bildungssituation der eigenen Kinder klar wurde, schnell und effektiv ihre Organisationsressourcen zum Einsatz bringen konnten. Heute befindet sich diese Gruppe in einer ungleich günstigeren Lage als andere Migrantengruppen.[333]

---

330 Ebenda.

331 J. Puskeppeleit/ D. Thränhardt, *Vom betreuten Ausländer zum gleichberechtigten Bürger*, op. cit., S. 145.

332 D. Thränhardt, *Patterns of Organization among Different Ethnic Minorities*, op. cit.

333 Ebenda.

Dies zu betonen ist notwendig, um sich die blinden Flecken, mit der Herkunftsgesellschaften in der Regel behaftet sind, zu vergegenwärtigen. Politische und administrative Akteure in diesen Gesellschaften sind kaum an den negativen Externalitäten ihres Handelns interessiert.

Angesichts der beschriebenen Lage stellt sich eine Aufklärung der beiden involvierten Parteien, der Instrumentalisierten und der Instrumentalisierer, als eine dringende Aufgabe dar. Die Ersten müssten *als Gruppe* ein klares Bewusstsein über ihre reale Lage in der Aufnahmegesellschaft gewinnen und dafür Sorge tragen, dass ihre zur Verfügung stehenden knappen Ressourcen an Human-, Sozial- und Finanzkapital nicht vergeudet werden. Die Zweiten sollten andererseits erkennen, dass sich ihre instrumentellen Strategien auf lange Sicht kontraproduktiv auswirken können. Identifiziert die Herkunftsgesellschaft in „ihren" Migranten eine nützliche Ressource für die lokale Entwicklung, dann müsste sie auch ein Interesse daran haben, dass jenen in der Lage sind, selbständig eigene Interessen zu artikulieren und in der Öffentlichkeit zu vertreten. Dies setzt voraus, dass sich die Herkunftsgesellschaft in ihren egoistischen Interessen zurückhält.

Eine wichtige Frage, die noch zu beantworten ist, ist die, ob jede Art der Anbindung der Migranten an nationale bzw. regionale Entwicklungsstrategien als illegitim und kontraproduktiv anzusehen ist. Wie ist es beispielsweise, wenn sich eine geographisch und wirtschaftlich periphere Region wie Sardinien von ihren im wirtschaftlichen und technologischen „Zentrum" residierenden Migranten Hilfe erhofft? Ist dies eine gleichermaßen für Aufnahmegesellschaften und Migranten unzumutbare Vorstellung oder entspricht dies eher einer unkonventionellen Art, Entwicklungshilfe zu praktizieren?

Mit diesen Fragen verlassen wir das Thema der politischen Instrumentalisierung und begeben uns in das Feld der wirtschaftlichen Abhängigkeiten. Es besteht kein Zweifel darüber, dass in Zukunft die Beziehungen zwischen Sendegesellschaften und Migranten immer mehr auch von ökonomischen Interessen bestimmt sein werden. Viele typische Sendegesellschaften haben mittlerweile das Potential erkannt, das „ihre" Migranten darstellen und haben ein starkes Interesse daran, dass auch in Zukunft diese Quelle nicht versiegt. Dies erklärt, warum viele Sendegesellschaften viel daran setzen, dass die kulturelle Identität der ausgewanderten Väter und Mütter an die jüngere Generation weitergegeben wird: Nur der Migrant, der nicht völlig in der Aufnahmegesellschaft aufgeht, ist ein guter

Migrant, denn nur dieser bleibt für die Sendegesellschaft als „Helfer" ansprechbar.[334]
Wirtschaftliche Unterschiede unter den sogenannten Schwellenländern sind heute auch in dem Maße vorhanden, in dem diese Länder mit der Unterstützung von Migranten rechnen können oder nicht. Bei diesen Migranten handelt es sich jedoch gewiss nicht allein um Individuen, die begehrte Remisen in die Heimat führen. Wer heute das Potential der Migranten auf eine bloße Angelegenheit von Devisensteuerung reduziert, hat die reale Rolle vieler Migrantengruppen im globalen Wirtschaftsmarkt nicht voll erfasst. Was Portes in Bezug auf die Situation der Migranten in Mittelamerika feststellt, ist *mutatis mutandis* auch auf andere Migrantengruppen im europäischen Kontinent übertragbar:

„There is a remarkable disparity between the dynamism of transnational enterprise and governmental misunderstandings or ignorance of the phenomenon. Officials of the Domenican and U.S. governments are mostly interested in the size and channelling of immigrant remittances and appear unaware of the intense entrepreneurial activity going on underneath. In the capital city of Santo Domingo, research conducted during the last two

---

334 In diesem Zusammenhang ist zu unterstreichen, dass viele Circoli die instrumentelle Logik von Politikern und Administratoren in der Herkunftsgesellschaft übernommen haben. Gelegentlich bezeichnen sich diese Vereine als „Botschafter" Sardiniens. So hebt der sardische Verein im norditalienischen Biella hervor, die dortige Vereinstätigkeit verfolge unter anderem das Ziel, „sia di creare un'immagine positiva della comunità sarda nella società di accoglienza, sia di rendere note le amenità e le ricchezze dell'isola" (Jahresbericht des Circolo von Biella, 16.2.1999). In ähnlicher Weise verkündet die Gruppe aus Verona, dass nach der Phase des Assistenzialismus die Aufgabe der sardischen Vereine jetzt in einem „ruolo promozionale delle associazioni nei confronti dell'isola" besteht (Editorial aus: *Il notiziario dei Sardi von Verona.* Anno X, Mai-April 1998, N 2). Die jungen Sarden in Argentinien betonen, dass die Vereine als „centri di promozione imprenditoriale e commerciale" dienen sollen (Mitteilungsblatt: Riunione preparatoria dei giovani in Argentina). Ähnlich verkünden die jungen Sarden aus Australien, dass ihre Rolle als „ambasciatori della Sardegna" darin besteht: „Di promuovere e divulgare la cultura della Sardegna e i suoi prodotti nel mondo", (*Convegno dei giovani in Australia, Nuovi Promoters per la Sardegna,* 20./22.9.1999). Ähnliches wiederholt sich bei den Sarden, die in anderen Ländern Europas ansässig sind.

years reveals how returned immigrants have pioneered a number of business based on ideas and skills learnd in the United States."[335]

Wie die vorliegende Untersuchung gezeigt hat, spielt auch bei den politischen und administrativen Akteuren der „Region Sardinien" das Thema der Migranten als wirtschaftlicher Ressource eine wichtige Rolle. Auch hier werden im Ausland angeeignetes *Know How* und Fachkompetenzen als unverzichtbar für die Entwicklung der Region angesehen.

Es erübrigt sich hier zu sagen, dass nicht alles das, was als nützlich und vernünftig beurteilt wird, mit Beständigkeit und Kohärenz verfolgt wird. Die Reintegration qualifizierter Migranten ist zum Scheitern verurteilt, wenn diese in eine soziale und wirtschaftliche Umwelt zurückprojiziert werden, die keine angemessenen Anschlüsse für die Umsetzung ihrer Kompetenzen bietet.

Die Perspektive der Aufnahmegesellschaften

Westliche Einwanderungsgesellschaften stehen heute vor drei Hauptherausforderungen: die Kontrolle der illegalen Migration, die Vermeidung einer verstärkten Verarmung der Sendeländer durch eine selektive Rekrutierung von Arbeitskräften und schließlich die erfolgreiche Integration der ansässigen Migranten. Es wird immer klarer, dass die Bewältigung jeder dieser Aufgaben unter gleichzeitiger Einbeziehung aller drei im migratorischen Dreieck involvierten Akteure stattfinden muss. Langfristig ist ohne Handlungskoordination zwischen Migranten, Aufnahme- und Sendeländern keine erfolgreiche Migrationspolitik möglich.

Insbesondere bei dem Problem illegaler Migration wird immer deutlicher, dass Aufnahmeländer begrenzte Möglichkeiten der Steuerung haben, wenn sie es versäumen, in ihren Entscheidungsprozessen die Herkunftsgesellschaften dialogisch einzubeziehen.[336] Illegale Migration wird, trotz

---

[335] A. Portes, *Globalisation from Below: The Rise of Transnational Communities*, op. cit., S. 11.

[336] Die Notwendigkeit einer Kooperation mit den Sendeländern wird heute auch von der Europäischen Kommission für Migration besonders betont. So heißt es im "Report" vom 1. Dezember 2003: "(The Commission) calls on the goverments of the Member States to define and cooperate on systems of regulation, qualitative and quanitative, for legal entry to Europe to offer to those countries of origin and transit which experience the main flows of illegal immigration, in order to establish partnership with a view to

der Errichtung künstlicher Barrieren, unvermindert anhalten, solange Menschen wegen Diskriminierung zur Flucht aus dem eigenen Land gezwungen sein werden. Dabei muss Diskriminierung nicht unbedingt die extreme Form ethnischer oder religiöser Verfolgung annehmen. Sie kann auch als eine Folge der Exklusion vom Arbeitsmarkt oder von Bildungschancen angesehen werden.

Es ist mittlerweile eine geteilte Ansicht, dass das Problem der internationalen Migration nicht ohne adäquate Hilfsmaßnahmen in den Sendeländern zu bewältigen ist. Doch die Devise „reducing inequality“[337] im Nord-Süd-Gefälle muss weiter gefasst werden, als dies gemeinhin geschieht. Ungleichheit lässt sich nicht allein an den Unterschieden im nationalen GDP, sondern unter anderem auch an der Qualität der Sicherungssysteme, am Vorhandensein von echten Bildungsmöglichkeiten für weite Bevölkerungsschichten, an der Professionalität von Führungseliten oder am Grad ihrer Korruption messen.

Die „Reduktion von Ungleichheit“ zwischen Nationen und Kontinenten, daran gilt es allerdings festzuhalten, kann sicherlich das Ausmaß der Fälle erzwungener Migration minimieren, sie wird aber nicht Migration als umfassendes soziales Phänomen zurückschrauben können. Die schnell voranschreitende globale Integration von Märkten führt zu einer Dynamik, die zu einem Zuwachs von Migration hindrängt. Insbesondere die zunehmende Globalisierung von Gütern und Dienstleistungen setzt, zum Zweck iherer Vermarktung, Beweglichkeit von Individuen und Gruppen voraus.[338]

Unabhängig von den Dynamiken, die auf globale Bewegungsfreiheit hindrängen, bleibt heute illegale Migration eine echte soziale Herausforderung für viele Länder, denn Illegalität schafft erzwungene Latenz und diese setzt Aufnahmegesellschaften außerstande, elementare Funktionen wie die der Kontrolle, der Lenkung und der Planung auszuüben.

---

drawing up ageements on readmission, management of migratory flows, and the combating of illegal immigration”. *Report*, European Parliament, A5-0445/2003, S. 13, http://www2.europarl.eu.int/registre/seance-leniere/textes/rapports/20003/04 (20.04.2004).

337 S. Castle, *The factors that Make and Unmake Migration Policies*, op. cit.

338 J. Hollifield, *The Emerging Migration State*, The Center for Migration and Development, Princeton University, CMD Working Paper 03-09g, S. 19, http://cmd.princeton.ed/papers/development.shtml (14.03.2004).

Die Bekämpfung von illegaler Migration erfordert, wie gesagt, die konstruktive und beständige Einbeziehung der Sendeländer. Dass es sich dabei um eine schwierige Aufgabe handelt, zeigen die älteren und neueren Versuche der EU, Kooperationsbeziehungen („Partnership") mit Ländern des südlichen Mittelmeerraumes wie Marokko, Algerien, Ägypten und Tunesien zu etablieren.[339] Man kann sich hier des Eindruckes nicht erwehren, dass die relativ mageren Resultate dieser Versuche teilweise auf die Uneinigkeit der europäischen Länder zurückzuführen ist, eine gemeinsame Strategie zu entwickeln. Manche dieser Länder, so ist zu beobachten, sind mehr auf die „Rücknahme" illegaler Migranten seitens der Herkunftsgesellschaft als auf die Implementierung von Demokratie und Achtung der Menschenrechte in diesen Gesellschaften bedacht.[340]
Auch die selektive Rekrutierung von fremden Arbeitskräften legt eine Abstimmung zwischen Empfängern und „Gebern" nahe. Bei dieser Abstimmung sollte es vor allem darum gehen, blinde Flecken auf beiden Seiten sichtbar zu machen.
Es muss erkannt werden, dass die „Jagd" nach jungen, flexiblen und spezialisierten bzw. halbspezialisierten Arbeitskräften auf der Seite der Anwerbeländer[341] und die Förderung von Migration seitens jener Nationen, die auf begehrte Devisen und auf eine Entlastung des Arbeitsmarktes angewiesen sind, auf der anderen Seite in eine Richtung drängen, die langfristig zu einem Nullsummenspiel für letztere zu werden droht.[342] Gewiss,

---

339 Eine Illustration der MEDA-Aktivitäten bietet: *Euromed Synopsis. Weekly Newsletter on the Euro-Mediterranean Partnership and the MEDA Programme*, http://europa.eu.int/com/europeaid/projects/med/index_en.htm (04.04.2004).

340 Einen historischen Überblick darüber bietet: S. Collinson (1996), *Shore to Shore. The Politics of Migration in Euro-Maghreb Relation.* The Royal Institute of International Affairs, London.

341 Dass auf der Seite der Anwerber eigennützige Überlegungen oft den Ton angeben, beweist der vorhin zitierte „Report" für die Europäische Kommission, in dem auf die Notwendigkeit der Schaffung einer Basis hingewiesen wird, „on which Member States can compete fairly for the 'brightest and best' workers from non-EU countries, especially in a context of shrinking European workforce and growing labor shortage and skills gaps". *Report*, European Parliament, S. 17, op. cit.

342 Die Debatte über die Einschätzung der Bedeutung der Remisen für die Sendeländer ist unter den Spezialisten noch offen. Wichtig erscheint allerdings

es werden heute manche Anstrengungen seitens einiger typischer Sendegesellschaften unternommen, die „besten“ der ausgewanderten Kräfte ins Land zurückzuholen.[343] Doch diese Bemühungen sind zum Scheitern verurteilt, solange diese Länder nicht dafür Sorge tragen, dass die sozialen, politischen und ökonomischen Bedingungen günstig für eine Rückkehr sind. Viele Sendegesellschaften, die sich um die Rückkehr von begehrtem Humankapital bemühen, überschätzen oft die Bereitschaft von Migranten zurückzukehren, weil sie die Veränderungen im Deutungsmuster und Erwartungshorizont derjenigen unterschätzen, die Erfahrungen in modernen, gut funktionierenden, demokratischen Gesellschaften gemacht haben. Am Schreibtisch konzipierte Pläne für die Verwertung der „Ressource Migration“ haben wenig wert, solange die Planer nicht bedenken, dass bestimmte politische, soziale und wirtschaftliche Bedingungen „zu Hause“ erfüllt sein müssen, wenn Migranten tatsächlich zur Rückkehr motiviert werden sollen. Die von manchen Herkunftsländern erzeugte Identitäts- und Vaterlandsrhetorik entpuppt sich in den Augen der Migranten schnell als eine solche, sobald sich die Rückkehr als Verlust an Entfaltungsmöglichkeit, Freiheit und Gerechtigkeit erweist.[344]

---

die Tatsache, dass Remisen nicht undifferenziert mit Entwicklung assoziiert werden können. Es muss mit anderen Worten von Fall zu Fall unterschieden werden, ob sie als Grundlage für Investitionen im produktiven Sektor dienen, oder ob sie lediglich den individuellen Konsum steigern. Darüber hinaus können Remisen auch große Ungleichheiten des Einkommens und des Wohlstandes unter den Mitgliedern der Herkunftsgesellschaft bewirken und dadurch soziale Spannungen und Konflikte hervorrufen.

343 Manche Länder des südlichen Mittelmeers wie Ägypten und Marokko nützen moderne elektronische Möglichkeiten wie Internet, um die Verbindungen zu den eigenen Migranten zu intensivieren und die Qualifizierten unter ihnen zur Rückkehr zu motivieren. Die marokkanische *Fondation Hassan II* tut sich bei dieser Aufgabe besonders hervor. So hat die „Fondation“ eine eigene Internetseite eingerichtet, in der marokkanischen Migranten die Möglichkeit gegeben wird, ihre berufliche Qualifikation und ihre berufliche Präferenz in einem Formular einzutragen. *La Fondation Hassan II pour les Marocains Résidant à l'étranger,* op. cit. Ähnliche Initiativen werden von Ägypten und Tunesien unternommen.

344 So wandte sich der marokkanische König Hassan II in seiner Rede am 7. Mai 1996 in Paris mit folgenden Worten an die marokkanischen Migranten: „Nos liens seront non seulement des liens d'allégeance, mais aussi des liens

Selektion-plus-Rotation als eine mögliche alternative Strategie für die Regelung der Migrationsflüsse zwischen Aufnahme- und Sendegesellschaften[345] kann nur dann Erfolg haben, wenn in den Entscheidungsprozessen hinsichtlich Anwerbung und Rückkehr auch die Migranten einbezogen werden. Dies bedeutet unter anderem, in Rechnung zu stellen, dass diejenigen, die zurückkehren, nicht mehr dieselben Personen sind, wie diejenigen, die gegangen sind. Rotationsmodelle berücksichtigen meistens nicht, dass Migranten im Gastland *nolens volens* Akkulturationsprozesse durchmachen, die sowohl das Bild der Heimat als auch der eigenen Person verändern.

Die Integration von Migranten als dritte wichtige Herausforderung heutiger westlicher Einwanderungsländer ist nicht nur ein ethischer Imperativ, sondern wird immer mehr auch zu einer Aufgabe, von deren erfolgreicher Lösung die Sicherung sozialer Ordnung abhängt. Integration erfordert eine umfassende Strategie. Ein holistischer Ansatz bei der Integrationspolitik, so wie er neuerdings auch von der EU gefordert worden ist,[346] sieht vor allem zwei Dinge vor: die Echtheit des Integrationsangebots und die Bereitschaft zur Eingliederung seitens der Migranten.

Als erstes wäre hier anzumerken, dass nur insofern das Integrations ernst gemeint ist, auch eine Integrationshaltung erwartet werden kann. Gesellschaften, die sich über völkische Kriterien von Gemeinschaft definieren, die Bürgerschaft nicht politisch verstehen, sondern entlang ethnischer Zugehörigkeitsvorstellungen definieren, machen es Migranten nicht leicht, sich in ihnen zu identifizieren.[347] Die Einsicht, dass die Echtheit des Integ-

---

de parenté puisque vous serez tels mes fils et mes filles..." Abgedruckt in: *La Fondation Hassan II pour les Marocains Résidant à l'étranger*, op. cit.

345 H. Brücker, G. S. Epstein, B. McCormick, G. Saint-Paul, A. Venturini, K. Zimmerman, *Managing Migration in the European Welfer State*, op. cit.

346 *Report*, European Parliament, A5-0445/2003, op cit.

347 Es wird jedoch im Allgemeinen davon ausgegangen, dass trotz unterschiedlicher Traditionen der Integrationspolitik im europäischen Kontinent (W. R. Brubaker (1992), *Citizenship and Nationalhood in France and Germany*, Cambridge; A. Favel (1998), *Philosophies of Integration: Immigration and the Idea of Citizenship in France and Britain*, London; H. Entzinger (2000), *The Dynamic of Integration Policies: A Multidimensional Modell*, in: R. Koopmans and P. Statham (ed.), Challenging Immigration and Ethnic Relations Politics, Oxford) allmählich Konvergenzen sichtbar werden. So G. P. Freemann: „There has been halting but clear movement within the EU toward common policies

rationsangebotes eine Wirkung auf die Motivation zur Anpassung hat,[348] enthebt jedoch nicht von der Aufgabe, auch die andere Seite des kausalen Zusammenhangs zu thematisieren: Dort, wo Einwanderer gruppen die Differenz von Abstammung, Kultur und Religion stark markieren, haben es liberale Aufnahmegesellschaften schwer, einen übergreifenden Konsens als Voraussetzung sozialer Ordnung zu erzielen.[349]
Der soziale Frieden ist aber nicht nur dann gefährdet, wenn die Ethnie bewusst und offensiv zum Abgrenzungskriterium zwischen Gruppen wird, sondern auch dann, wenn über Generationen hinweg vertikale soziale Mobilität entlang ethnischer Kriterien stattfindet.[350] Ist dies der Fall, so kann nicht erwartet werden, dass Aufnahmegesellschaften allein sowohl für die Benennung als auch für die Lösung des Problems verantwortlich gemacht werden. Auch die Betroffenen selbst müssen hier ihren Anteil an Verantwortung übernehmen. Dies setzt freilich voraus, dass sie eine *organisierte* Gruppe bilden, die Willens ist, sich über die eigene Gruppenlage und die möglichen Handlungsstrategien kritisch und konstruktiv auseinander.

---

and Standards", G. P. Freemann, *Incorporating Immigrants in Liberal Democracies*, The Center for Migration and Development, Working Paper 03-09d, S. 11, http://cmd.princeton.ed/papers/development. shtml (12.03.2004).

348 So beispielsweise L. Hoffman in bezug auf die deutsche Situation: „Denn die rückhaltgebende nichtdeutsche Identität ist keine Konservierung des Selbstverständnisses, das im Herkunftsland der Migranten in Geltung ist. Sie ist vielmehr ein ideologisches Konstrukt, das sich erst in der Reaktion auf die Zurückweisung des Aufnahmelandes entwickelt hat", S. 257. L. Hoffmann (1996), *Der Einfluß völkischer Integrationsvorstellungen auf die Identitätsentwürfe von Zuwanderern*, in: W. Heitmeyer und R. Dollase (Hrsg.), Die bedrängte Toleranz, Frankfurt a. M., S. 241-260. Zum Problem des Verhältnisses von Integration und Antidiskriminierungspolitik siehe außerdem: A. Schulte (2002), *Integrations- und Antidiskriminierungspolitik in Einwanderungsgesellschaften. Zwischen Ideal und Demokratie*, in: Gesprächskreis Migration und Integration, Bonn.

349 J. Rawls (1992), *Die Idee des politischen Liberalismus* (hier insbesondere Kapitel 5 und 6), Frankfurt a. M.

350 Diese Tendenz lässt sich heute in den USA beobachten. Siehe A. Portes, *Immigration's Aftermath*, http://www.prospect.org/print/v13/7/portesa.html (22.12.2003).

Die entlastenden Wirkungen von Migrantenorganisationen für Aufnahmegesellschaften dürfen nicht unterschätzt werden. Da sich die unterschiedlichen Gruppen in unterschiedlichen Lagen befinden,[351] wäre jede Aufnahmegesellschaft, die es sich zur Aufgabe macht, die Probleme dieser Gruppen zu identifizieren und dafür Lösungsmöglichkeiten anzubieten, restlos überfordert.[352] Eine keineswegs utopische Vorstellung wäre es, dass jede Gruppe als „Experte" der eigenen Situation Probleme und Bedürfnisse *qua* Gruppe artikuliert und dann, wo externer Handlungsbedarf besteht, diese an die Öffentlichkeit bzw. die zuständigen Akteure heranträgt. Nur dann aber, wenn Migrantenorganisationen nicht parasitär von externen Akteuren überlagert werden, d.h. wenn sie nicht durch die Herkunftsgesellschaft ideologisch „abgelenkt" und instrumentalisiert werden, können sie eine effektiv entlastende Funktion für die Aufnahmegesellschaften übernehmen.

Die drei diskutierten Perspektiven im migratorischen Dreieck zeigen, dass heute mehr denn je Kommunikation und Verständigung zwischen den im Dreieck involvierten Akteuren erforderlich ist. Die Ausblendung bzw. Nicht-Berücksichtigung von einer Position hätte negative Folgen für alle drei. Eine solche Ausblendung ist beispielsweise dann gegeben, wenn Migranten ihre Ressourcen ausschließlich für die Lösung von Problemen in der Herkunftsgesellschaft einsetzen und dabei ihre Lage in der Aufnahmegesellschaft nicht reflektieren. Ausblendung ist aber auch dann im Spiele, wenn Herkunftsgesellschaften starke Bindungen zu „ihren" Migranten reklamieren und das Problem der Integration in den jeweiligen Aufnahmegesellschaften ignorieren, oder wenn letztere klare Absagen an die Herkunftskultur seitens der Migranten mit halbherzigen Integrationsangeboten zu erringen versuchen. Ausblendung ist schließlich auch dann gegeben, wenn Herkunfts- und Gastgesellschaft zur Wahrung beiderseitiger Interessen an Modellen der Regelung globaler Migrationsströme basteln, ohne die Perspektive derjenigen zu berücksichtigen, die Objekt der Verhandlung sind.

---

351 Überrepräsentanz in den Sonderschulen, Unterrepräsentanz in Gymnasien und Hochschulen, mangelnde Sprachkompetenzen, überdurchschnittliche Arbeitslosigkeit, Tendenz zur selbstgewollten bzw. fremdbedingten Segregation, religiös bzw. kulturell bedingte Intoleranzerfahrung sind charakteristisch für einige Gruppen.

352 Dies ungeachtet der Tatsache, dass es immer wieder Experten gibt, die sich dieser Aufgabe annehmen.

IX

(Selbst)kritisches

Viele Sozialwissenschaftler sehen einen Vorzug qualitativer Forschungsverfahren vor allem darin, dass diese flexibel genug sind, sich dem jeweiligen Forschungsgegenstand und der jeweiligen Forschungssituation anzupassen. „Sich anpassen" bedeutet hier unter anderem, der Tatsache Rechenschaft zu tragen, dass Forschung unvorhergesehene und auch nicht vorhersehbare Momente einschließt, die dem Forschungsprozess immer wieder eine neue Wende geben können.

Die Technik der Einbeziehung emergierender und nicht vorgesehener Akteure, Vorgänge und Einsichten *während* der Datenerhebung und die daraus resultierende Adjustierung bzw. Verwerfung vorheriger Annahmen ist von Glaser und Strauss in den sechziger Jahren unter dem Begriff „Theoretisches Sampling" entwickelt worden. „Theoretisches Sampling", so Glaser und Strauss, „bezeichnet den Prozeß der Datensammlung zur Generierung von Theorien, wobei der Forscher seine Daten gleichzeitig sammelt, kodiert und analysiert und dabei entscheidet, welche Daten als nächste gesammelt werden sollten und wo sie zu finden sind, um seine Theorie zu entwickeln, während sie emergiert."[1]

Als Theoretiker mag man die „Vernünftigkeit" dieser Forschungsstrategie einsehen oder auch nicht, als Feldforscher hat man keine andere Wahl, als ihr zu folgen. Dies jedenfalls ist auch meine Erfahrung mit meinem Forschungsgegenstand gewesen.

Meine Intention ist im Folgenden, wichtige Etappen des Forschungsprozesses noch einmal kritisch zu hinterfragen. Ich möchte dabei vor allem dem irrigen Eindruck entgegenwirken, den der Forscher, mehr oder weniger absichtlich, beim Leser meistens erzeugt: Forschung sei ein linearer Prozess, bei dem es darauf ankomme, sich treu an die im Design festgelegten Vorgaben zu halten.[2]

Ich habe während meiner vielen Besuche der Vereine versucht, nicht als ein Wissenschaftler zu erscheinen, der unter „Laborbedingungen" an seinem Forschungsobjekt Beobachtungen und Experimente durchführt, o-

---

1 B. Glaser, A. Strauss (1965/1978), *Die Entdeckung gegenstandbegründeter Theorie: eine Grundstrategie qualitativer Forschung*, in: C. Hopf und E. Weingarten (Hg.), Qualitative Sozialforschung, Stuttgart, S. 45.

2 Bei der Darstellung des Forschungsprozesses, bei der auch Zweifel, Fehler und Irrtümer des Forschers ersichtlich werden sollen, scheint mir die „Ich"-Form anstelle der distanzierteren „Wir"-Form, die bisher in dieser Arbeit verwendet wurde, angemessener.

der mich als jemanden zu präsentieren, der Menschen ausschließlich als Informationsquelle für die eigenen Forschungsziele gebraucht. Ich versuchte, „normal“ zu erscheinen, d. h. mich, soweit es ging, der Gruppendynamik anzupassen. Ich erkannte aber bald, dass es nicht immer einfach ist, sich den Status eines „Insiders“ zu erkämpfen. Probleme ergeben sich vor allem daraus, dass man als Forscher auf Vertrauen angewiesen ist und dass Vertrauen eine Ressource ist, die zuerst gewonnen werden muss.

Ein Vertrauensverhältnis zwischen dem Wissenschaftler und den Informanten - in meinem Fall sind dies alle relevanten Akteure, die um das Phänomen Circoli kreisen - aufzubauen, erfordert viel Zeit und Sensibilität. Wenn dieses Vertrauen erst einmal gewonnen ist, bedarf es ebenso großer Vorsicht, um das mit Mühe Gewonnene nicht schnell wieder zu verspielen. Es gab Situationen, bei denen ich die Menschen und die Probleme, die sie bewegten, nicht richtig eingeschätzt habe, oder mich nicht mit der erforderlichen Vorsicht über Sachverhalte äußerte, die aus der Perspektive der Gruppe als „sensible“ Themen angesehen wurden. Die Folge dieser falschen Einschätzungen war dann mangelnde Offenheit und auch Misstrauen seitens der Gruppe. Ich werde im Folgenden konkrete Beispiele anführen, die diese Situation illustrieren können.

Meine Lage als Forscher ließe sich kurz so zusammenfassen: Einerseits strebte ich einen Zugang zu mir unbekannten Menschen und Situationen an, damit dies aber gelingen konnte, musste ich andererseits bereits über eine gewisse Menge an „Insiderwissen“ verfügen. Zumindest benötigte ich ausreichende Information, um zu verhindern, am falschen Ort und zur falschen Zeit aus der Perspektive der Gruppe problematische Fragen zu stellen. Forschungssituationen besitzen oft diese zirkelhafte Struktur, und das Problem für den Forscher besteht dabei nicht so sehr darin, wie man diesen hermeneutischen Zirkel umgehen kann, sondern vielmehr darin, wie man mit ihm auf angemessene Weise fertig wird.

Es gibt freilich einige praktische Empfehlungen für das, was der Wissenschaftler bei seinem Versuch, den richtigen Zugang zum Forschungsfeld zu finden, tun und unterlassen sollte. Diese Empfehlungen sind allerdings von so allgemeinem Charakter, dass sie in der konkreten Situation wenig nutzen. Jede Forschungssituation ist anders strukturiert, so dass die Probleme, die sie aufwirft, vom Forscher oft *ad hoc*-Lösungen verlangen. Viel ist dabei gewonnen, wenn man einmal begangene Fehler nicht wiederholt.

Kommunikation

Der Lernprozess begann für mich in einem sardischen Verein in einer süddeutschen Großstadt. Mein Interesse richtete sich damals vor allem auf die Frage der Funktion der Circoli im Hinblick auf die Integration ihrer Mitglieder in die Aufnahmegesellschaft.
Es stellte sich jedoch bald heraus, dass meine Fragestellung unmöglich in ein für mich realisierbares Forschungsprogramm hätte übersetzt werden können. Die integrative Leistung der Circoli zu untersuchen, hätte nämlich einen systematischen Vergleich zwischen Menschen, die regelmäßige Vereinsbesucher sind und solchen, die es nicht sind, erfordert. Diese zweite Kategorie von Personen auffindbar zu machen, wäre allerdings aufgrund meiner damaligen Ressourcen mit unüberwindlichen Schwierigkeiten verbunden gewesen. Ich beschloss daraufhin, meine Fragestellung zu modifizieren, und, anstatt zu fragen, was die Circoli für die Integration ihrer Besucher leisten, mich auf die Frage zu beschränken, welche Phänomene auf Offenheit bzw. Geschlossenheit des „Systems" Circoli hindeuten.
Offenheit und Geschlossenheit bezeichnen keineswegs zwei sich gegenseitig ausschließende Realisierungsmodi von Vereinsorgonisation, also: Entweder sind die Circoli ein offenes *oder* ein geschlossenes „System". Sie sind eher als unterschiedliche Perspektiven aufzufassen, die es ermöglichen, unterschiedliche Facetten desselben Phänomens zu beleuchten. Betrachte ich nämlich einen Verein als geschlossenes System, so werde ich auf jene Elemente, Prozesse und Handlungskonstellationen aufmerksam gemacht, die ihn als eine selbständige Einheit erscheinen lassen. Nehme ich hingegen die Perspektive der Offenheit ein, so fällt das Licht auf jene Phänomene und Prozesse, die den Verein als eine Einheit in Wechselwirkung zu ihrer Umwelt erscheinen lassen. Beide Perspektiven sind legitim und liefern unterschiedliche Arten von Information.
Auf der Suche nach Indizien für Offenheit und Geschlossenheit, die ich unter anderem an der Mannigfaltigkeit der im Circolo ablaufenden Kommunikationsprozesse festzumachen versuchte, bin ich zu einer wichtigen Erkenntnis gelangt: Der Circolo kann als der Versuch angesehen werden, den *heimatlichen Raum* zu rekonstruieren, in dem die erste Sozialisation der meisten seiner Besucher stattfand. Entscheidend für die Erhärtung dieser Annahme wurde für mich der Vergleich zwischen dem heimatlichen Dorf und dem Circolo unter der Perspektive der in beiden „Räumen" ablaufenden Kommunikationsprozesse.

Will man den ursprünglichen heimatlichen Raum und seine Funktionen rekonstruieren, so ist der Soziologe auf ein Stück ethnographischer Arbeit angewiesen. Er muss beschreiben, an welchen Orten, unter Verwendung welcher Mittel und mit welchen Zielen Kommunikation im dörflichen Alltagsleben stattfindet.[3] Es muss hier gleich angemerkt werden, dass sowohl im Alltag des heimatlichen Dorfes als auch im Verein Kommunikation nicht allein im Dienste der Vermittlung von Information steht. Kommunikation ist nicht ausschließlich Informationsaustausch unter Dorfmitgliedern, sondern darüber hinaus auch Träger und Katalysator wichtiger sozialer Phänomene wie Identitätssicherung und Solidarität.
Erst wenn die Rekonstruktion der im Ursprungsdorf stattfindenden Kommunikationsprozesse in ihren allgemeinen Zügen erfolgt ist, kann man in einem zweiten Schritt gedankenexperimentell eine Situation imaginieren, in der das freigelegte Kommunikationsnetz plötzlich ausfällt. Die Durchführung eines solchen Gedankenexperiments hat den Vorteil, zu vergegenwärtigen, wie prekär die Situation jener Menschen ist, die ihre vertraute Umwelt verlassen haben und ihr Leben in einer sozialen Wirklichkeit fortzusetzen versuchen, die für sie kommunikativ und emotional kaum passende Anschlüsse bietet. Insbesondere Metropolen industrialisierter Länder stellen für die Auswanderer aus ruralen Regionen eine solche Situation dar.
In früheren Zeiten konnte das „System" Ghetto die Folgen einer als Entwurzelung erfahrenen Auswanderung relativ gut auffangen. Das Ghetto, so zeigt die gleichnamige Untersuchung von L. Wirth, repräsentierte für die betroffene Gruppe einen Schutz gegen die Anomie der Metropole. Es stellte eine Möglichkeit der Komplexitätsreduktion in einer als überkomplex empfundenen Welt dar; es schuf einen Raum der Solidarität gegenüber einer als gleichgültig und gelegentlich sogar als feindlich empfundenen Welt.
In Situationen, in denen die Option „Ghetto" ausbleibt - wie es eben bei der untersuchten Gruppe der Fall ist -, neigen Menschen dazu, sich zu assoziieren, mit der mehr oder weniger expliziten Intention, jenes kommunikative und soziale Netz wiederherzustellen, das durch die Migration verloren gegangen ist. Die Circoli stellen unter anderem eine solche Möglichkeit dar.

---

3 In meinem konkreten Fall bestand die Aufgabe darin, eine Beschreibung der Kommunikationsprozesse im durchschnittlichen sardischen Dorf zu liefern.

Bei meiner Rekonstruktionsarbeit habe ich mich nicht allein auf Aussagen der Betroffenen, sondern auch auf die Beobachtung der Interaktionsdynamik unter den Vereinsmitgliedern gestützt. Denn Fragen der Art „Was bedeutet für Sie dieser Raum?" Oder „Haben der Circolo und das Dorf, in dem sie aufgewachsen sind, etwas gemeinsam?" Hätten nicht sehr weit geführt. Der sinnverstehende Ansatz fand hier klare Grenzen - zumindest insofern, als mit Sinnverstehen ein direkter Anschluss an die verbalen Äußerungen der Erforschten gemeint ist. Dies heißt selbstverständlich nicht, die erforschten Subjekte zu „übergehen". Der Maxime folgend, der Wissenschaftler sollte an die Sinnkonstrukte der Betroffenen anschließen, legte ich den Besuchern des Circolo die Resultate meiner Analyse vor. Die Resonanz war nicht überwältigend, aber es gab immerhin einen gewissen Konsens.

Aber auch der sukzessiv erfolgende Vergleich unterschiedlicher Circoli bestätigte mich in meiner „Rekonstruktionshypothese". Vor allem die Kartierung von Vereinen in unterschiedlichen Städten konnte zeigen, mit welcher beeindruckenden Regelmäßigkeit an unterschiedlichen Orten von unterschiedlichen Gruppen Räume gestaltet wurden, denen die Ausübung ähnlicher Funktionen zugedacht wird.

Kommunikation wurde somit zu einem zentralen Begriff in meiner Forschung. In meinem Arbeitsheft vermerkte ich einige Punkte, an denen sich in Zukunft die Analyse zu orientieren hatte:

a) der kommunikative Austausch unter Mitgliedern desselben Vereins; b) der kommunikative Austausch mit der Gastgesellschaft, unter anderem durch die Präsenz von Mitgliedern der Gastgesellschaft im Verein; c) die Kommunikation mit der Ursprungsgesellschaft in der Form von Reisen und durch den Gebrauch unterschiedlicher Medien, wie Zeitungen, Fernsehen und Internet; d) Kommunikation zwischen den Mitgliedern unterschiedlicher Vereine durch Kongresse, informelle Treffs, Feste und andere Veranstaltungen.

Die Feststellung unterschiedlicher Kommunikationsabläufe sagt freilich wenig über die Qualität des Kommunizierten aus. Wenn die Frage nach der Modalität von Kommunikation und der an ihr beteiligten Akteure geklärt ist, muss die Frage nach der Bestimmung von *Inhalt*, *Ziel* und *Folge* dieses Austausches beantwortet werden. Die entscheidende Frage ist hier also, zu welchem Zweck und mit welchen Resultaten werden bestimmte Arten von Information im „System" Circoli ausgetauscht?

Mir wurde allmählich klar, dass das Phänomen Circoli eine übernationale, ja sogar überkontinentale Dimension besitzt. Ich wusste freilich, dass es in unterschiedlichen Ländern Europas und jenseits des Atlantiks ähnliche Einrichtungen wie die von mir in einer süddeutschen Großstadt untersuchten gab. Doch ich war noch nicht in der Lage, die tatsächliche Dimension dieses Phänomens richtig einzuschätzen.
Es verging einige Zeit, bis ich imstande war, ein einigermaßen vollständiges Bild von der Ausbreitung der Circoli in unterschiedlichen Kontinenten, von ihren Aktionsfeldern und von ihren Beziehungen zueinander und zur „Region Sardinien" nachzuzeichnen. Dabei halfen mir sowohl die Teilnahme an nationalen und internationalen Treffen als auch die Kontakte, die ich inzwischen zu einigen Repräsentanten der Region Sardinien geknüpft hatte.
Mit der Zeit wurde ich nicht nur mit der Struktur und den Aktivitäten unterschiedlicher Circoli vertraut, ich lernte auch Akteure und Organisationen kennen, die auf unterschiedliche Weise in Beziehung zu ihnen standen: Mitglieder unterschiedlicher Hilfsorganisationen („Associazioni di Tutela"), Vertreter des Regionalrates, Regionalabgeordnete, hohe Beamte, sogenannte Manager, Wirtschaftsexperten und viele andere mehr.

Vertrauen

Es stellte sich für mich oft die Frage, welche die „richtigen" Personen sind, an die ich die relevanten Fragen stellen kann. Mit „richtig" meine ich eine Person, die folgende Eigenschaften aufweist: kompetent, sachlich und bereit, sich auf bestimmte Gespräche einzulassen. Man braucht eine gewisse Zeit, bis man diese Personen ausfindig gemacht hat, und man braucht noch viel mehr Zeit, bis man das notwendige Vertrauen zu ihnen aufgebaut hat, um „offen" über bestimmte Probleme zu reden.
Die Zeit spielt auch in einem anderen Zusammenhang eine wichtige Rolle. Von zentraler Bedeutung ist nämlich der Zeitpunkt, zu dem eine Frage gestellt wird. Um klar zu machen, welche Schwierigkeiten für den Forscher entstehen können, der Situationen nicht richtig einschätzt, ist es an dieser Stelle erforderlich, ein wenig weiter auszuholen.
Es wurde bereits erwähnt, dass zwischen den Circoli und den Akteuren der „Region Sardinien" ein gespanntes Verhältnis herrscht. Es war für mich äußerst interessant, zu beobachten, wie die deutschen, niederländischen und schweizerischen Circoli mit den südamerikanischen koalierten, um eine gemeinsame Strategie für die nächsten Regionalwahlen zu entwi-

ckeln. Von der politischen „Eroberung" Sardiniens war hier gelegentlich die Rede. Dies schaffte wiederum Unmut auf der Seite regionaler Akteure. Bei diesen war oft der Vorwurf zu hören, einige Individuen und Gruppen versuchten, die sardischen Migranten zu instrumentalisieren und die von der „Region Sardinien" finanzierten Strukturen für die Durchsetzung eigener Interessen zu entfremden.
Als ich das erste Mal an einer nationalen Versammlung der Circoli in Deutschland teilnahm, hatte ich von dieser Lage wenig Ahnung. Einige Vereinspräsidenten hingegen wussten bereits einiges über mich: dass ich Kontakt zu Regionalbeamten auf der Insel geknüpft hatte und dass ich für die Durchführung meines Forschungsvorhabens bei dem „Fondo Sociale" (Amt für Migrationsangelegenheiten) eine finanzielle Unterstützung beantragt und erhalten hatte. Bis zum Gegenbeweis arbeitete ich also in den Augen der untersuchten Gruppe im Auftrag der „Region": Ich beobachtete, protokollierte, nahm auf Tonband auf und schrieb für die regionale Administration und somit *gegen* sie. Teilweise durch meine Unwissenheit über die gespannten Beziehungen zwischen Region und Vereinen, teilweise durch mein unkluges Verhalten bekräftigte ich unbeabsichtigt die vorhandene Skepsis.

Aus dem Protokoll 7
Intervention bei dem Treffen der Repräsentanten der Circoli in Deutschland. (Möers, 5. Dezember 1998)

Kurz nach einer einleitenden Rede des Präsidenten des Dachverbandes der sardischen Circoli in Deutschland, die einer Art politischem Manifest und einem strategischen Fahrplan für die bevorstehenden Regionalwahlen in Sardinien entspricht, bin ich dazu aufgefordert worden, mich und meine Forschungsintentionen der Gruppe vorzustellen. Überrascht habe ich unbeholfen versucht, meine Forschungsabsichten darzustellen und habe gleichzeitig mein Erstaunen darüber bekundet, wie entschlossen die Vereine das Ziel einer politischen Beteiligung im Regionalparlament verfolgen. Dabei habe ich versucht, das Publikum auf zwei Dinge aufmerksam zu machen: Um im Regionalparlament direkt mitreden zu können, müssten sie als Ausgewanderte mit dem Einwand rechnen, die Probleme der Insel nicht gut genug zu kennen. Zum Zweiten habe ich die Zuhörer darauf hingewiesen, dass einige Ausdrücke des vorgelesenen Manifests zu scharf und offensiv formuliert sind, und sich möglicherweise als kontraproduktiv für die Gruppe auswirken könnten.

Mein Eindruck im nachhinein ist, dass das bisweilen unscharfe Bild meiner Person in den Augen der Gruppe jetzt klarere Konturen angenommen hat. Meine gut gemeinten Einwände sind als ablehnende Kritik interpretiert worden. Ich habe mich offensichtlich in ein empfindliches Thema eingeschaltet und für die falsche Seite Partei genommen. Mein Forschungsobjekt droht sich mir zu entziehen, noch bevor ich den Zugang zu ihm gefunden habe.

Was wird aus dem Feldforscher, wenn sich seine Informanten von ihm abwenden? Es gibt in diesem Fall zwei Möglichkeiten: Er verlässt das Feld oder er setzt seine Tätigkeit als halbwegs geduldeter *nicht* teilnehmender Beobachter fort und hofft, mit der Zeit das Vertrauen wieder zu gewinnen. Die erste Möglichkeit war für mich indiskutabel und die zweite denkbar schwierig.

Im Unglück hatte ich Glück. Ich hatte für den Abend des gleichen Tages mit einer Gruppe Jugendlicher ein Gruppengespräch verabredet. Wie es bei gelungenen Gruppengesprächen der Fall ist, werden Meinungen ausgetauscht, Absichten und Wünsche thematisiert, Begründungen geliefert und Gefühle geäußert, bei denen auch „Gruppenspezifisches" in Erscheinung tritt.

Das Gespräch erwies sich für die Jugendliche als eine Gelegenheit, wahrzunehmen, was sie in abstrakter Weise schon immer wussten: dass sie zwar unterschiedliche Ansichten und Erwartungen haben, aber als „Migrantenkinder" teilweise über einen ähnlichen Erfahrungshintergrund verfügen. Am Ende des Interviews herrschte eine ganz andere Stimmung als am Anfang. Man war, wie nach einer guten Therapiesitzung, gelöst und zugleich nachdenklich gestimmt. Einige bedankten sich für das Gespräch und teilten mir mit, sie hätten davor noch nicht über ihre Probleme in einer solchen Intensität diskutiert

Durch das Gruppengespräch hatte ich die Sympathie der Jungen zurückgewonnen. Es bestand die Hoffnung, dass mir in Zukunft auch ihre Väter weniger misstraurisch entgegentreten würden.

Für ihr Misstrauen gegenüber dem Wissenschaftler gab es außer dem genannten „Unfall" auch andere Gründe, die allerdings nicht mir anzurechnen waren. Es stellte sich heraus, dass sich vor mir auch andere Forscher mit Geldern aus dem „Sozialfonds" an das Thema Circolo und seine Mitglieder herangewagt hatten, und dass die Gruppe die Resultate dieser Studien als sehr dürftig und einseitig betrachtete. Als Konsequenz dieser negativen Erfahrung forderte die Gruppe die Regionalverwaltung dazu auf, in Zukunft selbst mitbestimmen zu dürfen, wer eine finanzielle Unterstützung für solche Studien zu erhalten hätte.

Man könnte nun die Frage stellen, mit welchem Recht die Gruppe bestimmen kann, welcher der geeignetste Forscher ist, sie zu beobachten und zu beschreiben. Da die Gruppe nicht über das erforderliche Fachwissen verfügt, sollten hier etwa Sympathie, der gute Ruf, oder gar das Versprechen, ein schönes Portrait der Gruppe zu liefern, entscheiden?

Man könnte hier einwenden, mit der Forderung der Gruppe, selbst den Forscher zu bestimmen, der über sie forschen soll, werde das Postulat der Wertfreiheit der Forschung in Frage gestellt. Der Forscher, so lernen wir als Wissenschaftler, ist eine Person *supra partes* in dem Sinne, dass er nach einer bestimmten Methode seine Daten generiert, eine valide und nachprüfbare Deutung dieser Daten vorlegt, und mit logischer Stringenz daraus seine Schlüsse zieht und seine theoretischen Modelle entwickelt.

Parallel zu dieser gibt es nun eine andere, weniger orthodoxe Version: dass nämlich auch der Wissenschaftler ein sozialer Akteur wie andere ist. Als solcher ist er in gesellschaftliche, kulturelle und biographische Zusammenhänge „verstrickt", die seine Forschungsinteressen und Forschungsziele mitbestimmen. Die kritische Reflexion über fast ein Jahrhundert ethnologischer Forschung hat das deutlich gezeigt.[4] Diese Reflexion hat nachgewiesen, dass in der Beschreibung und Textualisierung des „Fremden" oft Einseitigkeit, Verzerrung und Machtasymmetrie im Spiele sind, dass der Versuch, zu sagen, was der Andere *ist*, auch bedeutet, dieses auf eine bestimmte Weise „festzulegen", es gewissermaßen „verfügbar" zu machen. Um so besser dann, wenn der „Beschriebene" die vom Forscher gelieferte Beschreibung ohne Kritik annimmt.

Ein Teil der Gruppe machte mir auf eigene Weise klar, dass sie eine Beschreibung durch Unbekannte nicht für angemessen halte. Ihre Skepsis gründete auf der Befürchtung, dass noch eine Studie über sie angefertigt würde, die mit vielen Fachtermini viel „Unsinn" an die Öffentlichkeit bringe. Diese Einstellung war nicht unbegründet, da (aus ihrer Perspektive) unakzeptable Beschreibungen der eigenen Lage, der eigenen Probleme und Aspirationen bereits eine lange Tradition hatten. Ich registrierte diese Skepsis und machte mich, nicht ohne ein gewisses Unbehagen, an die Arbeit.

---

4 Siehe dazu unter anderem: J. Clifford, G. E. Marcus (1986), *Writing Culture. The Poetics and Politics of Ethnography*, Berkeley.

Konflikte

Es gibt unterschiedliche Arten von Konflikten *in* Gruppen: Solche, die nach klärenden Auseinandersetzungen wieder verschwinden und gelegentlich sogar zu einer Verstärkung des „Bundes" führen; solche, mit denen man sich wohl oder übel arrangiert und die langfristig zu einer strukturellen Konstante in der Gruppenkommunikation werden; und schließlich solche, die durch Verhärtung des Kampfes zwischen den involvierten Parteien zu einer Zerstörung bzw. Spaltung der Gruppe führen. An den Circoli konnte ich alle diese drei Varianten beobachten.
Mit der letzten der genannten Konfliktarten wurde ich bereits in der Phase meines Eintrittes in das Forschungsfeld konfrontiert. Dazu folgender Bericht aus einem Protokoll:

Aus Protokoll 5
Besuch im Circolo (Nürnberg, 20. Januar 1997)

Zufällig habe ich den Circolo an einem Tag besucht, an dem eine Mitgliederversammlung stattfand. Die Sitzung wurde vom Präsidenten geleitet. Neben ihm, am großen Tisch, saßen seine engsten Mitarbeiter: der Vizepräsident, der Buchhalter und die Sekretärin. Die Tagesordnung wurde vor einem voll gefüllten Saal vorgelesen. Wie immer als erster zu diskutierender Punkt stand die zu beantragende Summe für die geplanten Aktivitäten. Neben den üblichen Veranstaltungen wie Festen und Gruppenreisen wurde dieses Mal auch die Finanzierung eines EDV-Kurses beantragt. Danach wurde das Problem der Anschaffung neuer Räume diskutiert, denn die vorhandenen sind für die Gruppe mittlerweile zu klein geworden, und der Besitzer hat außerdem Eigenbedarf angemeldet.
Während der ganzen Sitzung war eine gewisse Spannung zu verspüren. Manche Vereinsmitglieder haben in einem unfreundlichen bis aggressiven Ton Fragen an den Präsidenten und seinen Vize adressiert. Nach der Sitzung habe ich erfahren, dass es für die heutige Unruhe einen konkreten Anlass gab.
Als ich gefragt habe, warum ein Circolomitglied, das ich kannte, nicht zu der Sitzung gekommen ist, ist mir leise geantwortet worden, dieser besuche jetzt einen anderen Verein. Wenig später, nach Beendigung der Mitgliederversammlung, habe ich vom Präsidenten selbst erfahren, es habe eine Spaltung stattgefunden, und ein Teil der Gruppe habe beschlossen, einen neuen Verein zu gründen. Als ich nach den Motiven für diese Entscheidung gefragt habe, habe ich nur vage Antworten bekommen, aus de-

nen es möglich war, Folgendes heraus zu destillieren: Die ausgeschiedene Fraktion, von einigen Personen angetrieben, war schon lange mit der Vereinsführung unzufrieden. Zuviel Eigenwilligkeit bei Entscheidungen und zu wenig Transparenz bei den Ausgaben wurden oft moniert. Auf die wiederholte Nichtbereitschaft der Vereinsführung, sich auf ein klärendes Gespräch einzulassen, folgte dann der Entschluss der Trennung.
Ich denke, dass es für die „Abtrünnigen" sicherlich nicht einfach war, diesen Schritt zu vollziehen, denn angesichts der Tatsache, dass die „Region Sardinien" nicht bereit ist, in derselben Stadt zwei Vereine zu finanzieren, muss die Gruppe jetzt für Strukturen und Aktivitäten selbst aufkommen.
Die schlechte Stimmung im Verein hat mich angesteckt. Ich habe daraufhin beschlossen, mit dem 22-Uhr-Zug nach Hause zu fahren und jemanden, der am Bahnhof vorbeifuhr, gebeten, mich mitzunehmen. Mein Begleiter ist ein Sizilianer. Während der Fahrt erzählt mir dieser, er besuche gerne den sardischen Circolo, da dort mehr Familiengeist herrsche. Es sei dort nicht wie in anderen Vereinen, wo Frauen und Kinder abwesend sind. Ich habe diese Aussage als einen kleinen Trost an einem ziemlich trostlosen Abend empfunden. Während der Zugfahrt ist mir die Spaltung des Vereins lange durch den Kopf gegangen.

Wie ich später erfahren sollte, hat es Spaltungen bei den Circoli öfter gegeben. Ähnliches wie in Nürnberg ereignete sich auch in Köln, Frankfurt, Buenos Aires und Brisbane. Andere Vereine leben ständig unter der Bedrohung, dass in der Gruppe vorhandene Antagonismen zu einer Desintegration führen könnten. Das Geschick und die Kompromissbereitschaft bestimmter Vereinsmitglieder sind oft dafür entscheidend, dass es nicht soweit kommt.
Besonders in Situationen innerer Gruppenzerrissenheit hat es der Forscher nicht leicht, seine Arbeit voranzutreiben. Dies entsprach zumindest meiner Erfahrung. Oft wurde von den unterschiedlichen Fraktionen Loyalität von mir verlangt, denn, so die Annahme, es gibt nur eine wahre Version der Dinge und die Antagonisten vertreten gerade die falsche. So betrachtet, befindet sich auch der Wissenschaftler, der die „falsche" Gruppe als Informationsquelle benutzt, eben auf der falschen Seite.

Konfliktualität kennzeichnet, wie gesagt, nun nicht nur das Leben *in* den Circoli, sondern auch die Beziehungen zwischen diesen und der „Region Sardinien". Auch diese letztere Art von Spannung darf in ihren zersetzenden Wirkungen nicht unterschätzt werden. Jedoch stehen hier die Dinge

etwas anders als bei dem vorherigen Beispiel, denn beide Akteure stehen in einem Verhältnis der gegenseitigen Dependenz zueinander. Was selbstverständlich nicht heißt, dass sie beide im gleichen Ausmaß davon profitieren oder Schaden erleiden. Um diese Abhängigkeit kurz zu erläutern, greife ich auf zwei Protokolle zurück, in denen meine Begegnung mit T. aufgezeichnet ist.
Ich traf T. das erste Mal anlässlich einer Sitzung der Vertreter der sardischen Circoli in Deutschland im Jahre 1998. Es handelte sich, wie bereits berichtet, um jenes unglückliche Treffen, bei dem ich negativ aufgefallen war und um das Scheitern des Forschungsprojektes fürchten musste, mit dem ich gerade begonnen hatte. Es war unter anderem T.s Unterstützung zu verdanken, dass ich nach und nach das verspielte Vertrauen wieder gewinnen konnte. Nach diesem Ereignis blieb ich mit T. für längere Zeit telefonisch in Kontakt. Ich begegnete T. dann wieder im Juni 2002 in München anlässlich des dritten Kongresses der sardischen Circoli in Deutschland. Das Ereignis fand im Kongresssaal eines großen Münchener Vier-Sterne-Hotels statt - wie üblich unter der Beteiligung von Vertretern der unterschiedlichen sardischen Vereine in Deutschland, von hohen Repräsentanten der „Region Sardinien" (Ressort: „Arbeit und Entwicklung"), von ausgewählten Leitern des Dachverbandes der sardischen Circoli aus drei Kontinenten und der bei solchen Anlässen nie fehlenden regionalen Presse und des Fernsehens. Auf der Tagesordnung standen neben anderen Themen auch die Wahl des Präsidenten des Dachverbandes der sardischen Circoli in Deutschland. Nach einer Präsidentschaft von fast dreißig Jahren stand der alte Präsident für eine Wiederwahl nicht mehr zur Verfügung. T. war sein Favorit.

Aus dem Protokoll 16
Dritter Kongress der sardischen Circoli in Deutschland (München, 20 Juni 2002).

Allen Prognosen entsprechend ist T. mit absoluter Mehrheit zum neuen Präsidenten gewählt worden. Diese Entscheidung steht voll im Einklang mit der von den meisten Vereinsmitgliedern geteilten Einsicht, dass der Notwendigkeit einer Erneuerung der Circoli am besten mit einer verstärkten Einbeziehung der jüngeren Generation zu entsprechen sei.
T. ist nicht nur jung, sondern auch ein Mensch mit Organisationserfahrung und politischen Aspirationen. Er verkörpert das Bild des aktiven, gebildeten, in unterschiedlichen Ländern souverän und erfolgreich tätigen Sarden. Nach seiner Wahl äußert sich T. jedoch mir gegenüber skeptisch

über die Möglichkeit, Berufsleben, Privatleben und eine Präsidentschaft, die als ehrenamtliche Aktivität gedacht ist, zu vereinbaren.

Als ich fast ein Jahr später T. im Wartesaal des Cagliari-Flughafens zufällig traf, hatte sich seine Skepsis bereits in Gewissheit verwandelt. Dies war aber nicht das Hauptthema des Gespräches während unseres gemeinsamen Fluges von Cagliari nach München.
T. kam gerade von einem Treffen der *Consulta* zurück, bei dem unter anderem auch Koordinationsprobleme zwischen Circoli und der regionalen Administration diskutiert wurden.

Aus dem Protokoll 24
Unterhaltung mit T. (Irgendwo zwischen Cagliari und München, 1. Juni 2003)

T. äußert mir gegenüber seine Verärgerung darüber, mit welcher unannehmbaren Verspätung die Verantwortlichen der Region den Circoli ihre Aufwendungen bei der Gestaltung der „Promotion-Aktionen" und sonstiger Aktivitäten rückerstatten und wie ungerecht die Vorwürfe von Unprofessionalität seitens der regionalen Akteure an die Adresse der Circoli seien. Unzuverlässigkeit und Dilettantismus, so T., würden eher das Tun der regionalen Administration und nicht das der Circoli kennzeichnen.
Es ist nicht das erste Mal, dass ich gegenseitige Vorwürfe von Unprofessionalität, Desorganisation und auch Nachlässigkeit höre. Diese Vorwürfe sind wie ein *basso continuo* im langen konfliktreichen Verhältnis zwischen Circoli und Region. Die Kritik mancher Repräsentanten der Circoli an der regionalen Administration ließe sich kurz wie folgt zusammenfassen: Letztere verlangt von den Vereinsmitgliedern einen professionellen Einsatz bei der Organisation und Ausführung von Werbeaktionen zugunsten sardischer Produkte und natürlicher Ressourcen, sie ist aber nicht bereit, diesen Einsatz entsprechend zu entlohnen. Schließlich, so die Kritik, seien ehrenamtliches Engagement und professionelle Arbeit zwei Dinge, die auseinandergehalten werden müssen. Man dürfe vorhandenes Sozialkapital nicht für Zwecke instrumentalisieren, die nur einer der beiden Parteien zugute kommen.
Die instrumentelle Politik gegenüber den Circoli sei übrigens auch daran zu erkennen, dass die Region die zum *Topos* gewordene Aussage „Migration als Ressource" dafür missbraucht, auf der Insel Institutionen ins Leben zu rufen, die den einzigen Zweck haben, ohne Rücksicht auf funktionale Effizienz und Erfolg die eigene Existenz zu perpetuieren. Die instrumen-

talistische Neigung der regionalen Akteure zeige sich auch an der Art, wie diese, je nach Kontext, ein anderes Bild der sardischen Migranten an die Wand malen. Geht es darum, gegenüber der Öffentlichkeit die finanziellen Aufwendungen der „Region Sardinien" für ihre Migranten plausibel zu machen, so wird das Argument Know-How und Professionalität der Migranten ins Spiel gebracht. Handelt es sich hingegen darum, Kürzungen im Etat der Circoli zu rechtfertigen, so wird, wenn auch nicht immer offen, auf ihren Dilettantismus verwiesen. In diesem Zusammenhang bemerke ich gegenüber T., dass man dieser widersprüchlichen Argumentationsweise seitens der Region dadurch ein Ende setzen könne, dass man endlich Klarheit über das Thema „Migration als Ressource" schafft, dass man also die Frage nach Remisen, Bildung und vorhandenen Qualifizierungsniveaus der Migranten mit wissenschaftlichen Mitteln angeht. T. hält das für eine gute Idee.

Nach dem Gespräch mit T. fuhr ich mit gemischten Gefühlen nach Hause. Ich dachte darüber nach, welche meine Rolle bei dem ganzen Forschungsvorgehen eigentlich sei. Inwieweit soll ich jene Menschen an den wissenschaftlichen Einsichten partizipieren lassen, die Objekte meiner Forschung sind? Sind sie überhaupt an meiner Sicht der Dinge interessiert? Manchmal hatte ich den Eindruck, dass es in der Kommunikation zwischen Migranten und regionalen Akteuren nicht um sogenanntes Tatsachenwissen, um angemessene Beschreibungen von Sachlagen, oder um fundierte Planungsentwürfe ging, sondern allein darum, strategisch wirkungsvolle Bilder zu erzeugen, die einigermaßen anschlussfähig für die jeweils anderen Parteien sind.
Offensichtlich haben weder Migranten noch die regionalen Akteure ein wirkliches Interesse daran, dem Problem der Qualifikation auf den Grund zu gehen. Würde sich nämlich herausstellen, dass das Qualifizierungsniveau der sardischen Migranten in den unterschiedlichen europäischen Ländern niedriger ausfällt als normalerweise angenommen wird, so wäre dies möglicherweise nicht nur ein Grund dafür, die Finanzierung der Circoli infrage zu stellen. Auch das Argument einer politischen Mitbestimmung auf der Insel aufgrund des hohen Potentials, das den Migranten zugesprochen wird, würde dadurch hinfällig werden.
Würde die Aufklärungsarbeit über die Lage der sardischen Migranten negativ ausfallen, so hätte dies aber auch für die regionalen Akteure negative Konsequenzen. Stellte sich nämlich das Argument „Migration als Ressource" als unbegründet heraus, so hätte dies auch Folgen für das Weiterbestehen jener Strukturen und Institutionen auf der Insel, deren Haupt-

aufgabe es zu sein scheint, sich selbst ohne Rücksicht auf gesetzte Ziele am Leben zu halten.
Als neuerdings regionale Akteure mit der Gründung der *Sardinia Trade Network* die Ideen einer „community online" mit der Intention lancierten, eine „Interessengemeinschaft" unter sardischen Migranten und Unternehmern auf der Insel zu etablieren, handelten sie offensichtlich sowohl in völliger Unwissenheit der objektiven Lage, in der sich die unterschiedlichen sardischen Gruppen in der Welt befinden, als auch unter Ausblendung folgender Frage: Welche realen Chancen bestehen angesichts der sozialen, politischen und wirtschaftlichen Lage der Insel, fremde Investoren nach Sardinien anzuziehen?
Folgt nun die Gründung des *Sardinia Trade Network* der bereits bekannten Logik der Schaffung von Strukturen zum Zweck der Selbstbeschäftigung oder bekundet sich dadurch die Weitsicht aktueller Migrationspolitik seitens der regionalen Akteure? Diese Frage ist nicht einfach zu beantworten, denn die Grenze zwischen Eigen- und kollektiven Interessen ist in unserem Fall nicht einfach zu bestimmen. Einige der politisch engagierten Migranten neigen jedoch dazu, auch bei den neueren Entscheidungen der Region hauptsächlich die Verwirklichung von Eigeninteressen zu vermuten.
In einem Punkt scheinen jedoch die politisch interessierten Migranten und die regionalen Akteure übereinzustimmen: Die Circoli müssen sich verändern. Vor allem diejenigen, denen ein, wie es gelegentlich heißt, „Spelunkencharakter" anhaftet, sollen sich modernisieren, oder sie sollen verschwinden.

Zweifel

Mit der Zeit wurde ich ins Aktionsfeld der Akteure der „Region Sardinien" mehr und mehr miteinbezogen. Schließlich galt ich mittlerweile als jemand, der mit der Wirklichkeit der Circoli gut vertraut ist und der bei der Beantwortung mancher Fragen nützlich sein konnte. Selbstverständlich war ich nicht der einzige und bei weitem auch nicht der wichtigste Experte, der von diesen Akteuren einbezogen wurde. Das aus der Initiative der „Region Sardinien" im Jahr 2002 gegründete *Sardinia Trade Network* hat eine ganze Reihe von Marketing-, Logistik- und Kommunikationsexperten um sich geschart, die in regelmäßigen Zeitabständen an unterschiedlichen Orten in Seminare und Workshops einbezogen werden.
Im Juli 2003 hatte ich Gelegenheit, einige für mich problematische Aspekte der Operation der „Erneuerung" der Circoli mit Funktionären der „Re-

gion Sardinien" von Angesicht zu Angesicht zu besprechen. Der Hauptverantwortliche des *Sardinia Trade Network*, Dr. F., den ich anlässlich eines Treffens zwischen Repräsentanten der „Region" und der Circoli kennen lernte, hatte mich dazu eingeladen, an einer öffentlichen Präsentation des kürzlich lancierten *Progetto ARIA - Azioni di Rete per gli Italiani All'Estero* teilzunehmen. Es handelte sich um jenes Projekt, durch das versucht werden sollte, eine „community online" zum Zweck des Austausches nützlicher Informationen und der Zusammenarbeit zwischen Unternehmern auf der Insel und sardischen Migranten aus unterschiedlichen Ländern zu bilden. Dr. F.'s Idee war es, das „Progetto" im Rahmen eines internationalen Folkloreereignisses („Europeade") in der sardischen Provinzhauptstadt Nuoro vorzustellen.
Dr. F.s Team hatte es nicht unterlassen, die regionale Presse und einige Fernsehsender über das Stattfinden des Ereignisses zu informieren. Wie des Öfteren beobachten konnte, wird der Erfolg von solchen Operationen meistens an der Art und Weise gemessen, in der die Medien sie für die Öffentlichkeit inszenieren. Aus diesem Grund erscheint es für die Veranstalter ratsam, bei solchen *Events* gleichzeitig mehrere mediale Multiplikatoren zu beteiligen.
Das Interessanteste an der ganzen Aktion war nun nicht Dr. F.s Rede vor der Kamera und auch nicht die Fragen, die die wenigen Anwesenden im Saal stellten, sondern das, was sich vor, neben und nach der Aktion ereignete.

Aus dem Protokoll 26
„Progetto ARIA" (Auf dem Weg nach Nuoro, 1. August 2003).

Dr. F.s Einladung, von Cagliari nach Nuoro in seinem Dienstwagen zu fahren, hat sich für mich im Nachhinein als eine gute Gelegenheit erwiesen, einige Probleme zu besprechen, die mir schon lange auf dem Herzen lagen. Was jedoch zwischen uns abgelaufen ist, hat denkbar wenig mit einem richtigen Gespräch zu tun. Während der beinahe dreistündigen Fahrt ist unsere Unterhaltung mal vom Handy, mal vom Autotelefon, mal durch Dr. F.s Schelten des angeblich zerstreuten Chauffeurs ständig unterbrochen worden. Ich habe mich von dieser lästigen Situation teilweise dadurch entschädigt betrachtet, dass es mir angesichts der extremen Hitze des Tages vergönnt wurde, die Fahrt nach Nuoro auf dem hinteren, gut gepolsterten Sitz einer wohlklimatisierten Limousine und nicht am Steuer meines unklimatisierten alten Autos machen zu dürfen.

Während der Fahrt habe ich das Thema der Zukunft der Circoli aus der Sicht der Region ins Spiel gebracht. Dabei habe ich die Meinung geäußert, dass letztlich die jüngere Generation darüber entscheiden wird, ob und in welcher Form die Circoli weiter bestehen werden. Dr. F.s Position hinsichtlich der Zukunft der Circoli ist eindeutig: Nur die Vereine, die fähig sind, den Erwartungen der Region zu entsprechen, werden weiter finanziert. Dies klingt wie ein Todesurteil für die Circoli, die weder die Humanressourcen haben, sich umzustellen, noch die Vernünftigkeit einer solchen Entscheidung einsehen. Das sind nun die meisten Circoli.
Ich habe dabei unterlassen, Dr. F. darauf aufmerksam zu machen, dass, wenn heute die Circoli vor der Alternative stehen, sich entweder an das regionale Diktat anzupassen oder zu verschwinden, dies auch eine Folge der regionalen Politik in den letzten vierzig Jahren ist, die ohne Umschweife als eine Politik der Bevormundung bezeichnet werden kann.
Wohl wissend, dass das Gedächtnis von Administratoren wie Dr. F. nicht sehr weit reicht, habe ich vermieden, dieses Thema anzusprechen. Ich habe mich stattdessen entschieden, ihm auf einem Terrain zu begegnen, auf dem er, so ist anzunehmen, einen festen Halt hat. Ich habe angemerkt, dass nur solange die neue Generation sich der Heimat ihrer Väter verbunden fühlt, auch ein Interesse daran bestehen kann, dort Kapital zu investieren. Ich fügte gleich hinzu, dass, wenn man die Bindung zur jüngeren Generation aufrechterhalten möchte, die Circoli, auch in ihrer traditionellen Version, eine wichtige Rolle haben können. Freilich müsse man dafür Sorge tragen, dass diese Orte der Begegnung attraktiver für die jüngeren Menschen gestaltet würden. Dr. F. hat meine Bemerkung als eine Bestätigung der Notwendigkeit einer Erneuerung der Circoli aufgefasst. Erneuerung versteht er als Funktionalisierung nach den Vorstellungen der gegenwärtigen Administration.

Angesichts meiner verstärkten Involvierung im Forschungsfeld beschäftigte mich folgende Frage zunehmend: Welches ist eigentlich meine Rolle als Wissenschaftler? Sollte ich mich darauf beschränken, für eine virtuelle „scientific community“ zu beobachten, zu beschreiben und zu erklären, oder durfte ich darüber hinaus auch die beiden Parteien über die unbeabsichtigten negativen Konsequenzen ihres Handelns „aufklären“? Sollte ich beispielsweise regionale Akteure und Migranten auf die möglichen Folgen aufmerksam machen, die der Plan der „Umfunktionalisierung“ der Circoli für den Zusammenhalt der Gruppe sowohl auf lokaler als auch auf transnationaler Ebene haben könnte?

Meine Unsicherheit über meine Rolle als Forscher rührte aber auch daher, dass mir mit der Zeit die Doppelgesichtigkeit der Circoli immer klarer wurde: einerseits sind sie Orte des kommunikativen und solidarischen Austausches unter Mitgliedern derselben „Schicksalsgemeinschaft", andererseits stellen sie die Verkörperung eines langjährigen Abhängigkeitsverhältnisses von den regionalen Akteuren dar. Warum hätte ich mich für den Erhalt der Circoli einsetzen sollen, wenn ich doch immer wieder die negativen Folgen dieser Dependenz vor Augen hatte?
Auch das gleichermaßen von beiden, der Mehrheit der sardischen Migranten und der Akteure der „Region Sardinien", vorgetragene Argument, die Circoli seien Orte der Weitergabe sardischer kultureller Identität und als solche erhaltungs- und förderungswürdig, überzeugte mich immer weniger. Welche zwingenden Gründe gibt es eigentlich dafür, diese Identität an junge Menschen weiter zu vermitteln, die in anderen soziokulturellen Kontexten als denen ihrer Eltern aufgewachsen sind? Diese Frage drängt sich um so mehr auf, wenn sich das Identitätsargument als Falle für diejenigen erweisen sollte, die Hauptadressaten der Botschaft sind. Könnte nicht etwa das Verharren der jüngeren Generation in einer wie auch immer imaginierten Identität der Eltern der Grund sein für eine verhinderte Anpassung an eine als fremd imaginierte Mehrheitsgesellschaft?
Gewiss, beide Gesellschaften müssen nicht in einem Verhältnis der Opposition gedacht werden. Viele junge Menschen der sogenannten zweiten Generation liefern ein gutes Beispiel dafür, dass man mit zwei unterschiedlichen kulturellen „Identitäten" gut leben kann. Man sollte vielleicht vorsichtiger sagen: dass es möglich ist, sich gleichzeitig nach zwei unterschiedlichen sozialen Wirklichkeiten auszurichten und diese Tatsache als eine Bereicherung und nicht als ein Hindernis anzusehen.

Fragen

Das große Interesse und Engagement vieler Vereinsmitglieder in Europa und Lateinamerika für das politische und wirtschaftliche Schicksal der Insel versetzte mich in Staunen. Ich staunte darüber, dass Menschen, die bereits vor mehr als vierzig Jahren ihre Heimat verlassen hatten und die anscheinend mit Erfolg ihre Existenz in anderen Ländern fortsetzen konnten, ein so großes Interesse an ihrem Herkunftsland zeigten. Es geht hier nicht darum, dass sie eine starke emotionale Bindung an ihre Heimat an den Tag legen. Das ist ein bei Migranten häufig zu beobachtendes und auch nachvollziehbares Phänomen. Es geht vielmehr darum, dass sie ihre Kräfte und ihr Organisationstalent für einen Ort einsetzen, der Tausende

von Kilometern von ihnen entfernt ist, und den sie im Durchschnitt einmal im Jahr besuchen. Kann dieses Interesse an Sardinien als ein Indiz für eine schlechte Integration im Aufnahmeland gedeutet werden? Ist dieses politische Engagement für das Herkunftsland als Flucht vor der politischen und sozialen Wirklichkeit im Aufnahmeland zu interpretieren?
Es gibt, so denke ich, manche guten Gründe, diese Fragen zu bejahen. Wenn man beispielsweise die nicht gerade gute Bildungs- und Qualifikationslage der in Deutschland Geborenen heranzieht, so kann man die Frage nicht unterdrücken, warum die Circoli diese Situation kaum wahrnehmen. Wird der Misserfolg als ein gruppenspezifisches Problem nicht thematisiert, so können auch keine Möglichkeiten in Erwägung gezogen werden, es zu lösen. Freilich kam dieses Problem in einigen der von mir durchgeführten Einzelinterviews klar zur Sprache. Manche Eltern empfinden es als eine unerträgliche Ungerechtigkeit, dass ihr Kind in der Schule heruntergestuft oder gar in die Sonderschule versetzt wurde, sie vermeiden es aber, offen darüber zu sprechen und haben dadurch wenig Ahnung davon, dass dies kein Problem *einzelner* Familien ist. Als Teilnehmer mehrerer lokaler und nationaler Versammlungen habe ich mir vergeblich gewünscht, dass dieses Problem auf die Tagesordnung kommt und konnte wenig Verständnis für die Tatsache aufbringen, dass wertvolle Gruppenressourcen wie Zeit, Geld und Intelligenz für die Lösung von Problemen mobilisiert werden, die hauptsächlich in der Herkunftsgesellschaft identifiziert werden.
Kann man diesem Verhalten einen Sinn abgewinnen? Ich denke, dass dies möglich ist, vorausgesetzt man ist bereit, im „Erklärungsschema" die erforderlichen „Randbedingungen" zu berücksichtigen. Dazu gehören vor allem folgende zwei: a) die Art, wie die Gruppe die eigene Situation definiert und b) der strukturelle Rahmen, in dem die Gruppe plant und handelt.
Der erste Punkt spricht die Tatsache an, dass die Gruppe ihr Engagement als Ausdruck eines Verantwortungs- und Interessenbewusstseins versteht, das danach strebt, Ungerechtigkeiten, Misswirtschaft und schlechte Organisation in dem Land zu bekämpfen, in das sie eines Tages, vielleicht im Rentenalter, zurückzukehren beabsichtigt. Der zweite Punkt verweist hingegen auf die Tatsache, dass sich die Herkunftsgesellschaft schon immer sowohl als helfende und beratende als auch als bevormundende und instrumentalisierende Instanz in das Leben der Migranten einschaltete. Was anfänglich als willkommene Unterstützung angesehen wurde, erwies sich auf lange Sicht einerseits als Etablierung von Abhängigkeitsverhältnissen

und andererseits als Ablenkung von gruppenspezifischen Problemen im Alltag des Aufnahmelandes. Aus dieser Perspektive betrachtet, neigte ich dazu, auch die neu entstandene politische Bewegung als Fortführung mit anderen Mitteln jener Ideologisierung der Vereine zu betrachten, welche die traditionellen Parteien auf der Insel vorangetrieben und sich zunutze gemacht haben.
Andererseits konnte ich die Augen nicht vor der Tatsache verschließen, dass die Kritik der Circoli an den regionalen Akteuren durchaus berechtigt erscheint und dass eine angemessene Form, diese Kritik auszutragen, die der Konstitution einer organisierten Bewegung ist. Für diese Kritik gibt es eine einfache Erklärung: Bei Migranten wird der Vergleich zu einer „natürlichen" Disposition. Sie beobachten die Herkunftsgesellschaft aus der Perspektive der Aufnahmegesellschaft und umgekehrt. Bei diesem Vergleich erscheinen beide Gesellschaften in einem unterschiedlichen Licht, je nachdem, welche Art von Vergleichsmaßstab man gerade anlegt. Ästhetisch, ökologisch und emotional fällt das Ergebnis dieses Vergleichs eindeutig zugunsten der Heimat, sozio-strukturell hingegen meistens eindeutig zugunsten der Gastgesellschaft aus. Man hat mit der Zeit in dieser Gesellschaft Maßstäbe von Effizienz, Rationalität und Gerechtigkeit (Meritokratie) verinnerlicht, an denen man auch die Herkunftsgesellschaft misst. Der festgestellte Unterschied zwingt dann um so mehr zum Handeln, als dieser kein theoretischer, sondern ein „erlebter" Unterschied ist. In diesem Licht betrachtet, wäre die politische Bewegung der sardischen Migranten nicht nur als Streben nach Emanzipation aus einer teilweise selbstverschuldeten Unmündigkeit zu betrachten. Sie kann auch als Ausdruck eines Lernprozesses angesehen werden, der zu einer Neubewertung dessen führt, was man normalerweise unter dem Begriff von Heimat versteht.
Ich bemerkte, wie ich aufgrund meiner Beurteilung der Situation immer mehr in kritische Distanz zu den regionalen Akteuren ging. Die Liste der ihnen anzulastenden Vorwürfe erweiterte sich in dem Maße, in dem mein Wissen über Rollen, Funktionen und Strategien wuchs. Vor allem das Basteln an Strategien der Entwicklung in Absehung von sowohl den jeweiligen sozialen und wirtschaftlichen Kontexten im Aufnahme- und im Herkunftsland als auch von den möglichen Nebenfolgen, die ihre Verwirklichung haben könnte, bestärkten mich in meiner kritischen Einstellung gegenüber der Region.

Flüchtigkeit

Die Gesamtarchitektonik des Vereinssystems mit ihren internationalen Verzweigungen und ablaufenden Kommunikationsprozessen mag eine gewisse Faszination auf den Außenbetrachter ausüben. Dieser ist geneigt, hinter der beeindruckenden Konstruktion die wirkende Hand von professionell handelnden Individuen zu vermuten, die seit Jahrzehnten kohärent daran arbeiten, eine Struktur zu errichten, die für unterschiedliche, jedoch klar definierte Zwecke eingesetzt werden kann: die Unterstützung der Migranten im Ausland, die Förderung lokaler Wirtschaft durch Anziehung von Finanz- und Humankapital und, wie es neuerdings heißt, die „Internationalisierung" Sardiniens. Betrachtet man diese Struktur näher, so erkennt man jedoch Inkonsistenzen, Lücken und Widersprüche, welche die Annahme einer planenden und ausführenden Vernunft schnell hinfällig werden lassen. Ein Blick in die Diachronie lehrt, dass das Vereinssystem in seiner aktuellen Form das Produkt der Summe teilweise widersprüchlicher und miteinander wenig anschlussfähiger Entscheidungen aufeinanderfolgender Administrationen auf der Insel ist.
Gelegentlich glaubte ich im Dickicht dieser Entscheidungen einen roten Faden zu erkennen. Mit der Zeit machte es für mich Sinn, die Bemühungen unterschiedlicher Administrationen als Versuche anzusehen, ohne besondere Rücksicht auf Effektivität der Mittel und Erreichbarkeit gesetzter Ziele die Existenz von Organisationen zu perpetuieren und auszuweiten, die man nach und nach ins Leben gerufen hatte. Es war für mich plausibel, dieses Handeln als eine Strategie zu deuten, die es ermöglicht, „Positionen im System" zu besetzen. Je mehr ich die Dinge aus dieser Perspektive beobachtete, um so mehr erschienen mir an sich „vernünftige" Intentionen wie die Internationalisierung Sardiniens, die Verwertung der Ressource Migration in der Heimat oder die Förderung der Circoli als Orte der Verbreitung sardischer Kultur im Ausland als leere Floskeln, die einzig den Zweck haben, ein System aufrechtzuerhalten, das von den Akteuren parasitär genutzt werden kann. Zugegebenermaßen, dies war unter mehreren Deutungsmöglichkeiten des Planens und Handelns auf der einen Seite des migratorischen Dreiecks vielleicht die schonungsloseste.
Neben dieser, auf eine gezielte Instrumentalisierung von Institutionen gründenden Deutung der Risse in der Architektur des Systems drängte sich mir eine zweite Interpretationsmöglichkeit auf. Diese bringt die Bedeutung von fachspezifischem Wissen ins Spiel. Etwas vereinfachend könnte man sagen, dass die mangelnde Kompetenz der Akteure auf einer Seite des migratorischen Dreiecks zu Disfunktionen und Irrationalitäten

bestimmter Art im System führt. Stellt man im Laufe der Forschung fest, dass die zuständige Person für Migrationsangelegenheiten wenig Ahnung von der Materie hat, so sucht man eine oder zwei Stufen weiter unten in der Hierarchie. Wird man auch hier und anderswo im System nicht fündig, so beginnt man, ernsthaft daran zu zweifeln, dass Kompetenz überhaupt ein Kriterium ist, mit dem man hier operiert. Wohlgemerkt, es geht nicht darum, dass an manchen Stellen einer Organisation Widersprüchlichkeiten und Ineffizienz auftauchen, die auf nicht vorhandenes bzw. unvollständiges Expertenwissen zurückzuführen sind. Damit müssen in unterschiedlichem Ausmaß alle Organisationen leben. Es geht hier schlicht um die Tatsache, dass innerhalb des Systems Kompetenz kein Kriterium darstellt, mit dem Rollen verteilt werden. In dem Maße, in dem diese Situation verallgemeinerbar ist, kann aber Kompetenz auch nicht als spontan emergierende Ressource geschätzt und belohnt werden.

Bildet Kompetenz eine nicht vorhandene bzw. residuale Größe im System, so ist dieses nicht in der Lage, wahrzunehmen, dass Ziele diffus und die Mittel zu ihrer Verwirklichung inadäquat sind. Auch die zerstörerischen Wirkungen negativer Externalitäten bleiben meistens undurchschaut. Können erzielte Resultate nicht einer unparteiischen Prüfung unterzogen werden, weil die Kontrollinstanzen fehlen, die über Erfolg bzw. Misserfolg entscheiden, so bleibt Kritik die Prärogative eines virtuellen Außenbeobachters, der die Folgen von Entscheidungen auf allen drei Seiten des migratorischen Dreiecks zu überblicken vermag.

Mit der Zeit erkannte ich, dass die Logik persönlicher Interessen einerseits und das Fehlen von spezifischem Wissen andererseits keine sich gegenseitig ausschließende Interpretationsschlüssel des Handelns auf einer Seite des Dreiecks sind. Sie stellen vielmehr zwei Erklärungsansätze dar, die aufeinander verweisen. Dort, wo an strategischen Orten spezifisches Fachwissen fehlt, setzt sich instrumentelles auf Kosten von kompetentem, der Sache dienlichem Handeln durch. Sind andererseits bei der Besetzung von Positionen nicht Kompetenz, sondern einzig und allein parteipolitische Affiliation und klientelistische Logik die Kriterien der Rekrutierung, so bleiben Prozesse der Entscheidungsfindung willkürlich und ihre Realisierung unspezifisch.

Der besondere Mix aus Interessen, Instrumentalisierung, Inkompetenz, Undurchschaubarkeit von Handlungszurechnung und fehlender Kontrolle macht aus einer Institution etwas „Flüchtiges“. Damit ist nicht gemeint, dass Ziele nicht identifiziert und Entscheidungen nicht getroffen werden, und schon gar nicht, dass diese Entscheidungen keine weitreichenden Konsequenzen für Dritte hätten. „Flüchtigkeit“ in dem hier gemeinten

Sinne bezeichnet einen Zustand, den ich am Beispiel von drei Phänomenen, mit denen ich im Zuge meiner Forschung wiederholt konfrontiert worden bin, klar machen kann.

Zum Ersten ist die unprofessionelle Bestimmung spezifischer Ziele innerhalb der Organisation zu nennen, die insbesondere an der Tatsache festzumachen ist, dass der Kontext, in dem man zu handeln beabsichtigt, undurchsichtig bleibt. Wie wir sahen, bleiben für die Akteure der „Region Sardinien" sowohl die Migranten als auch ihre jeweiligen Aufnahmegesellschaften weitgehend unbekannte Größen. Dies wird sowohl an dem undifferenzierten Bild der sardischen Migranten als auch an der Ausblendung ihrer jeweiligen sozialen und berufsmäßigen Situation in den unterschiedlichen Aufnahmeländern sichtbar. Zum Zweiten wäre die ausgeprägte Kluft zwischen der Bestimmtheit der Ziele und der Unbestimmtheit ihrer Verwirklichung zu erwähnen. Diese Differenz kann durch den Umstand exemplifiziert werden, dass es keine kompetente Instanz gibt, die über Erfolg oder Misserfolg von Initiativen entscheidet, es sei denn - wie es tatsächlich geschieht - man möchte die Resonanz in den Medien als eine solche Instanz ansehen. Dies ist der Grund dafür, dass relativ klar gesetzte Ziele, wie das der „Internationalisierung" Sardiniens *de facto* unfruchtbare Initiativen bleiben. Zum Dritten ist Flüchtigkeit an der Ausblendung möglicher bzw. tatsächlicher negativer Externalitäten durch geplante und getroffene Entscheidungen festzumachen. Wir sahen bereits, dass die „Versorgung" der sardischen Migranten durch die heimatlichen Akteure einer Bevormundung bzw. Instrumentalisierung der Gruppe gleichkommt, die die Entwicklung spontaner Initiativen im Ansatz erstickt. Diese erzwungene Unmündigkeit schlägt sich wiederum nachteilig auf die Intention der heimatlichen Akteure nieder, Migranten in die Entwicklung Sardiniens einzubeziehen.

Beides, die Instrumentalisierung von Institutionen zugunsten persönlicher Interessen und die mangelnde Kompetenz von Akteuren in Positionen sind für den Außenbeobachter nicht ohne weiteres feststellbare Phänomene. Hier verhindert die Sprache die Möglichkeit, zu einem zuverlässigen Bild der Arbeitsweise von Institutionen in der Herkunftsgesellschaft zu gelangen. Ein sowohl dem Wissenschaftler als auch den Akteuren in Positionen gemeinsames Vokabular täuscht darüber hinweg, dass substantielle Unterschiede „in der Sache" vorliegen.

Es war mir möglich, aus den Erzählungen von „Akteuren in Positionen", dem in Archiven gespeicherten Wissen, sowie den gesetzlichen Bestimmungen und Programmen „schlüssige" Geschichten zu konstruieren, die kaum von denjenigen abweichen, die sich die Subjekte, die im Zentrum meiner Aufmerksamkeit standen, einander erzählten. Nicht von Instrumentalisierung und fehlender Kompetenz, sondern im Gegenteil von reflektierten Zieldefinitionen, zweckrationalen Entscheidungen, sachlicher Handhabung von Prozeduren und Effektivität der Resultate war in diesen Geschichten oft die Rede.

Es wäre ein Fehler, hier absichtliche Täuschung seitens der untersuchten Akteure zu vermuten, denn diese glauben tatsächlich an ihre „Geschichten". Mit gutem Grund, denn dabei handelt es sich um Geschichten, die bislang nicht falsifiziert wurden. Man sollte hier jedoch gleich hinzufügen, dass sie, solange sich das System gegen jede Art von Fachwissen immunisiert, auch nicht falsifiziert werden können.

Es war notwendig, in die „Mikrostruktur" des Systems einzudringen, um mich von der durch die Verwendung einer gleichen Semantik hervorgerufenen Täuschung zu befreien. Ich musste über eine längere Zeitspanne Akteure in Positionen beobachten und vor allem mit ihnen interagieren, um zu erkennen, dass Institutionen in ihrer spezifischen Funktion so weit „ausgehöhlt" werden können, dass sie zu bloßen Karikaturen ihrer selbst werden. Vor allem musste ich mich aber von jener eigentümlichen Verblendung freimachen, die daher rührt, dass man Institutionen eine Definitions- und Wirkungsmacht zuspricht, die ihnen *qua* Institutionen eigen sein soll. Man vertraut eben - bis zum Gegenbeweis, der meistens sehr spät kommt - darauf, dass Positionen in Hierarchien, Inschriften an der Tür von Büroämtern sowie Titel und Funktionsbezeichnungen auf Visitenkarten von Funktionären spezifische Zuständigkeiten und Verantwortlichkeiten im System indizieren. Ich brauchte Zeit, um zu erkennen, dass auch dies „Strategien" sind, mit denen sich Institutionen gegen den Verdacht der Flüchtigkeit immunisieren.

Wäre ich in diesem letzten Kapitel nicht auf jene Zweifel, Kompromisse und auch Irrwege eingegangen, die meinen Forschungsprozess auf Schritt und Tritt begleitet haben, so hätte ich dem Leser nicht nur konstitutive Aspekte meiner Untersuchung vorenthalten. Ich hätte ihm auch ein falsches Bild dessen vermittelt, was es bedeutet, empirische Forschung zu betreiben. Damit hätte ich gerade jene Flüchtigkeit verdeckt, die ich an meinem Forschungsobjekt aufzudecken bestrebt war.

Nichts kann der Kluft zwischen methodologischer Präskription und faktischen empirischen Verfahren besser Ausdruck verleihen, als folgende Sätze eines geschätzten Soziologen:

"The books on method present ideal patterns: how scientists *ought* to think, feel and act, but this tidy normative patterns, as everyone who has engaged in inquiry knows, do not reproduce the typically untidy, opportunistic adaptation that scientists make in the course of their inquiries. Typically, the scientific paper or monograph presents an immaculate appearance which produces little or nothing of the intuitive leaps, false starts, mistakes, loose ends, and happy accidents that actually cluttered up the inquiry. The public record of science therefore fails to provide many of the source materials needed to reconstruct the actual course of scientific developments".[5]

5 R. K. Merton (1968), *Social theory and social structure*, New York, S. 4.

Statistische Tabellen

Tabelle 1
Geschlechterverteilung (N=201)
Häufigkeit in Prozent: weiblich: 34,3; männlich: 65,7.

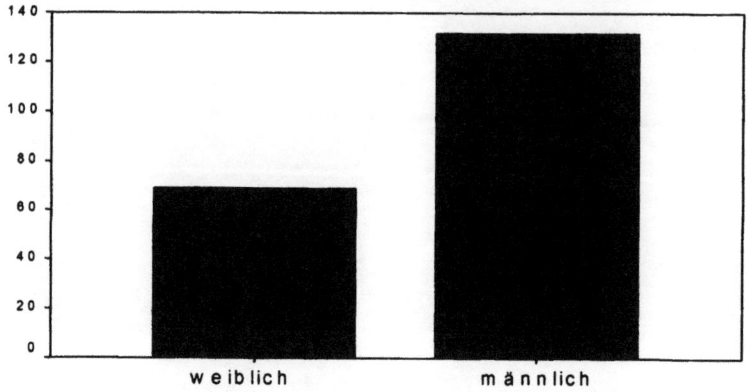

Tabelle 2
Geburtsort (N=198)
Häufigkeiten in Prozent: Sardinien: 75,3; Deutschland: 15,7; Italien (Festland): 7,1; Niederlande: 1,0; Andere: 1,0

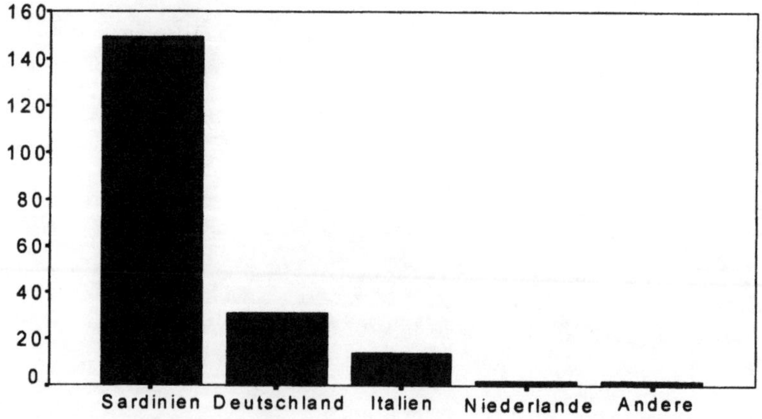

Tabelle 3
Altersstruktur der Circoli

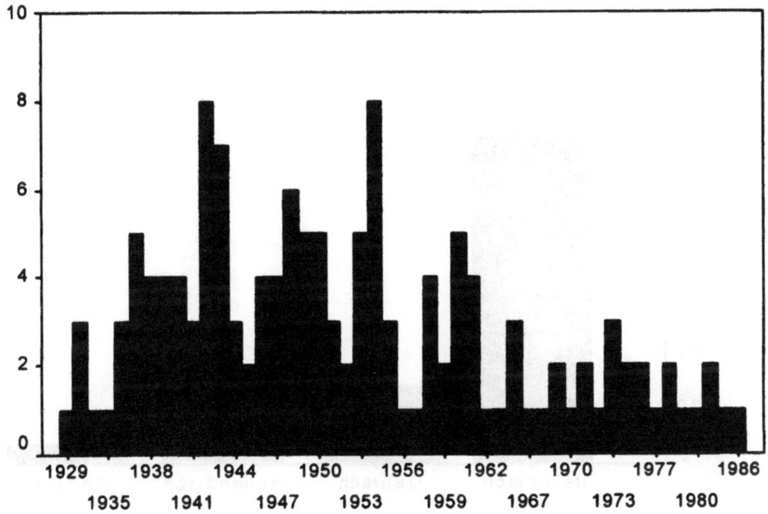

Tabelle 4
Familienstand der Vereinsmitglieder (N=201)
Häufigkeiten in Prozent: ledig: 19,4; verheiratet: 80,1; geschieden: 5,0

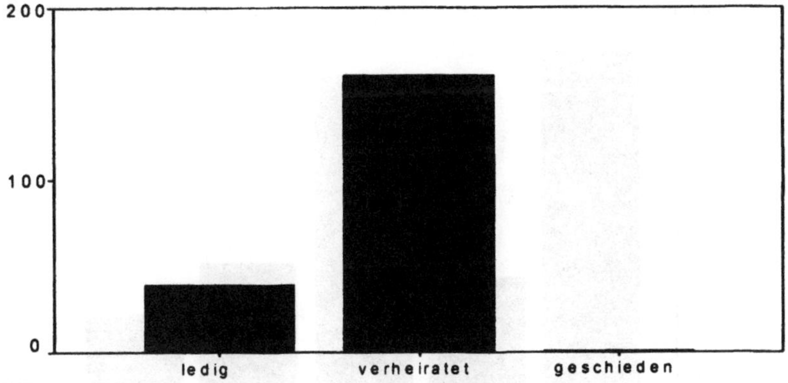

Tabelle 5
Nationalität des Ehepartners (N=163)
Häufigkeiten in Prozent: Italienisch: 71,1; Deutsch: 17,2; Holländisch: 7,4; Andere: 4,3

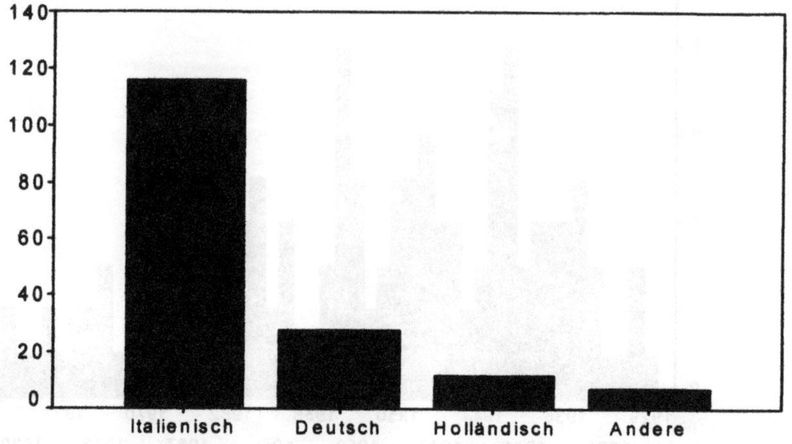

Tabelle 6
Kinderzahl (N=202)
Häufigkeiten in Prozent: keine Kinder: 35,1; ein Kind: 11,4; zwei Kinder: 32,7; drei Kinder: 12,9, vier Kinder: 7,4

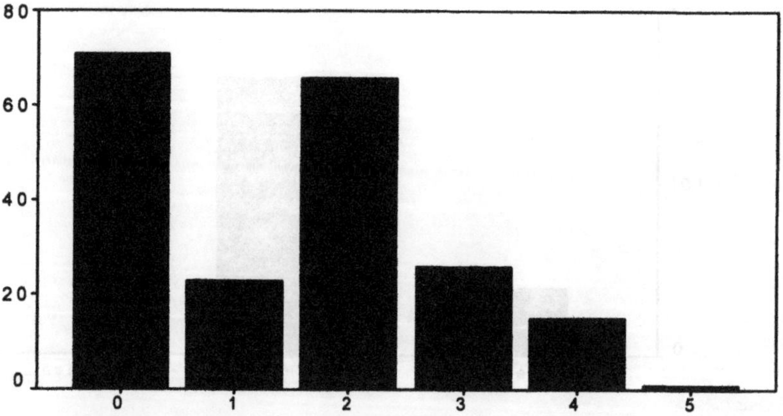

Tabelle 7

Wohnort der Mitglieder der Circoli nach Bundesländern (N=192)

Häufigkeiten in Prozent: Baden-Württemberg: 18,8; Bayern: 16,1; Nordrhein Westfalen: 25,0; Hamburg: 5,2; Niedersachsen: 19,3; Hessen: 5,2; Rheinland Pfalz: 0,5; Niederlande: 9,9

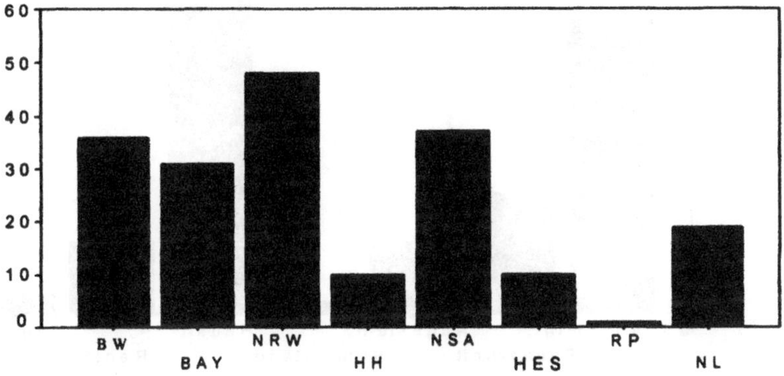

Tabelle 8

Beruf/Tätigkeit (N=187)

Häufigkeit in Prozent: Un-/Angelernter: 41,2; Facharbeiter: 20,3; Angestellter: 5,3; Selbstständiger: 1,6; Student: 3,2; Hausfrau: 15,5; Rentner: 12,3; Arbeitsloser 5,0

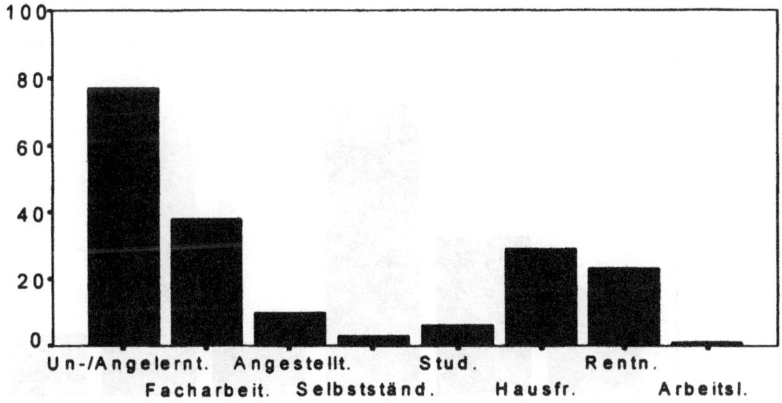

Tabelle 9

Beruf des Ehepartners (N=136)
Häufigkeiten in Prozent: Un-/Angelernter: 32,4; Facharbeiter: 13,2; Angestellter: 8,1; Selbstständiger: 1,5; Hausfrau: 34,6; Rentner: 8,1; Arbeitsloser: 2,2

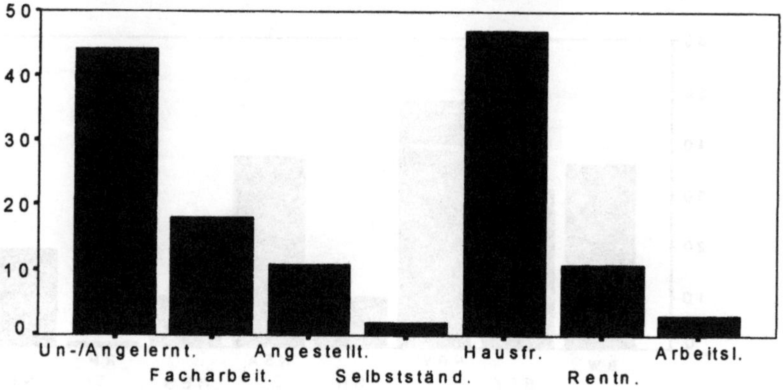

Tabelle 10

Schulbildung des ersten Kindes (N=109)
Häufigkeiten in Prozent: Qualifizierte Hauptschule(QH): 11,0; Realschule(RS): 16,5; Gymnasium(GYM): 30,3; Universität(UNI): 5,5; Berufsschule(BS): 30,0; Grundschule(GS): 6,4

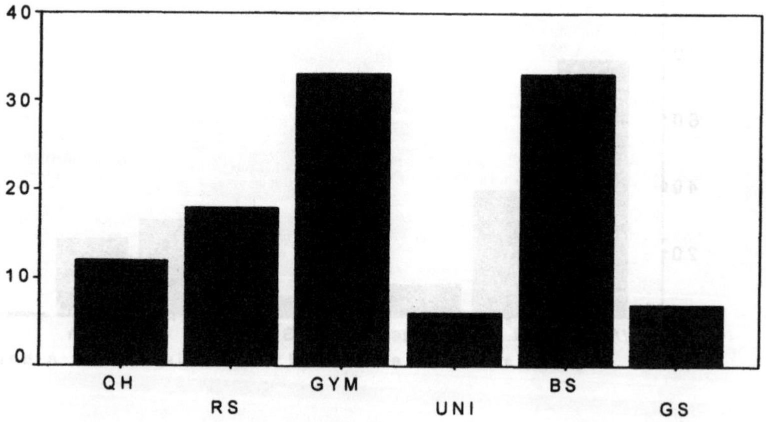

Tabelle 11

Schulbildung des zweiten Kindes (N=90)

Häufigkeiten in Prozent: Qualifizierte Hauptschule: 5,6; Realschule: 31,1; Gymnasium: 16,7; Universität: 12,2; Berufsschule: 33,3; Grundschule: 1,1

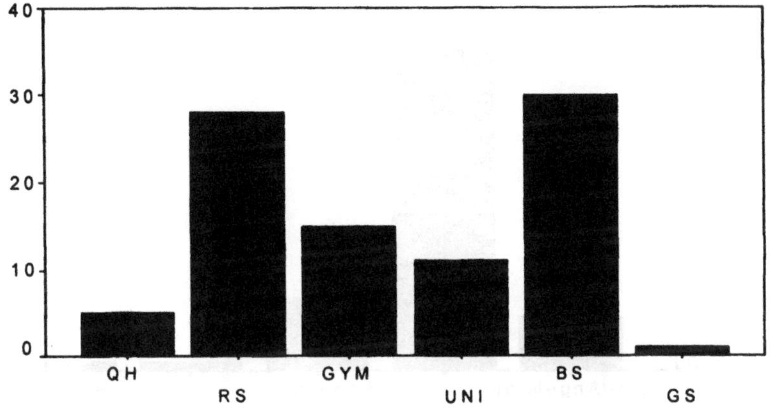

Tabelle 12

Schulbildung des dritten Kindes (N=165)

Häufigkeiten in Prozent: Qualifizierte Hauptschule: 12,5; Realschule: 31,3; Gymnasium: 15,6; Universität: 6,3; Berufsschule: 34,4

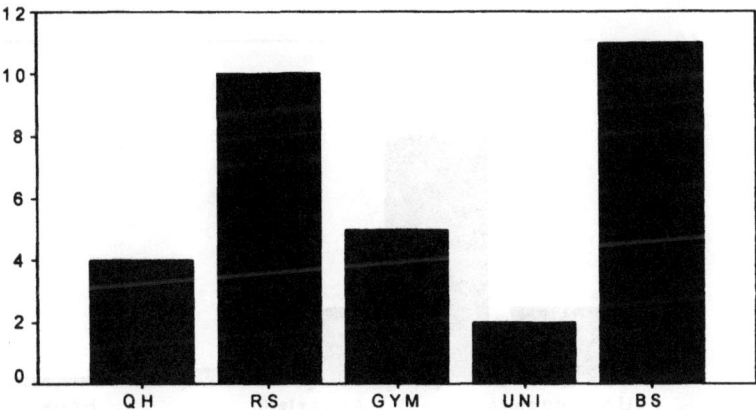

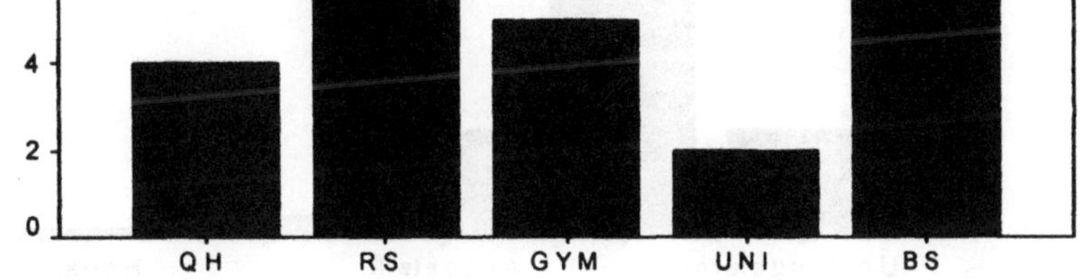

Tabelle 13
Beruf des ersten Kindes (N=52)
Häufigkeiten in Prozent: Un-/Angelernter: 11,5; Facharbeiter: 69,2; Angestellter: 15,4; Selbstständiger: 1,9; Hausfrau: 1,9

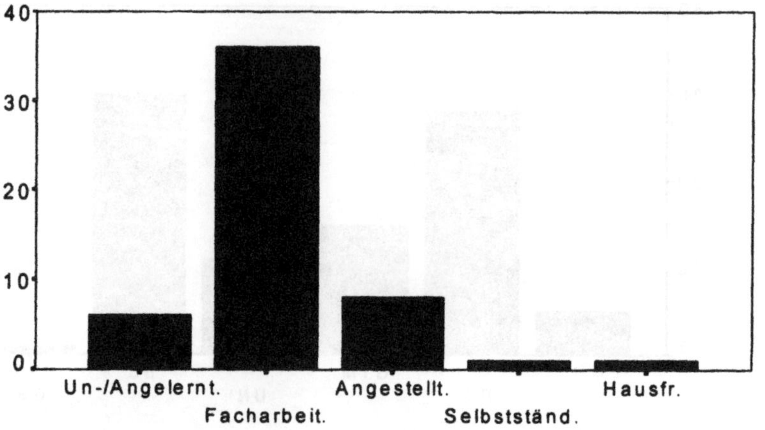

Tabelle 14
Beruf des zweiten Kindes (N=50)
Häufigkeiten in Prozent: Un-/Angelernter: 18,0; Facharbeiter: 58,0; Angestellter: 18,0; Selbstständiger: 4,0; Hausfrau: 2,0

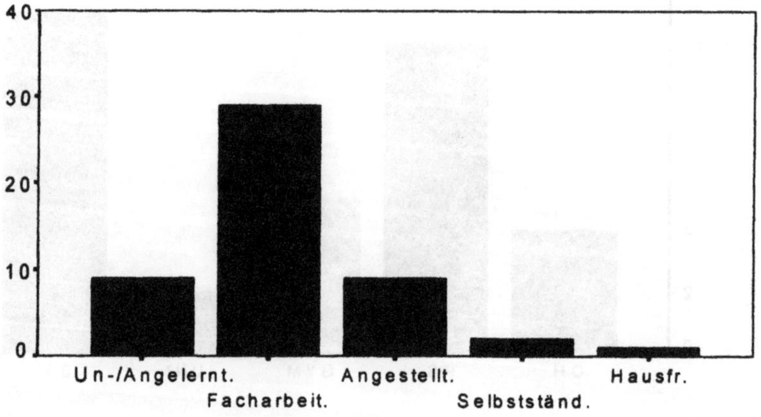

Tabelle 15
Beruf des dritten Kindes (N=23)
Häufigkeiten in Prozent: Un-/Angelernter: 13,0; Facharbeiter: 52,2; Angestellter: 21,7; Selbstständiger: 8,7; Hausfrau: 4,3

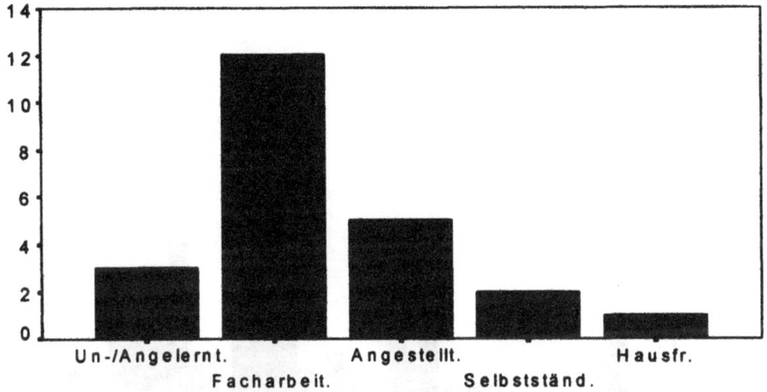

Tabelle 16
Ort der Jugend (N=191)
Häufigkeiten in Prozent: Deutschland: 33,0; Sardinien: 58,6; Italien(Festland): 6,3; Andere: 0,5; Niederlande: 1,6

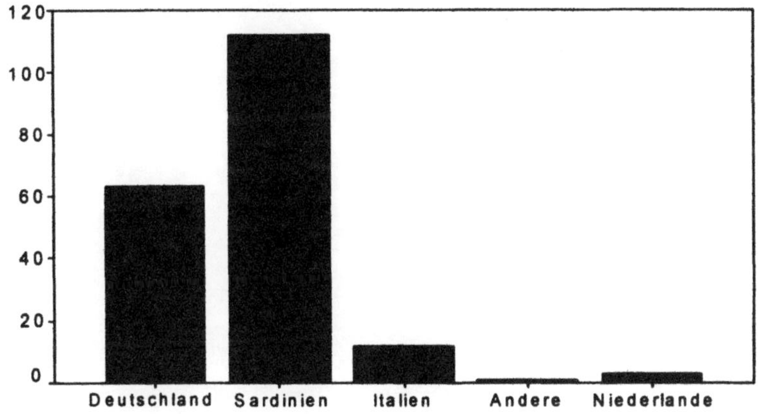

Tabelle 17
Wie lange leben Sie in Deutschland? (Nach Jahren)

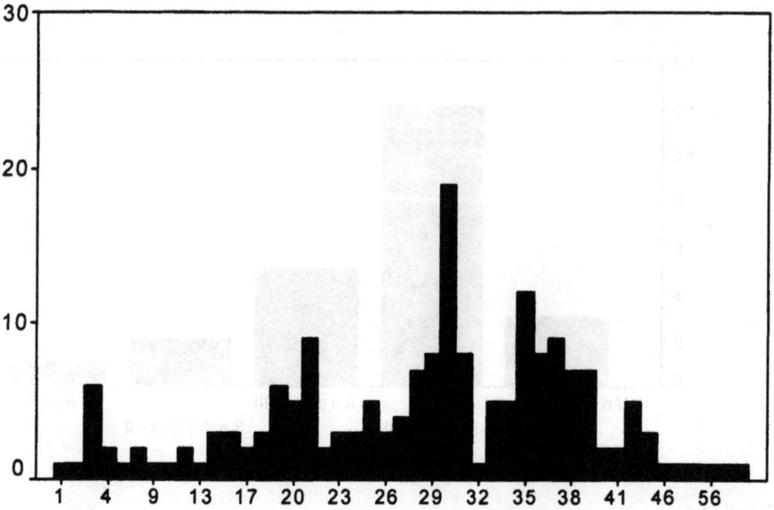

Tabelle 18
Wie lange schon besuchen Sie den Circolo? (Nach Jahren)

		Häufigkeiten	Prozent	Gültige Prozent	Kumulierte Prozent
	1	9	4,4	4,6	4,6
	2	15	7,4	7,7	12,2
	3	6	3,0	3,1	15,3
	4	1	,5	,5	15,8
	5	5	2,5	2,6	18,4
	6	11	5,4	5,6	24,0
	7	3	1,5	1,5	25,5
	8	6	3,0	3,1	28,6
	9	1	,5	,5	29,1
	10	18	8,9	9,2	38,3
	11	7	3,4	3,6	41,8
	12	4	2,0	2,0	43,9
	13	7	3,4	3,6	47,4
	14	2	1,0	1,0	48,5
	15	12	5,9	6,1	54,6
	16	3	1,5	1,5	56,1
	17	3	1,5	1,5	57,7
	18	5	2,5	2,6	60,2
	19	3	1,5	1,5	61,7
	20	24	11,8	12,2	74,0
	21	7	3,4	3,6	77,6
	22	2	1,0	1,0	78,6
	24	1	,5	,5	79,1
	25	10	4,9	5,1	84,2
	26	2	1,0	1,0	85,2
	28	2	1,0	1,0	86,2
	29	4	2,0	2,0	88,3
	30	18	8,9	9,2	97,4
	31	2	1,0	1,0	98,5
	32	2	1,0	1,0	99,5
	35	1	,5	,5	100,0
	Gesamt	196	96,6	100,0	
Fehlend	99	7	3,4		
Gesamt		203	100,0		

Tabelle 19
Wie oft im Monat besuchen Sie den Circolo? (N=186)

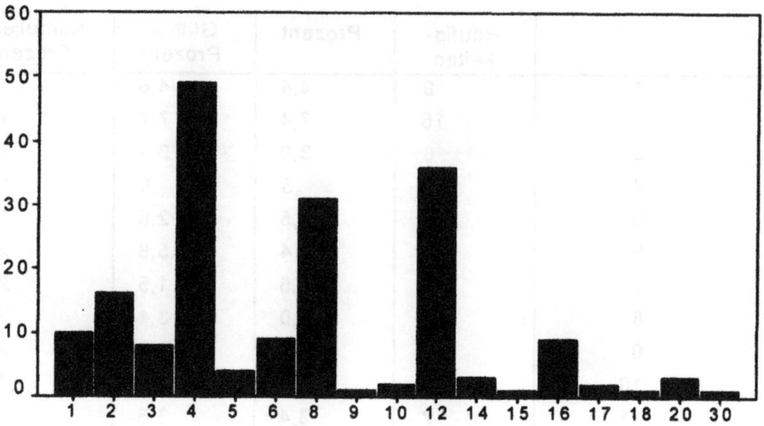

Tabelle 20
Distanz vom Verein zum Wohnort in KM (N=188)

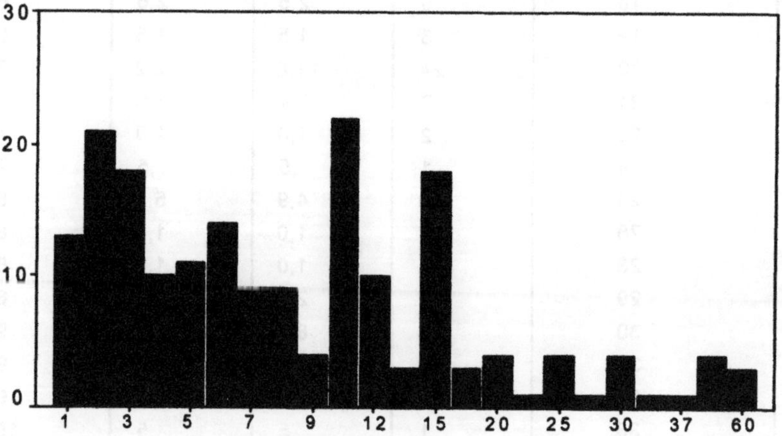

Tabelle 21
Besuchen Sie den Circolo mit Familie oder allein? (N=187)
Häufigkeiten in Prozent: allein: 13,4; mit Familie: 66,8; sowohl als auch: 19,8

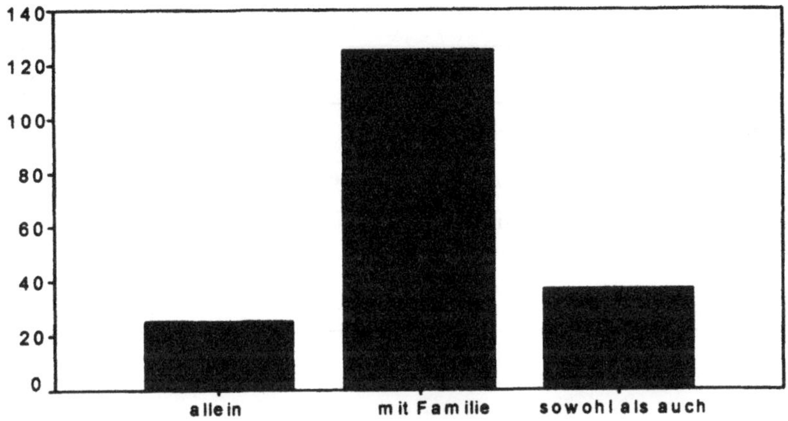

Tabelle 22
Motive des Besuches
Soziale Kontakte: 168; Kulturelles Angebot/Kulturelle Identität/Sprache: 89; Information: 38; Erholung: 37; leitende Funktion: 15

		Anzahl	Spalten %
Motive	Soziale Kontakte	168	89,4
	Kulturelle Identität/Kulturangebot/ Sprachen	89	47,3
	Information	38	20,2
	Erholung	37	19,7
	Leitende Funktion	15	8,0
Gesamt		188	100,0

Tabelle 23
Wichtigste Funktionen des Vereins
Erholung/Sport: 36; Kulturelles Angebot/Feste/Sprache: 119; Information: 42; Soziale Kontakte: 107

		Anzahl	Spalten %
Funktion	Erholung/Sport	36	25,2
	Kultur/Feste/Sprache	119	83,2
	Information	42	29,4
	Soziale Kontake	107	74,8
Gesamt		143	100,0

Tabelle 24
Erwünschte Verbesserungen für das Vereinsleben
Information/Kulturelles Angebot: 41; Organisation/Struktur: 57; Mehr Beteiligung anderer insb. der Jüngeren: 58; Mehr Konsens und Harmonie: 49

		Anzahl	Spalten %
Verbesserung	Information/Kulturangebot	14	31,8
	Organisation/Struktur	57	44,2
	Mehr Beteiligung anderer insbes. der Jüngeren	58	45,0
	Mehr Konsens und Harmonie	49	38,0
Gesamt		129	100,0

Tabelle 25
Wie oft im Jahr besuchen Sie Sardinien? (N=141)
Häufigkeiten in Prozent: nie: 1,4; ein Mal: 78,7; zwei Mal: 14,2; drei Mal: 4,3; vier Mal: 7; fünf Mal: 7

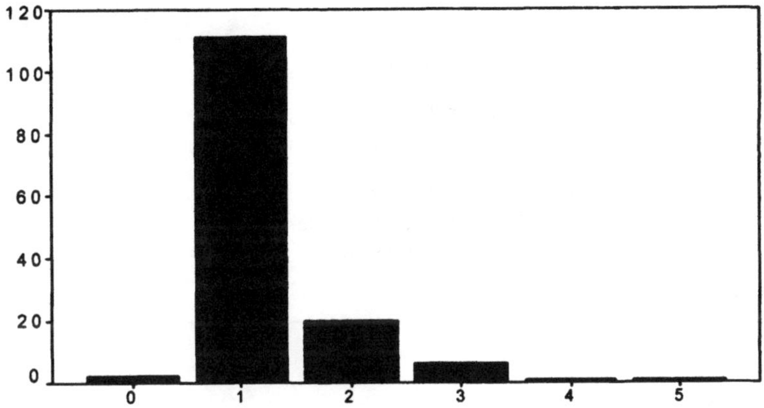

Tabelle 26
Rückkehrabsicht (N=147)
Häufigkeiten in Prozent: nein: 21,8; ja: 69,4; vielleicht: 8,8

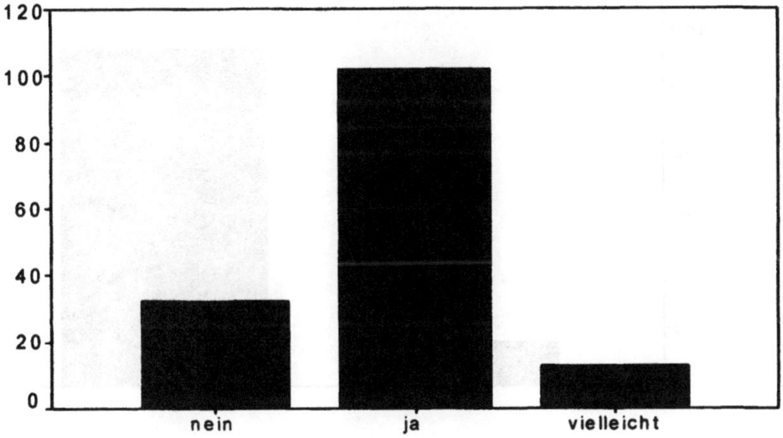

Tabelle 27

Motive für die Rückkehr nach Sardinien

Herkunft und Kultur: 67; Rentenalter in Sardinien verbringen: 28; Keine Rückkehr beabsichtigt, weil Kinder und Freunde in Deutschland leben: 21

		Anzahl	Spalten %
Motive	Herkunft/Kultur	67	65,0
	Rentenalter in Sardinien verbringen	28	27,2
	Keine Rückkehr geplant, weil Kinder und Freunde in Deutschland leben	21	20,4
Gesamt		103	100,0

Tabelle 28

Notwendigkeit einer Veränderung in Sardinien (N=130)

Häufigkeiten in Prozent: nein: 11,5; ja: 88,5

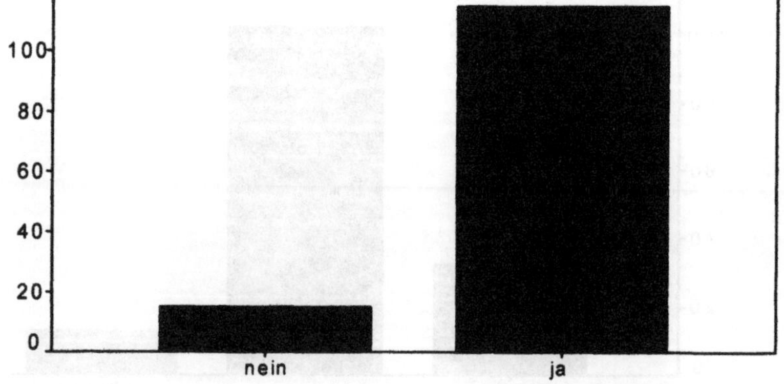

Tabelle 29
Was soll sich in Sardinien verändern?
Arbeitssituation: 64; Organisation/Politik/Soziale Leistungen: 56; bessere Bedingungen für die Rückkehr: 14

		Anzahl	Spalten %
Veränderung Sardinien	Arbeitssituation	64	70,3
	Organisation/Politik/ Soziale Leistungen	56	61,5
	Bessere Bedingungen für die Rückkehr	14	15,4
Gesamt		91	100,0

Tabelle 30
Notwendigkeit einer Veränderung in Deutschland
Rechte/weniger Vorurteile: 15; Lebensunterhalt: 1; Arbeit und Ausbildungs-Plätze: 5

		Anzahl	Spalten %
Veränderung Deutschland	Rechte/weniger Vorurteile	15	71,4
	Lebensunterhalt	1	4,8
	Arbeit/Ausbildungsplätze	5	23,8
Gesamt		21	100,0

Literaturverzeichnis

Adams, Jr. R. (1998), *Remittances, investment and rural asset accumulation in Pakistan*, in: Economic Development and Cultural Change, 25, S. 155-173.

Alba, R. (Oktober 1996), *How Relevant is Assimilation*, IMIS-Beiträge, Heft 4.

Alber, R. & Nee, V., (2003), *Remaking the American Mainstream. Assimilation and Contemporary Immigration*, Cambridge, London.

Aledda, A. (1988), *L'emigrazione organizzata in Europa in rapporto all'istituizione Regionale in Sardegna*, Anacleta Migratoria XXIV, Berlino.

Appadurai, A. (1991), *Global Ethnospaces: Notes and Queries for a Transnational Anthropology*, in: Fox, R. (eds.), Recapturating Anthropology, Working in the Present, Santa Fe.

Atti del Convegno dei giovani in Australia, 20/22.09.1999.

Banfield, E. C. (1958), *The Moral Basis of a Backward Society*, Glencoe.

Basch L., Glick-Schiller, N. and Blanc-Szanton, C. (1994), *Nations Unbound: Transnational Projects, Post–Colonial Predicaments and De-Territorialized Nation-States*, New York.

Beck, U. (1986), *Risikogesellschaft. Auf dem Wege in eine andere Moderne*, Frankfurt a. M.

Beck, U. (1988), *Perspektiven der Weltgesellschaft*, Frankfurt a. M.

Bergmann, J. (1987), *Klatsch. Zur Sozialform der diskreten Indiskretion*, Berlin.

Blumenberg, H. (1986), *Lebenszeit und Weltzeit*, Frankfurt a. M.

Bohnsack, R. (1999), *Rekonstruktive Sozialforschung. Einführung in die Methodologie und Praxis qualitativer Forschung*, Opladen.

Bohnsack R. (2003), *Qualitative Methoden der Bildinterpretation*, in: Zeitschrift für Erziehungswissenschaften, 6 Heft 2, S. 239-256.

Breitenbach, B. v. (1986), *Ausländer-Vereine und Interessenvertretung. Funktion und Selbstorganisation von Ausländern im Kommunalbereich*, in: Zeitschrift für Parlamentsfragen 2, S. 181-199.

Brochmann, G., and Hammer, T. (ed.), (1999), *Mechanism of Immigration Control: A Comparative Analysis of European Regulation Policies*, Oxford, New York.

Brubaker, W. R. (1992), *Citizenship and Nationalhood in France and Germany*, Cambridge.

Brücker, H., Epstein, G. S., McCormick, B. Saint-Paul, G., Venturini, A., and Zimmermann, K. F. (2002), *Managing Migration in the European Welfare State*, in: Boeri, T., Hanson, G., McCormick, B. (ed.), Immigration Policy and the Welfare System, Oxford.

Campani, G., Catani, M., Palidda, S. (1987), *Italian Immigrant Associations in France*, in: Rex, J., Jolly, D., and Wilpert, C., Immigrant Associations in Europe, Aldershot, S. 166-200.

Cappai, G. (2000), *L'emigrazione sarda in Germania e il problema dell'associazionismo. Un'analisi tipologica della "seconda generazione"*, in: Interkulturell. Forum für interkulturelle Kommunikation, Erziehung und Beratung. Forschungsstelle Migration und Integration, Pädagogische Hochschule Freiburg, Sonderheft September S. 5-28.

Castles, S., & Miller, M. J. (1993), *The Age of Migration. International Population Movements in the Modern World*, London.

Castles, S., *The factors that Make and Unmake Migration Policies*, Center for Migration Studies, Working Paper 03-09a, http://cmd.princeton.edu/papers/development.shtml, (02.11.2003).

Chakravartty, P., *The Emigration of High Skilled Indian Workers to the United States: Flexible Citizenship and India's Information Economy*, CCIS, Working Paper N. 19, http://www.ccis-ucsd.org/PUBLICATIONS/wrkg19. PDF, (27.08.2000).

Cinar, D., Gächter, A., Waldrauch, H. (ed.) (2000), *Irregular Migration: Dynamics, Impact, policy options*. European Centre, Eurosocial Report, Vienna.

Clifford, J., Marcus, G. E., (1986), *Writing Culture. The Poetics and Politics of Ethnography*, Berkeley.

Collinson, S. (1996), *Shore to Shore. The Politics of Migration in Euro-Maghreb Relation*, The Royal Institute of International Affairs, London.

Convenzione programmatica dell'emigrazione. Atti e Documenti, 1989 Quartu S. Elena.

Cornelius, W. A., Martin, P. S., Hollifield, J. H. (Ed.) (1994), *Controlling Immigration. A Global Perspective*, Standford University Press, California.

Curan, S. R., and Wherry, F. F., *Do Transnational Organizations Promote Civil and Political Liberties*? The Center For Migration and Development, Princeton, Working Paper, http://cmd.princeton.edu/papers.shtml (16. 08.2003).

Czempiel, E-O. (1969), *Die anachronistische Souveränität*, in: Politische Vierteljahrschrift, Vol. 1, Opladen.

Diatta, M. A., and Ndiaga, M. (1999), *Releasing the developmnet potential of return migration: the case of Senegal*, in: International Migration, 37, (1), S. 243-264.

Diehl, C. (2002), *Die Partizipation von Migranten in Deutschland. Rückzug oder Mobilisierung?* Opladen.

Diehl, C., Urban, J. und Esser, H. (1998), *Die soziale und politische Partizipation von Zuwanderern in der Bundesrepublik Deutschland*, Gesprächskreis Arbeit und Soziales, Bonn.

DjaJic, S. (1986), *International Migration, remittances and welfer in a dependent economy*, in: Journal of Development Economics, 21, S. 229-234.

Documento Programmatico, *Speciale elezioni 1999*.

Durkheim, E. (1961), *Die Regeln der soziologischen Methode*, Berlin.

Dux, G. (1989), *Die Zeit in der Geschichte. Ihre Entwicklungslogik vom Mythos zur Weltzeit*, Frankfurt a. M.

Elias, N., Scotson, J. L. (1990), *Etablierte und Außenseiter*, Frankfurt a. M.

Elwert, G. (1982), *Probleme der Ausländerintegration. Gesellschaftliche Integration durch Binnenintegration?* In: KZfSS, Jg. 34, S. 717-731.

Entzinger, H. (2000), *The Dynamik of Integration Policies: A Multidimensional Modell*, in: Koopmans, R. and Statham, P., (eds.), Challenging Immigration and Ethnic Relations Politics, Oxford.

Esser, H. (1986), *Ethnische Kolonien: 'Binnenintegration' oder gesellschaftliche Isolation?* In: Hoffmayer-Zlotnik, J. H. P. (Hrsg.), Segregation oder Integration. Die Situation von Arbeitsmigranten im Aufnahmeland. Mannheim: Forschung, Raum und Gesellschaft, S. 106-117.

Esser, H., *Does the „New" Immigration Require a „New" Theory of integrational Integration?* The center for Migration, CMD Working Paper 03-09 K, Princeton, http://cmd.princeton.edu/papers/development. shtml. (03.05.2003)

Euromed Synopsis. Weekly Newsletter on the Euro-Mediterranean Partnership and the MEDA Programme. In: http://europa.eu.int/com/europeaid/projects/med/ index en.htm (04. 04. 04).

European Parliament, Report, A5-0445/2003, S. 13, in: http://www2.europarl. eu.int/registre/seance-leniere/textes/rapports/20003/04.. (20.04.2004.)

Evans, P. (1997), *The Eclipse of the State? Reflections on Stateness in an Era of Globalisation*, in: World Politics 50, October, S. 62-87.

Faist, T. (2002), *Transnationalization in International Migration: Implications for the study of Citizenship and Culture*, in: Ethnic and Racial Studies, 23 (2), S. 189-222.

Favel A. (1998), *Philosophies of Integration: Immigration and the Idea of Citizenship in France and Britain*, London.

Fawcett, J.T. (1989), *Networks, Linkages and Migration System*, in: International Migration Review, XXII, S. 671-688.

Fijalkowki, J./Gillmeister, H. (1997), *Ausländervereine. Ein Forschungsbericht. Über die Funktion für die Integration heterogener Zuwanderer in eine Aufnahmegesellschaft – Am Beispiel Berlin*, Berlin.

Flick, U. (1999), *Qualitative Sozialforschung, Theorien, Methoden, Anwendung in Psychologie und Sozialwissenschaften*, Hamburg.

Fontela, E. (1989), Rapporto sul progetto PR. EM.SA.-CEE (Progettto emigrati Sardi - CEE), In: *Convenzione Programmatica dell'Emigrazione, Atti e Documenti*, Regione Autonoma Della Sardegna, Quartu S. Elena 11. Marzo, S. 65-66.

Freemann, G. P., *Incorporating Immigrants in Liberal Democracies*, The Center for Migration and Development, CMD Working Paper 03-09d, http://cmd. princeton.ed/papers/development.shtml, (12.03.2004).

Geertz, C. (1987), *Person, Zeit und Umgangsformen auf Bali*, in: Dichte Beschreibung. Beiträge zum Verstehen kultureller Systeme, Frankfurt a. M., S. 96-132.

Gerber, D. A. (2000), *Theories and Lives. Transnationalism and the Conceptualisation of international Migration to the United States*, IMIS-Beiträge Heft 15.

Giddens, A. (1990), *Konsequenzen der Moderne*, Frankfurt a. M.

Glaser, B., Strauss, A. (1965/1978), *Die Entdeckung gegenstandbegründeter Theorie: eine Grundstrategie qualitativer Forschung*, in: C. Hopf und E. Weingarten (Hg.), Qualitative Sozialforschung, Stuttgart.

Glick Schiller, N. (1999), *Transmigrants and Nation-States: Something Old and Something New in the U. S. Immigrant Experience*, in: Hirschman, C., Kasinitz, P., De Wind, J. (Ed.), The Handbook of International Migration: The American Experience, New York.

Glick Schiller, N., Basch, L., and Black Szanton, C. (eds.) (1992), *Towards a Transnational Perspective on Migration: Race, class, ethnicity and nationalism reconsidered*, New York.

Glick Schiller, N., Basch, L., and Black Szanton, C. (1995), *From immigrant to transmigrant: theorizing transnational migration*, in: Anthropological Quarterly, 68, S. 48-63.

Guarnizo, L. E., Portes, A., Haller, W. (May 2003), *Assimilation and Transnationalism: Determinants of Transnational Political Action among Contemporary Migrants*, AJS, Volume 108 Number 6, S. 1211-48.

Gurwitsch, A. (1977), *Die mitmenschlichen Begegnungen in der Milieuwelt*, Berlin - New York.

Habermas, J. (1996), *Die Einbeziehung des Anderen*, Frankfurt a. M.

Hall, E. T. (1966), *The Hidden Dimension*, New York.

Hechter, M., Friedman, D., and Appelbaum, M. (1982), *A Theory of Ethnic Collective Action,* in: International Migration Revue 16, N. 2.

Heckmann, F. (1998), *Ethnische Kolonien: Schonraum für die Integration oder Verstärker der Ausgrenzung?* In: Ghettos oder ethnische Kolonien. Entwicklungschancen von Stadtteilen mit hohem Zuwandereranteil. Gesprächskreis Arbeit und Soziales, Bonn N. 85.

Hedberg, B. (1981), *How organizations learn and unlearn.* In: Nystrom, P. and Starbuck, W. (ed.), Handbook of organizational design, 1, Oxford, S. 3-27.

Held, D. & McGrew, A. & Goldblatt, D. & Perraton, J. (1999), *Global Transformations,* Cambridge, Oxford.

Heller, A. (1978), *Das Alltagsleben,* Frankfurt a. M.

Hettlage-Varjas, A., und Hettlage, R. (1984), *Kulturelle Zwischenwelten. Fremdarbeiter - eine Ethnie?* In: Schweizerische Zeitschrift für Soziologie, N. 2.

Hily, M.-A., Poinard, M. (1987), *Portuguese Associations in France,* in: Rex, J., Jolly, D. and Wilpert, C., Immigrant Associations in Europe, Aldershot, S. 166-200.

Hily, M.-A., und Poinard, M. (1984), *A propos des Associations portugaises en France. Ou l'identité condensée,* in: Hettlage-Varjas, R. Hettlage (Hrsg.), Schweizerische Zeitschrift für Soziologie 1984, N. 2.

Hoffmann, L. (1996), *Der Einfluß völkischer Integrationsvorstellungen auf die Identitätsentwürfe von Zuwanderern,* in: Heitmeyer, W. und Dollase, R. (Hrsg.), Die bedrängte Toleranz, Frankfurt a. M., S. 241-260.

Hoffmann-Nowotny, H.-J. (Hrsg.) (2001), *Das Fremde in der Schweiz. Ergebnisse soziologischer Forschung,* Zürich.

Hoffmann-Riem, C. (1980), *Die Sozialforschung einer interpretativen Soziologie. Der Datengewinn,* in: Kölner Zeitschrift für Soziologie und Sozialpsychologie, Jg. 32, S. 339-372.

Hollifield, J., *The Emerging Migration State,* The Center for Migration and Development, Princeton University, CMD Working Paper 03-09g, S. 19, in: http://cmd.princeton.ed/papers/development.shtml, (14.03.2004).

http://cmd.princenton.edu/papers.shtml.

http://www.regione.sardegna.it/ital/lavoro/piano-1999.htm.

http://www.sardinia.net/nelmondo/tucuman/Welcome.htm.

Hunger, U. (2003), *Vom Brain Drain zum Brain Gain,* Gesprächskreis Migration und Integration, Bonn.

Il messaggero Sardo. Mensile del fondo sociale della Regione Sarda per gli emigrati. http://www. ilmessaggerosardo.com/it.

Il notiziario dei Sardi von Verona. Anno X, Mai-April 1998, N 2.

Jones-Correa, M. (1998), *Different Path: Gender, Immigration and political Participation*, in: International Migration Review, 32 (2), S. 326-49.

Kammerer, P. (1991), *Some Problems of Italian Immigrants' Organisation in the Federal Republic of Germany*, in: Ostow, R./ Fijalkowski, J. et al. (Hrsg.), Ethnicity, Structured Inequality, and the State in Canada and the Federal Republic of Germany, Frankfurt a. M.

Kennedy, P., and Roudometof, V. (eds.) (2002), *Communities Across Borders. New Immigrants and Transnational Cultures*, London - New York.

Kluckhohn, F. (1975), *Die Methode der teilnehmenden Beobachtung in kleinen Gemeinden*, in: König, R. (Hrsg.), Beobachtung und Experiment in der Sozialforschung, Köln, S. 97-114.

Kohl, K. H. (1998) *Against Dialog*, Paideuma. Mitteilungen zur Kulturkunde, N. 44, S. 51-58.

König R. (1958), *Grundformen der Gesellschaft: Die Gemeinde*, Hamburg.

König, R. (1975), *Einleitung*, in: König, R. (Hrsg.), Beobachtung und Experiment in der Sozialforschung, Köln, S. 17-50.

Kurz, U. (1965), *Partielle Anpassung und Kulturkonflikt. Gruppenstruktur und Anpassungspositionen in einem italienischen Gastarbeiter-Lager*, in: Kölner Zeitschrift für Soziologie und Sozialpsychologie, 17. Jahrgang, S. 814-832.

La Fondation Hassan II pour les Marocains Résidant à l'etranger. http://www. alwatan. ma/index.asp (23. 01.2004).

Leggewie, C. (2001), *Transnational Citizenship: Cultural Concerns*, in: International Encyclopedia of the Social & Behavioral Sciences, Vol. 23, Elsevier, S. 15859.

Leggi del Fondo Sociale della Regione Sardegna. "Regione Autonoma Della Sardegna, Assessorato del Lavoro, Formazione Professionale, Cooperazione e sicurezza sociale, Fondo Sociale", Cagliari 1983.

Lehmann, K. (2001), *Vereine als Medium der Integration. Zur Entwicklung und Strukturwandel von Migrantenvereinen*, Berlin.

Levitt, P. (2001), *Transnational Migration: Taking Stock and Future and Future Directions*, Global networks, 1(3), S. 195-216.

Levitt, P., (2001), *The Transnational Villagers*, Berkley, Los Angeles, London.

Levitt, P. Glick, N., *Transnational Perspectives on Migration: Conceptualising Simultanity.* The Center for Migration and Development, Working Paper Series, Princeton University, CMD Working Paper 03-09j, http://cmd.princeton.edu/papers/ developments.shtml, (14.05.2004).

Lévy, P. (1997), *Cyberculture*, Paris.

Lindner, R. (1990), *Die Entdeckung der Stadtkultur. Soziologie aus der Erfahrung der Reportage*, Frankfurt a M.

Lucas, E. B. R., and Stark, O. (1985), *Motivations to remit: evidence from Botswana*, in: Journal of political Economy, 93, S. 901-918.

Luckmann, T. (1983) *Remarks on Personal Identity: Inner Social and Historical Time*, in: Jacobson-Widding, A. (ed.), Identity: Personal and Socio-Cultural, New York.

Luhmann, N. (1982), *Die Weltgesellschaft*, in: Soziologische Aufklärung 2, Opladen.

Smith, M. P. (1998), *Transnational localities: community, technology and the politics of membership within the context of Mexico and US migration*, Transnationalism from below, Vol 6, Comparative Urban and Community Research in: Smith, M. P. and Guarnizo, L. E. (eds.), New Brunswick NJ, S. 196-238.

Mangold, W. (1960), *Gegenstand und Methode des Gruppendiskussionsverfahrens*, Frankfurt a. M.

Mangold, W. (1973), *Gruppendiskussionen*, in: Handbuch der empirischen Sozialforschung, Bd. II, 3. Auflage, Frankfurt a. M.

Mannheim, K. (1980), *Strukturen des Denkens*, Frankfurt a. M.

McCormick, B., Wahba, J. (April 2000), *Overseas employment and remittances to a dual Economy*, in: The Economic Journal.

McIntyre, A. (1984), *Der Verlust der Tugend. Zur moralischen Krise der Gegenwart*, Frankfurt a. M.

MEDA-*Euromed Synopsis. Weekly Newsletter on the Euro-Mediterranean Partnership and the MEDA Programme.* http://europa.eu.int/com/europeaid/projects/med/index en.htm, (04.04.2004).

Merten, K., Weischenberg, S. J. S. (Hrsg.) (1994), *Die Wirklichkeit der Medien*, Opladen.

Merton, R. K. (1968), *Manifest and Latent Functions*, in: ders., Social Theory and Social Structure, New York, S. 73-138.

Merton, R. K., (1968), *Social theory and social structure*, New York.

Meyrowitz, J. (1994), *Kognitive Autonomie und soziale Orientierung. Konstruktivistische Bemerkungen zum Zusammenhang von Kognition, Kommunikation, Medien und Kultur*, Frankfurt a. M.

Mosca, G. (1950), *Die herrschende Klasse*, Salzburg.

Muhammad, A. (1979), *The Myth of Return: Pakistanis in Britain*, London.

Munn, D. N. (1992), *The Cultural Anthropology of Time: A critical Essay*, in: Annual Review of Anthropology, 21, S. 93-123.

Nießen, M. (1977), Gruppendiskussion. Interpretative Methodologie – Methodenbegründung – Anwendung, München.

Nowotny, H. (1989), *Eigenzeit. Entstehung und Strukturierung eines Zeitgefühls*, Frankfurt a. M.

Oggitalia, http://www.sardinia.net/nelmondo/tucuman/Welcome.html, (27.02.1999).

Oggitalia, *L'emigrazione: una costante nella storia dell'umanità*, und „Un Commonwealth con i nostri emigrati", in: Oggitalia, N. 9, *http://www.sardinia.net/nelmondo/tucuman/Welcome.html* (27.02.1999).

Opitz, P. J. (Hrsg.) (1997), *Der Globale Marsch. Flucht und Migration als Weltproblem*, München.

Opitz, P. J. (1981), *Grundprobleme der Entwicklungsländer*, München.

Özkan, E. (1992), *Türkische Immigrantenorganisationen in der Bundesrepubblik Deutschland*, Berlin.

Park, R. E., Burgess, E. W., McKenzie, R. D. (1925), *The City*, Chicago.

Portes, A. (1999), *Conclusion: toword a new world- the origins and effects of transnational activities*, in: Ethnic and Racial Studies, Vol. 22 Number 2 March, S. 463-477.

Portes, A. (1999), *Immigration Theory for a New Century: Some Problems and Opportunities*, in: Hirschman, C., Kasinitz, P., De Wind, J. (eds.), The Handbook of International Migration: The American Experience, New York.

Portes, A. *Globalisation from Below. The Rise of Transnational Communities*, Princeton University, WPTC-98 01, http://www.transcomm.ox.ac.uk/working%20papers/portes.pdf. (24.07.2004)

Portes, A., *Globalization from Below. The Rise of Transnational Communities*, Princeton University, WPTC-98 01, http://www.transcomm.ox.ac.uk/working%20papers/portes.pdf (14.09.1997).

Portes, A., Guarnizo, L. E., Haller, W. J. (April 2002), *Transnational Entrepreneurs: An Alternative Form of Immigrant Economic Adaptation*, in: American Sociological Review, Vol. 67, N. 2.

Portes, A., Guarnizo, L., and Landolt, P. (March 1999), *The study of transnationalism: pitfalls and promise of an emergent research field*, in: Ethnic and Racial Studies, Vol. 22, N. 2.

Portes, A., *Immigration's Aftermath*, in: http://www.prospect.org/print/v13/7/portes-a.html, (01.07.2003).

Portes, A., *Sociology in the Hemisphere: Past Convergencies and a New Conceptual Agenda*, The Center for Migration and Development, Princeton University, Working Paper 01-04, 2001, http://cmd.princeton.edu/papers/developments. shtml, (29.12.2003).

Prashantham, S. (2004), *Ethnic Social Capital and Small Firm Internationalisation: The Case of India Software Industry*, University of Strathclyde, Strathclyde, International Business unit, Working Paper August.

Pries, L. (1997), *Neue Migration im transnationalen Raum*, in: Pries (Hg.), Transnationale Migration, Soziale Welt, Sonderband 12, Baden-Baden, S. 15-46.

Pries, L. (1998), *Transnationale soziale Räume*, in: Beck, U. (Hrsg.), „Perspektiven der Weltgesellschaft", Frankfurt, S. 55-86.

Programma Annuale 1999. http://www.regione.sardegna.it/ital/lavoro/piano-1999.htm, (19.05.2000).

Programma di Partenariato Territoriale con gli Italiani all'Estero, (PPTIE), www.pptie.org. (02.02.2005).

Puskeppeleit, J.,/Thränhardt, D. (1990), *Vom betreuten Ausländer zum gleichberechtigten Bürger*, Freiburg im Breisgau.

Ratz, J. (1995), *Multikulturalismus: eine liberale Perspektive*, in: Deutsche Zeitschrift für Philosophie, n. 43, S. 307- 327.

Rawls, J. (1992), *Die Idee des politischen Liberalismus*, Suhrkamp, Frankfurt a. M.

Reinhold, G., Lamnek, S., und Recker, H. (Hrsg.) (1991), *Gruppe*, in: Soziologielexikon, Oldenburg, S. 216-217.

Rex, J., Jolly, D., Wilpert, C. (ed.) (1987), *Immigrant Association in Europe*, Hong Kong, Singapore, Sidney.

Robertson, R. (1992), *Globalisation: Social Theory and Global Culture*, London.

Rogers, A., *A European Space for Transnationalism*? School of Geography, Oxford University, WPTC- 2K-07, http://www.transcomm.ox.ac.uk/working%20papers/rogers.pdf. (13.03.2003).

Sáncez, C. (1985), *Los Migrantes Mixtecos*, Mimeo 1985.

Sassen, S. (1998), Globalisation and its Discontent, New York.

Saxenian, A., Motoyama, Y., Quan, X., (2002), *Local and Global Networks of Immigrant Professionals in Silicon Valley*, Public Policy Institute of California.

Schmalenbach, H. (1922), *Die soziologische Kategorie des Bundes*, Dioskuren, Bd. 1, S. 35-105.

Schmidt, A. (1991), *Wo die Männer sind, gibt es Streit. Ehre und Ehrgefühl im ländlichen Sardinien*, in: Zingerle, A. (Hrsg.) „Soziologie der Ehre". „Annali di Sociologia/Soziologisches Jahrbuch", Milano/Berlin 7., II, S. 209-210.

Schmitter, B. E. (1980), *Immigrants and Associations: Their Role in the Socio-Political Process of Immigrant Worker Integration in West Germany and Switzerland*, in: International Migration Review, Volume 14, N. 2., S. 179-192.

Schmitter, B. (1984), *Sending States and Immigrant Minorities - the Case of Italy*, in: Society for Comparative Study of Society and History, vol. 26, S. 325- 334.

Schulte, A. (2002), *Integrations- und Antidiskriminierungspolitik in Einwanderungsgesellschaften: zwischen Ideal und Wirklichkeit der Demokratie*, in: Gesprächskreis Migration und Integration, Bonn.

Schütz, A. (1962), *Das Problem der sozialen Wirklichkeit*, in: ders., Gesammelte Aufsätze, Bd. 1, Den Haag.

Schütz, A. (1972), *Der Fremde.* Ein sozialpsychologischer Versuch, in: Gesammelte Aufsätze, Band 2, Den Haag, S. 53-69.

Schütze, F. (1983), *Biographieforschung und narratives Interview*, in ders.: Neue Praxis, Jg. 13, S. 283-293.

Simmel, G. (1983), *Soziologie*, Frankfurt a. M.

Simmel, G. (1989), *Philosophie des Geldes*, Frankfurt a. M.

Smith, M. P., and Guarnitzo, L. (1998), *Transantionalism from Below*, in: Comparative Urban and Community Research, Vol. 6, New Brunswick, New Jersey, London.

Spradley, J. P. (1979), *The Ethnographic Interview*, New York.

Stichweh, R. (2000), *Die Weltgesellschaft. Soziologische Analysen*, Frankfurt a. M.

Storer, D. (1979), *The Preservation of Immigrant Cultures: A Contamporary Dilemma for Host Societies*, in: International Migration, Jg. 17.

Straubhaar, T. (2000), *International Mobility of the Highly Skilled: Brain Drain or Brain Exange.* HWWA, Discussion Paper 88, Hamburg, Institute of International Economics.

Straubhaar, T. (2000), *Why we Need a General Agreement on Movemenets of People (GAMP)*, Hamburgisches Welt-Wirtschaftsarchiv (HWWA).

Strauss, A. (1974), *Spiegel und Masken*, Frankfurt a. M..

Taylor, C. (1985) *Was ist menschliches Handeln?* In: Negative Freiheit. Zur Kritik neuzeitlichen Individualismus, Frankfurt.

Taylor, C., (1994), *The Sources of the Self. The making of the Modern Identity*, Cambridge.

The Organization of The Islamic Conference (OIC), http://www.oic-oci.org/

Thomas, W. I. (1969), *On Social Organisation and Social Personality*, Chicago, London.

Thomas, W. I., Park R. E. and Miller, H. A. (1971), *Americanisation Studies. The Acculturation of Immigrants Groups into American Society*, New Jersey.

Thomas, W., and Znaniecki, F. (1918-1920), *The Polish Peasant in Europe and America*, Boston.

Thomas-Hope, E. (1999), *Return Migration to Jamaica and its development potential*, in: International Migration, 37 (1), S. 183-205.

Thränhardt, D. (1989), *Patterns of Organisation Among Different Ethnic Minorities*, in: New German Critique, N. 46, Winter, S. 10-26.

Thränhardt, D. (1999), *Integrationsprozesse in der Bundesrepublik Deutschland. Institutionelle und soziale Rahmenbedingungen* in: Integration und Integrationsförderung in der Einwanderungsgesellschaft, Gesprächskreis Arbeit und Soziales, N. 91, Bonn.

Thränhardt, D., Hunger, U. (Hrsg.) (2000), *Einwanderer-Netzwerke und ihre Integrationsqualität in Deutschland und Israel*, Münster, Hamburg, London.

Towards a Migration Manegment Strategy. European committee on Migration, http://www.coe.intT/E/SocialCohesion/Migration/Ministerial Conferences/ Towards%20a%20Migration%20Management%20Strategy%20-%20English%20version.pdf, (28.08.2001).

Transnational Communities, www.Transcomm.ox.ac.uk. (02.04.2002).

Unauthorized Migration. An Economic Development Response, (July, 1990) In: Report of the Commission for the Study of International Migration and Cooperative Economic Development.

Vertovec, S. (2004), *Migrant Transnationalism and Modes of Transformation*, in: International Migration Review 10, 1.

Vertovec, S., Cohen, R. (Ed.) (1999), *Migration, Diasporas and Transnationalism*, "Introduction", Cheltenham, UK - Northampton, MA, USA, S. ix-xiii.

Vollmerg, U. (1977), *Kritik und Perspektiven des Gruppendiskussionsverfahrens in der Forschungspraxis*, in: Leithäuser, T. et al., Entwurf zu einer Empirie des Alltagsbewußtseins, Frankfurt a. M., S. 184-217.

Waldhoff, H-P. (1995), *Fremde und Zivilisierung. Wissenssoziologische Studien über das Verarbeiten von Gefühlen von Fremdheit*, Frankfurt a. M.

Walther, G. (1923), *Zur Ontologie der sozialen Gesellschaft*, in: Jahrbuch für Philosophie und phänomenologische Forschung, 6, S. 1-158.

Whyte, W. F. (1943), *Street Corner Society*, Chicago.

Winter, R., Eckert, R. (1990), *Mediengeschichte und kulturelle Differenzierung*, Opladen.

Wirth, L. (1928), *The Ghetto*, Chicago.

Wythe, W. F. (1955), *Street Corner Society*, Chicago.

Zander, A. (1975), *Systematische Beobachtung kleiner Gruppen*, in: König, R. (Hrsg.), Beobachtung und Experiment in der Sozialforschung, Köln, S. 148-170.

Anlagen

Anlage 1

Caro amico, cara amica, rispondendo a queste domande puoi aiutarci a capire meglio la realtà ed i bisogni dell'emigrato sardo.

1. Nome: .... Cognome: ....

2. Luogo e data di nascita: ....

3. È sposato/a?: Si ☐ No ☐ (incrociare la casella giusta)

4. Di che nazionalità è sua moglie/suo marito?..

5. Quanti figli ha?................................ che età hanno?...............................

6. Attuale luogo di residenza in Germania: ....

7. Qual'è la sua professione? ....

8. Qual'è la professione del suo coniuge? ....

9. Che scuola o istituto professionale frequentano o hanno frequentato i suoi figli?..

10. Che professione esercitano i suoi figli? ....

11. Dove ha trascorso la sua giovinezza? ....

12. Da quanto tempo vive in Germania? ....

13. Che lingua parla con sua moglie/suo marito (italiano, sardo, tedesco, altre lingue)? .... E con i suoi figli? ....

14. Da quanto tempo visita il circolo? (mesi o anni) ....

15. Quante volte visita il circolo? (alla settimana) .... (al mese) ....

16. Quanto è distante il circolo dalla sua abitazione? (circa km.) ....

17. Visita il circolo da solo/a o con la famiglia? ....

18. Per quale motivo/i lei visita il circolo?..

....

....

e i suoi figli? ....

....

19. Quali sono per lei le attività più importanti che offre il circolo?..

....

20. Che cosa dovrebbe migliorare nel circolo?..

....

....

21. Quante volte all'anno Lei va in Sardegna? ....

22. Ha intenzione, un giorno, di ritornare definitivamente in Sardegna? Si ☐ No ☐

23. Perché?..

....

24. Per l'emigrato è più importante migliorare le cose in Germania o in Sardegna? ....

....

....

25. Che cosa dovrebbe migliorare?..

....

Anlage 2

CAP. ____________	ORGANIZZAZIONI:	1999
Artt. 7, 8, 9, 11	CIRCOLI DEGLI EMIGRATI	3.175.000.000
L.R. 7/91	FEDERAZIONE DEI CIRCOLI	407.000.000
	FEDERAZIONE E ASSOCIAZIONI DI TUTELA	380.000.000
CAP. ____________ Art. 19 – L.R. 7/91	**PROGETTI REGIONALI:** ATTIVITA' CULTURALI E PROMOZIONALI, BILIOTECHE, FORMAZIONE PROFESSIONALE, QUADRIDIRIGENTI, STUDI E RICERCHE, GIOVANI, DONNE, SOLIDARIETA' E SOGGIORNI	793.000.000
CAP.____________ Art. 18 – L.R. 7/91	MESSAGGERO SARDO E INFORMAZIONE	900.000.000
CAP. ____________ Art. 23 – L.R. 7/91	SPESE PER FUNZIONAMENTO ORGANISMI, GENERALI E DI RAPPRESENTANZA	150.000.000

TOTALE GENERALE	**L5.805.000.000**

Anlage 3

Liste der Vereine

Italien

CIRCOLO "SU NURAGHE"
Via Sardegna, 87/G, 15100 ALESSANDRIA, Tel. 0131 - 252462 / 40084 - Fax: 252462

ASS. NE SARDA V. A. "SU LIDONE"
Via Brocherel ang. C.so Ivrea, 42, 11100 AOSTA, Tel. 0165 – 32440/ 42409

CIRCOLO "SARDI NEL BELLUNESE"
Via Simon da Cusighe, 14, 32100 BELLUNO, 0437 - Tel.: 950158

CIRCOLO "SU NURAGHE"
Via Galileo Galilei, 11, 13051 BIELLA, 015 - Tel.: 34638 - Fax: 346380

CIRCOLO "SA RUNDINE"
Via Cascina Pezzata, 3, 10012 BOLLENGO (TO), 0125 - Tel.: 675974 - Fax: 77122, (c/o Borello Paolo)

CENTRO SOCIALE REGIONE SARDA CIRCOLO SARDEGNA
Via Stalingrado, 81, 40128 BOLOGNA, 051 - Tel.: 327800 - Fax: 325048

CIRCOLO CULTURALE SARDO
Via Berardo Maggi, 47/C, 25124 BRESCIA, 030 - Tel.: 2426581 - Fax: 2426581

CIRCOLO "SU NURAGHE"
Via F. Filzi, 8, 20010 CANEGRATE (MI), 0331 - Tel.: 410472 - Fax: 410472

CIRCOLO CULTURALE SARDO RAIMONDO PIRAS
Via Marconi, 6, 20040 CARNATE, 039 - Tel.: 674537 - Fax: 674537

CIRCOLO CULTURALE RICREATIVO QUATTRO MORI
Via Fratelli Macario, 54, 10090 CASCINE VICA – RIVOLI, 011 - Tel.: 9593273 / 9593845 - Fax: 9593273

CIRCOLO CULTURALE SARDO E. D'ARBOREA
Via Pessina, 3, 28053 CASTELLETTO TICINO, 0331 - Tel.: 962246 - Fax: 962246

CIRCOLO DEI SARDI DOMO NOSTRA
Via Kuliscioff, 20090 CESANO BOSCONE (MI), 02 - Tel.: 48602677 - Fax: 48602677

A.M.I.S. EMILIO LUSSU
Via Cornaggia, 37, 20092 CINISELLO BALSAMO (MI), Tel.: 02-66048257 - Fax: 02-66048379

ASSOCIAZIONE SARDA DOMUS
Via Nino Bixio, 13, 00053 CIVITAVECCHIA, 0766 - Tel.: 22859-25164 - Fax: 28859

CIRCOLO "SARDEGNA"
Via Isonzo, 30, 22100 COMO, 031 - Tel.: 506269 - Fax: 506269

CIRCOLO "GRAZIA DELEDDA"
Piazza Marconi, 2, 13044 CRESCENTINO (VC)

CIRCOLO "NURAGHE"
Via Gramsci, 32, 41042 FIORANO, 0536 - Tel.: 830965 - Fax: 830965

CIRCOLO "ASS.NE SARDI IN TOSCANA"
P.zza S. Croce, 19 - Casella Postale 1446 FI 7, 50122 FIRENZE, 055 - Tel.: 240549 - Fax: 242006, - E-Mail: acsit @ fol.it

ASSOCIAZIONE SEBASTIANO SATTA
Via Pascoli, 3, 21013 GALLARATE, 0331 - Tel.: 779176 - Fax: 779006

SARDA TELLUS ASSOCIAZIONE DEMOCRATICA LAVORATORI EMIGRATI
Via S. Luca, 6/8, 16123 GENOVA, 010 - Tel.: 2510825 - Fax: 2510825

CIRCOLO "GRAZIA DELEDDA"
Via Romana, 1 - Loc. TERMO, 19126 LA SPEZIA, 0187 - Tel.: 980660

ASSOCIAZIONE CULTURALE AMSICORA
Via B. Buozzi, 7, 23900 LECCO, 0341 - Tel.: 361314 - Fax: 350248

CIRCOLO CULTURALE SARDO G. DELEDDA
Via Oberdan, 7/A, 20013 MAGENTA, 02 - Tel.: 9790958, - Fax: 9790958

CIRCOLO "GIOMMARIA ANGIOJ"
Piazza Borasio, 10, 21030 MARCHIROLO (VA), 0332 - Tel.: 722548 - Fax: 722548

CIRCOLO CULTURALE SARDO
Via Bellini, 8/10, 30170 MESTRE (VE), 041 - Tel.: 970112

CENTRO SOCIALE CULTURALE SARDO
Via Foscolo, 3, 20121 MILANO, 02 - Tel.: 8690220-477650- Fax: 72023563

CIRCOLO "GENNARGENTU"
Via 1° Maggio, 70, 10042 NICHELINO (TO), 011 - Tel.: 6274704 - Fax: 6274704, - E-Mail: GENNARGENTU@NTT.IT

CENTRO SOC. E CULT. ASS.NE SARDI RESIDENTI IN NOVARA E PROV.
Via della Chiesa, 20, 28100 GIONZANA-NOVARA, 0321 - Tel.: 456953 - Fax: 456953

ASSOCIAZIONE CULTURALE SARDA "QUATTRO MORI"
Piazza Gavi, 2, 57100 LIVORNO, Pref.: 0586 - Tel.: 812588 - Fax: 812588

CIRCOLO "QUATTRO MORI", Via Delle Baleari, 85/87
00121 OSTIA LIDO (ROMA), 06 - Tel.: 569136977 - Fax: 569136977

CIRCOLO CULTURALE SARDO QUATTRO MORI
Frazione Baume, 26, 10056 OULX (TO), 0122 - Tel.: 831842 - Fax: 831842

CIRCOLO ELEONORA D'ARBOREA
Via Cernaia, 1 bis, 35141 PADOVA, 049 - Tel.: 8724425 - Fax: 8724425

CIRCOLO "GRAZIA DELEDDA"
Via Baganzola, 7, 43100 PARMA, 0521 - Tel.: 941053 - Fax: 941059

CIRCOLO "LOGUDORO"
Via Santo Spirito, 4/A, 27100 PAVIA, 0382 - Tel.: 470209 - Fax: 460759,- E-Mail: logudoro@tin.it

GREMIO SARDO "EFISIO TOLA"
Via Torta 8/10, PIACENZA, 0523 - Tel.: 338061

CIRCOLO "NUOVA SARDEGNA"
Via Don Sturzo ang. Via Liberazione, 20068 PESCHIERA BORROMEO (MI), 02 - Tel.: 5471053-2125281,- Fax: 5472495

CIRCOLO "GRAZIA DELEDDA"
Via San Giuseppe, 52, 10064 PINEROLO (TO), 0121 - Tel.: 393067 - Fax: 393067

CIRCOLO "SU NURAGHE"
Via Palestro, 4/3, 10045 PIOSSASCO (TO), 011 - Tel.: 9068593 - Fax: 9068593,- E-Mail: su nuraghe @ net-media.it

A.C.R.A.S.E.
Via Publio Valerio, 10, 00175 ROMA, 06 - Tel.: 7477924 - Fax: 7477924

CIRCOLO "IL GREMIO"
Via San Claudio, 69, 00187 ROMA, 06 - Tel.: 69941718 - Fax: 3214981

CIRCOLO "SU FOGHILE"
Strada Anulare S. Felice, 20090 SAN FELICE DI SEGRATE (MI), 02 - Tel.: 7530975 - Fax: 70300947

CIRCOLO SARDO G. DELEDDA
Via Roma, 91, 21047 SARONNO, 02 - Tel.: 9607598 - Fax: 9626437

IL NURAGHE CIRCOLO DEI SARDI
Via Nino Oxilia, 16, 17100 SAVONA, 019 - Tel.: 814877,-Fax: 814877

CIRCOLO "PEPPINO MEREU"
Via Del Paradiso, 21,53100 SIENA, 0577 - Tel.: 270648-756623,-Fax: 270648

ASS. IMM. SARDI "S. EFISIO"
Via Degli Abeti, 15, 10156 TORINO, 011 - Tel.: 2624655 -

CIRCOLO "ASS.NE DEI SARDI KINTHALES"
Via Balme, 9/F,10143 TORINO, 011 - Tel.: 740227,- Fax: 740227

CIRCOLO "GIUSEPPE DESSI'"
Via Milano, 120, 38100 TRENTO, 0461 - Tel.: 921662 - Fax: 934707

ASSOCIAZIONE DELL'AMICIZIA NELLA MARCA TREVIGIANA
Via G. Gozzi, 7, 31100 TREVISO, 0422 - Tel.: 412457 - Fax: 412457

ASSOCIAZIONE REGIONALE SARDI IN FRIULI VENEZIA GIULIA
Via delle Scuole, 5, 33100 UDINE, 0432 - Tel.: 402909-508823 - Fax: 402909

CIRCOLO "GRAZIA DELEDDA"
Via S. Imerio, 10, 21100 VARESE, 0332 - Tel.: 830352 - Fax: 830352

CIRCOLO SOCIO CULTURALE "G. DELEDDA"
Corso Limone, 63, VENTIMIGLIA

ASSOCIAZIONE DEI SARDIO SEBASTIANO SATTA
Vicolo Campo Fiore, 2/A37129 VERONA, 045 - Tel.: 596014 - Fax: 597583

CIRCOLO "GRAZIA DELEDDA"
Contrà Pescherie Vecchie, 19, 36100 VICENZA, 0444 - Tel.: 322433- Fax: 322433

CIRCOLO CULTURALE SARDO S'EMIGRADU
Viale dei Mille, 64, 27029 VIGEVANO, 0381 - Tel.: 329387 / 329162, - Fax: 329387

CIRCOLO "LA QUERCIA",
Via Fiume, 22, 20090 VIMODRONE (MI), 02 - Tel.: 2650408 - Fax: 26550731

Argentinien

ASSOCIACION ITALIANA SARDI UNITI DE SOCCORROS MUTUOS
Mendez de Andes, 884, 1405 BUENOS AIRES, 0541 - Tel.: 4331412 - Fax: 4501269,-
E-Mail: sardiuniti @ impsati.com

CIRCOLO SARDO DI CORDOBA
Suipacha 1229/Barrio Pueyrredon, 5000 CORDOBA, 051 - Tel.: 232298 - Fax: 736068

CIRCOLO ANTONIO SEGNI

Diagonal 73 n° 1555 - Casa d'Italia,1900 LA PLATA (BUENOS AIRES), 0054-21 - Tel.: 533733 - Fax: 221542

CIRCOLO GRAZIA DELEDDA
Calle Espana, 3776, 7600 MAR DEL PLATA, 0054 -23 - Tel.: 746931,- Fax: 746931- E-Mail: sardimdq@copetel.com.ar

CENTRO UNIONE REGIONALE SARDA
c/o Centro Italiano Miramar - Avda 9 Esquina 30, 7607 MIRAMAR (BUENOS AIRES) 0054 - Tel.: 291-21176 - Fax: 23-958594

FAMIGLIA SARDA ROSARIO
Via Rodriguez, 89, 2000 ROSARIO (SANTA FE'), 0054-41 - Tel.: 395335,-Fax: 395335 - E-Mail: csardoros @ interactive. com.ar

ASSOCIACION CIRCULO SARDO DEL NORDESTE ARGENTINO
Crisostomo Alvarez, 1236, 4000 S. M. DE TUCUMAN, 0054-81 - Tel.: 247727 / 929007,-Fax: 249021 - E-Mail: sardos @ tucbbs.com

Australien

ASSOCIAZIONE SARDA DEL QUEENSLAND INC.
P.O. Box 2252, 4032 CHERMSIDE CENTRE QLD, 0061-7 - Tel.: 33595131- Fax: 33595131

CIRCOLO FORZA PARIS SARDINIAN CULTURAL ASSOCIATION (VIC.) INC.
P.O. Box 228 - 232 A Lygon st.-BRUNSWICH, 3056 MELBOURNE, Tel.: 3-94396376 - Fax: 3-94313235 - E-Mail: mjpiu @ msn.com

QUEENSLAND SARDINIAN CULTURE CLUB ULISSE USAI
P.O. Box 131- CHERMSIDE QLD, 4032 BRISBANE, 0061-7 - Tel.: 32639956 - Fax: 32639956

ASSOCIAZIONE CULTURALE E SOCIALE SARDA LIMITED
Suite 2 - 156, Great North Road - P.O. Box W 21, 2046 FIVE DOCK - WAREEMBA NSW – SYDNEY, 0061-2 - Tel.: 97139774,- Fax: 97139774

Belgien

ASSOCIAZIONE DEI SARDI DEL BORINAGE,
Rue Andrè Demot, 101, B7301 HORNU, 0032-65 - Tel.: 777158,- Fax: 777158

CENTRO CULTURALE SARDEGNA NOSTRA
Avenue de la Porte de Hal, 64, 1060 BRUXELLES, 0032 - Tel.: 2-5349723 - Fax: 2-5349723

CIRCOLO "QUATTRO MORI" DI CHARLEROI

Rue des Charbonnages , 251, 6200 CHATELINEAU, 0032-71 - Tel.: 402209 - Fax: 402209

CIRCOLO "ASS.NE SARDI DI MONS - SU NURAGHE"
Place de la Gare, 16, 7012 FLENU – MONS, 0032-65 - Tel.: 885830 - Fax: 884055

CIRCOLO ASSISTENZIALE RICREATIVO SARDO G. DELEDDA
Vennestraat, 183, 3600 GENK, 0032-89 - Tel.: 355886-332162,-Fax: 304053

ASSOCIATION SARDE E. D'ARBOREA
161, Rue Belle Vue, 7100 LA LOUVIERE, 0032-64 - Tel.: 213585 - Fax: 281228

CIRCOLO "LA SARDEGNA ALL'ESTERO"
Rue Maghin 11, 4000 LIEGI, 0032-4 - Tel.: 2272085 -Fax: 2274304

Brasilien

CIRCOLO "GENNARGENTU"
Trav. G.Almeida, 36 - Ed.Lundgren S. 302 - Cas. Post. 271
87013-922 MARINGA' PARANA', 0055-44 - Tel.: 2263034 - Fax: 2263034

CIRCOLO "GRAZIA DELEDDA"
Av. Nossa Sra.de Capocabana, 500/sl 501, 2202000 COPACABANA-RIO DE JANEIRO, Tel.: 5499637 - Fax: 2051622

CIRCOLO SOCIALE SARDO SU NURAGHE
Rua Marechal Deodoro, 150, 09541-300 SAO CAETANO DO SUL - SAO PAULO, 0055-11 - Tel.: 42243322,-Fax: 42243322

Canada

CIRCOLO "ASS.NE SARDI QUEBEC"
4220, Boulevard Gouin, H1H-1E MONTREAL NORD – QUEBEC, 001-514 - Tel.: 3230052 - Fax: 3230052.

CLUB SARDEGNA DEL NIAGARA
75 Scott Street, West, L2RIE3 ST. CATHARINES – ONTARIO, 001-905 - Tel.: 9848922 - Fax: 9846221

CIRCOLO SARDEGNA UNITA,
207, Edgeley Blvd, unit. 19L4K4B5 TORONTO, 001-905 - Tel.: 6603444 - Fax:- E-Mail: csu @ avn-net.com

CIRCOLO SARDEGNA VANCOUVER
2180 184 St., V4P 1M6 SURREY B.C., 001-604- Tel.: 541-0005 - Fax: 531-2833

Frankreich

CIRCOLO "SU NURAGHE"
7, Rue Conte Bacciochi, 20000 AJACCIO, 0033-4 - Tel.: 95221531

CIRCOLO DEI SARDI SU NURAGHE
Passage du Sillert, 3, 57460 BEHREN LES FORBACH, 0033-3 - Tel.: 87873067 - Fax: 87873067

CIRCOLO SU TIRSU
Rue de Belfort, 94, 25000 BESANCON, 0033-3-81 - Tel.: 883180 - Fax: 471518

ASSOCIAZIONE SARDI CIRCOLO DI VALENCIENNES
Rue Jean Jaures, 309, 59860 BRUEY SUR ESCAUT, 0033-3-27 - Tel.: 293631-260346,- Fax: 293631

ASSOCIAZIONE CULTURALE FAMIGLIE SARDE DI DOUAI
621, Faubourg de Bethune, 59500 DOUAI, 0033 - Tel.: 27-883405 / 21-774421

CIRCOLO "GRAZIA DELEDDA"
1, Rue De Touraine, 57290 FAMECK, 0033-3-82 - Tel.: 572437- Fax: 525871

CIRCOLO "SU NURAGHE"
12, Rue Moliere, 57450 FAREBERSVILLER, 0033-3 - Tel.: 87891132

CIRCOLO SARDO GENNARGENTU
15, Rue Lamartine, 57730 FOLSCHVILLER, 0033-3-87 - Tel.: 923809 - Fax: 299680

CIRCOLO "SARDINIA"
Avenue de Beauvert , 4, 38100 GRENOBLE, 0033-4-76 - Tel.: 849202 - Fax: 849203

CIRCOLO "CITTA' DI CAGLIARI"
4, Rue Du Jardin, 57300 HAGONDANGE-MONDELANGE, 0033-3-87 - Tel.: 711529- Fax: 719532

CIRCOLO SARDO ORTOBENE
105, Rue President Wilson 71200 LE CREUSOT, 0033-3-85 - Tel.: 556595,-Fax: 808212

CIRCOLO SARDO GRAZIA DELEDDA
6, Rue de la Barre, 69002 LIONE, 0033-4-78 - Tel.: 929914 - Fax: 372725

ASSOCIAZIONE REGIONALE SARDA IN FRANCIA DOMO SARDA
168, Rue R. Losserand, 75014 PARIGI, 0033-1-45 - Tel.: 436212, -Fax: 431860

CERCLE CULTUREL CITTA' DI NORA
12, Rue Du Rivage, 08200 SEDAN, 0033-3-24 - Tel.: 290176 - Fax: 220893

CIRCOLO "EMIGRATI SARDI GENNARGENTU"
3 bis/A, Rue Du Jura, 74100 VILLE LA GRAND, 0033-4-50 - Tel.: 955719 - Fax: 958764

Deutschland

CIRCOLO "SU NURAGHE"
Stresemannstrasse, 374, 22761 HAMBURG, 0049-40 - Tel.: 895343-895329, -Fax: 8997703

CIRCOLO SARDO QUATTRO MORI
Mauerberg, 29, 86152 AUGSBURG, 0049-821 - Tel.: 519435 - Fax: 514028

CENTRO CULT. RICREATIVO DI COLONIA SPERANZA SARDA
Mainaustrasse, 14, 51063 KÖLN, 0049-221 - Tel.: 613421 - Fax: 616837,- E-Mail: speranza-sarda@netcologne.de

CIRCOLO SARDO NUOVA RINASCITA
Machabaerstrasse, 28, 50668 KÖLN, 0049-221 - Tel.: 1301980-726261 -Fax: 1391989

CENTRO SARDO RHEIN-MAIN
In Der Schildwacht, 13, 65933 FRANKFURT /a. M., 0069 - Tel.: 38030328 - Fax: 38030329

CENTRO CULTURALE RICREATIVO SARDO GENNARGENTU
Austr.,14, 74076 HEILBRONN, 0049-7131 - Tel.: 171964 -Fax: 171964

CIRCOLO "SA DOMU SARDA"
Gartenstr., 72, 76135 KARLSRUHE, 0049-721 - Tel.: 841669 - Fax: 856088

CIRCOLO C. R. SARDO AMSICORA
Kaiserstrasse, 16, 51373 LEVERKUSEN, 0049-214 - Tel.: 49158 - Fax: 401115

GRUPPO SARDO I NURAGHI
Halbergstrasse, 54, 67061 LUDWIGSHAFFEN, 0049-621 - Tel.: 582889 - Fax: 582889

CENTRO CULTURALE RICREATIVO SARD'EUROPA DI MOERS E V.
9, Seilstrasse, 47443 MOERS, 0049-2841 - Tel.: 507352-502121

CIRCOLO "SU GENNARGENTU"
Waldmeisterstrasse, 99, 80935 MÜNCHEN, 0049-89 - Tel.: 3543308 - Fax: 3543308 - E-Mail: su.gennargentu_munich@t-online.de

CIRCOLO "ELEONORA D'ARBOREA"
Dorfbroicherstrasse, 57, 41236 MONCHENGLADBACH, 0049-2166 - Tel.: 614690-614699 -Fax: 614699

S'UNIDADE SARDA NORIMBERGA

Lobsingerstrasse, 11, 90419 NÜRNBERG, 0049-911 - Tel.: 397354 - Fax: 3780353

CIRCOLO "RINASCITA"
Mulhaimerstrasse, 38, 46045 OBERHAUSEN, 0049-208 - Tel.: 874045-854410, - Fax: 889773 - E-Mail: rinascita @ c ww de.

CIRCOLO SARDO QUATTRO MORI SAARLAND E V.
Ludwigstrasse, 33, 66115 SAARBRUCKEN, 0049-681 - Tel.: 47873-48216 - Fax: 42673

SU NURAGHE CENTRO CULTURALE RICREATIVO SARDO DI STOCCARDA
Wiesbadenerstrasse, 12, 70372 STOCCARDA, 0049-711 - el.: 553783, - Fax: 551694

CIRCOLO "LIMBARA"
Ackerstrasse, 13, 52531 UBACH – PALENBERG, 0049-2451 - Tel.: 69295-45094

CIRCOLO "G. DELEDDA"
Dieselstrasse, 23 - Postfach 100206, 38402 WOLFSBURG, 0049-5361 - Tel.: 54407 - Fax: 52018,- E-Mail: circolo sardo.wolfsburg @ t.onlie

Niederlande

CIRCOLO SARDO AMICI MEDITERRANEI
Roseldaalsestraat, 27, 6824 CA ARNHEM, 003126 - Tel.: 4431921 - Fax: 4431921.

CIRCOLO "ELEONORA D'ARBOREA"
Dennenweg, 154 - Postbus 3032, 7500-DA ENSCHEDE, 0031-53 - Tel.: 4333714 - Fax: 4307996

CIRCOLO "GENNARGENTU"
Rabenhauptstraat 24, 9725 CD GRONINGEN, 0031 - Tel.: 50-5258849 - Fax: 50-5258849

CIRCOLO "SARDEGNA"
Prof. Mullestraat, 56, 6224 BE MAASTRICHT, 0031-43 - Tel.: 3634050 - Fax: 3623081

CIRCOLO "S'ARGIOLA"
Burg. V. Karnebeeklaan, 17/A, 2585 BA s' GRAVENHAGE (DEEN HAAG), 0031-70 - Tel.: 3642343-3569836 - Fax: 3569838 - E-Mail: argiola@wxs.nl

CIRCOLO SARDO SU NURAGHE
Bachstraat ,49, 6137 RX SITTARD, 0031-46 - Tel.: 4521930- Fax: 4518170

Peru

ASOCIACION SARDA DEL PERU' ULISSE USAI
Calle Martir Olaya, 212 DPTO. 11, MIRAFLORES LIMA, 00511 - Tel.: 4-460117, - Fax: 4-460117 - E-Mail: sardegna @ amauta.rep.net.pe

Schweiz

CIRCOLO "FORZA PARIS"
Industriestrasse, 16, 6055 ALPNACH - DORF (LUZERN), 0041-41 - Tel.: 6702301 - Fax: 962301

CIRCOLO "E. D'ARBOREA"
Casella Postale 545-4021 / Clarastrasse , 48, 4058 BASEL, 0041-61 - Tel.: 6810096-6810097, -Fax: 6810095

CIRCOLO EMIGRATI SARDI COLLINAS
Via S. Gottardo , 6743 BODIO TICINO, 0041-91 - Tel.: 8642288 - Fax: 8642288

CIRCOLO "ASS.NE REG.LE SARDA"
16.Rue Ferrier, 1205 GENF, 0041-22 - Tel.: 7313837 - Fax: 7313849 - E-Mail: yuppy @ sesto senso.com

ASSOCIAZIONE EMIGRATI SARDI S. SATTA
Sulzstrasse, 25 9403 GOLDACH, 0041-71 - Tel.: 8419038-8417397-Fax: 8419038

CIRCOLO SARDO NURAGHE
Av. De Morges, 44, 1004 LOUSANNE, 0041-21 - Tel.: 6240436 - Fax: 6263230

CIRCOLO CULTURALE SARDO SA BERRITTA
Piazza Molino Nuovo, 3, 6904 LUGANO, 0041-91 - Tel.: 9233743 - Fax: 233743

CIRCOLO SARDO G. DELEDDA
Sonnestrasse, 2 - Postfach 102, 9000 ST. GALLEN, 0041-71 - Tel.: 2451474 - Fax: 251474

CIRCOLO "E. RACIS"
Zeltweg ,50, 8032 ZÜRICH, 0041 - Tel.: 1-2513260 / 1-2513278 -Fax: 2513277

USA

GREAT LAKES SARDINIAN CLUB
c/o 38770 Elmite - 48045 HARRISON TOWNSHIP-MICHIGANNIEDDU DERUSH, 001-810 - Tel.: 463-1261

Associazioni di tutela

ASSOCIAZIONE DI TUTELA A.C.L.I.
Viale Marconi, 4, 09131 CAGLIARI, 070 - Tel.: 401144 /494351/489365, - Fax: 401113

ASSOCIAZIONE DI TUTELA A.I.T.E.F.
Via XX Settembre, 25, 09125 CAGLIARI, 070 - Tel.: 652230 - Fax: 651432

ASSOCIAZIONE DI TUTELA A.N.F.E.
Via Roma, 93 - int. 6, 09124 CAGLIARI, Pref.: 070 - Tel.: 666353 - Fax: 666355

ASSOCIAZIONE DI TUTELA A.T.M. - E. LUSSU
Via Cavaro, 5, 09131 CAGLIARI, 070 - Tel.: 494243 - Fax: 494243

ASSOCIAZIONE DI TUTELA C.R.A.I.E.S.
Via S. Giovanni, 410, 09127 CAGLIARI, 070 - Tel.: 491203 / 499265, - Fax: 491203:

ASSOCIAZIONE DI TUTELA F.I.L.E.F.
Via dei Colombi, 1, 09126 CAGLIARI, 070 - Tel.: 301381 - Fax: 302548

ASSOCIAZIONE DI TUTELA FERNANDO SANTI
Via Tasso, 31, 09128 CAGLIARI, 070 - Tel.: 480982 - Fax: 480978

ASSOCIAZIONE DI TUTELA F.A.E.S.
c/o A.C.L.I. - Viale Marconi, 4, 09131 CAGLIARI,: 070 - Tel.: 401144 / 494351 - Fax: 401113

Dachverbände (Federazioni dei Circoli)

F.A.S.I. FEDERAZIONE ASSOCIAZIONI SARDE IN ITALIA
Via Santo Spirito, 4/A, 27100 PAVIA, 0382 - Tel.: 470209 - Fax: 460759

FEDERAZIONE DEI CIRCOLI SARDI IN ARGENTINA
Mendez de Andes, 884, 1405 BUENOS AIRES, 00541 - Tel.: 4331412 - Fax: 4331412/4501269

FEDERAZIONE DEI CIRCOLI SARDI IN BELGIO
Rue Maghin, 11, 4000 LIEGE, 0032-04 - Tel.: 2272085 - Fax: 2274304

FEDERAZIONE DEI CIRCOLI SARDI IN FRANCIA
168, Rue Raymond Losserand, 75014 PARIS, 00331 - Tel.: 45436212 – Fax: 45431860

FEDERAZIONE DEI CIRCOLI SARDI IN GERMANIA
Wiesbadenerstrasse, 12, 70372 STUTTGART, 0049-711 - Tel.: 563783- Fax: 551694

FEDERAZIONE DEI CIRCOLI SARDI IN OLANDA
Rosendaalsestraat, 276824 CA ARNHEM, 0031-26 - Tel.: 4431921 - Fax: 4431921

FEDERAZIONE DEI CIRCOLI SARDI IN SVIZZERA
Zeltweg , 50, 8032 ZURIGO, 0041-1 - Tel.: 2513260 - Fax: 2513277

Bei Fragen zur Produktsicherheit wenden Sie sich bitte an:
If you have any questions regarding product safety,
please contact:

Walter de Gruyter GmbH
Genthiner Straße 13
10785 Berlin
productsafety@degruyterbrill.com